13
横浜市立大学新叢書

アウシュヴィッツへの道

ホロコーストはなぜ、いつから、どこで、どのように

永岑三千輝

春風社

アウシュヴィッツへの道——ホロコーストはなぜ、いつから、どこで、どのように

目次

第6章 〝ユダヤ人問題の最終解決〟——世界大戦・総力戦とラインハルト作戦　219

【凡例】

1. 略記号VEJ, IMG, NMTの詳細は、巻末文献リスト参照。
2. VEJ, IMG, NMT 各巻の解説・注記等は、それぞれの（巻数：ページ数）。
3. VEJ, IMG, NMT 各巻のドキュメントは、それぞれの（巻数／ドキュメント・ナンバー）。
4. *Vierteljahresheft fürZeitgeschichte*, Institut für Zeitgeschichte München,は、（VfZ, 巻［出版年］ページ）。
5. 参照・注記文献は巻末文献リストにより、（著者編者名　刊行年, ページ数）。

序章

第三帝国のユダヤ人迫害・大量殺戮をいかにとらえるべきか

はじめに

第二次世界大戦中にドイツ第三帝国によって犯されたユダヤ人迫害と大量殺戮（ホロコースト（ショア））の歴史は、いまなお欧米を中心に世界中で研究され、毎年のように啓蒙書も含め大量の文献が出版されている。最近二〇年ほどでも、ドイツ第三帝国の成立と膨張・侵略戦争に関係する歴史研究は専門性を追求し、深く精密になっている。しかも、それらは直接的に世界史と関わり、諸要因は政治・経済・文化諸領域と関連しきわめて多岐にわたっている。学術雑誌等の関連論文に至っては、多くの市民（研究者も含めて）には見通しさえきかなくなっているほどといってもいいのではなかろうか。本書作成過程で直接間接にホロコーストを考えるために参照し示唆や刺激を受けた文献だけでも約三〇〇点に上った。

そうした複雑多岐にわたる研究状況の進展を踏まえながら、本書は、拙著［1994, 2001, 2003］刊行以降に発表した関連論文を土台に、第三帝国のユダヤ人の迫害から大量殺戮に至る過程を最近の総合的史料集に依拠して実証的に再確認した拙稿をまとめたものである。一連の拙稿［2019a, 2020, 2021a, 2021b, 2021c］において基本的素材としたのは、わが国では管見の限りでほとんど未紹介の最新の本格的史料集ＶＥＪ（正式名称は文献リスト参照）である。しかし、本書は高校生・大学生・院生・

市民向けの横浜市立大学新叢書の一冊としての啓蒙性・普及性を考え、専門的歴史論文の場合には必須要件として求められる一次史料のタイトル・日付・出所等の詳細注記事項は、前記参照文献とともに本書では紙数により大幅に割愛せざるを得なかった。それらは、必要に応じて前記拙稿諸論文を参照いただきたい。本書で新しく書き下ろしたのは、序章と第1章である。

史料集VEJ（二〇〇八年刊行開始・全一六巻）はヘルベルト［2002, 2021］ほかドイツ第三帝国史の代表的研究者によるものである。彼らは、ユダヤ人の迫害から殺戮に至る欧米の最新の研究成果を踏まえ、史料の取捨選択・解釈・解題において論争史を吟味している。その意味でホロコースト研究史の今日的到達点を示すものである。これは二〇二一年になってやっと完結した。とくに第三帝国最終段階のユダヤ人大量殺戮を問題にする場合、一九四四年春から夏にかけて短期間にアウシュヴィッツ・ビルケナウで犯されたハンガリー・ユダヤ人四十数万の大量殺戮（チェア／ウィリアムズ 2019）が重要であるが、それに関する巻［VEJ15］が最後に刊行された。全巻完結に十数年を要したのは、巻により少なくても二〇数館、多い場合には八〇近い欧米各地の文書館が所蔵する史料の調査と選別の作業だったことから必然的だったのであろう。関係全文書館の史料保存・整理の膨大な作業がその背後にあることは言うまでもない。

本書のタイトルと内容を「アウシュヴィッツへの道」としたのは、ホロコーストにおいてアウシュヴィッツばかりが特筆されるが、アウシュヴィッツ以前こそホロコースト理解においては決定的に重要だ、その史的理解なしには歪んだ歴史像となるという問題提起の意味においてである。本書においてはアウシュヴィッツで行われたユダヤ人（シンティ・ロマなどマイノリティも含む）の殺戮（1942～45）には直接立ち入ることはしない。一九四二年以降のアウシュヴィッツへの移送（主として西ヨーロッパ・バルカン諸地域、とくにハンガリーから）と殺戮は別に柱を立ててまとめることとした（永岑 2021d）。

1. 歴史の見方と課題の限定

本書が対象とする第三帝国のユダヤ人に対する迫害から大量殺戮に至る歴史は、方法的には、とくに第一次世界大戦以降の世界的なそれぞれの国内外の政治的諸潮流と世界諸国の協調的・対立的・闘争的な歴史総体のダイナミックで相互に関連した膨大な諸事象の推移のなかで見ていく必要がある。

そのような方法意識と課題意識の下で、本書が対象とするのは、ユダヤ人迫害から大量殺害に至る過程の「犯人」、加害の主体・機関・勢力の行動である。それを第三帝国の対外膨張過程、電撃戦成功過程、独ソ戦泥沼化の過程、そして、世界大戦・総力戦の過程という段階ごとに見ていこうとするものである。全過程は第三帝国に対する敵対諸勢力の——多大な犠牲（Harrison 1996）を伴いながらの反撃——強靭化の過程でもある。このような本書の見地自体、ホロコーストの忘却諸現象や否定論、ヒトラーの「ユダヤ人絶滅命令」なるものの有無・時期・論理などに関する欧米とわが国での論争・史料検証の過程で、いわば史実と格闘しながら、確立していったものである。

ＶＥＪ第1巻序文に言うように、第二次世界大戦後二世代以上にわたってホロコースト（第三帝国のユダヤ人大量殺戮）の全史が研究されてきた。この間に、以前論争になった数多くの問題が実証的に解明された。現在、広範に見解の一致が見られていることは、第三帝国の指導部によるヨーロッパ・ユダヤ人の殺戮の決定が、それよりも「はるか以前に構想された計画」に基づくものではないということである。

それでは、大々的な「決定」・政策転換をいつとみるのか。従来対立している主要な説は、一九四一年夏（七月末から八月前半）説と一九四一年一二月説である。前者の日本での代表者が栗原優[1997]である。後者の立場が拙著[1994, 2001, 2003]である。七月末説の根拠は七月三一日ヘルマン・ゲーリング署名のラインハルト・ハイドリヒに対する命令書であった。全中央諸官庁と調整してドイツ影響下のヨーロッパのユダヤ人問題の「全体的解決」を準備せよというものである。だが、この命令に対し、ヒトラーは八月一五日、「全体的解決」はソ連に対する征戦終結後に初めて実現できるのだと、「全体的解決」プランを拒否していた。ヒトラーは、対ソ戦中はそれに全力を集中し、ユダヤ人移送は停止するという三月の方針を堅持していたのである。ハイドリヒは、ヒトラーの拒否を受けて、改めて大都市からの「部分的疎開」を提案した。ヨーゼフ・ゲッベルス宣伝相は、ベルリン大管区長として長らく「ユダヤ人のいない」首都を求めていた。彼は八月一八日の日記に、ヒトラーがベルリン・ユダヤ人の強制追放に同意したと記し、間もなく最初の追放可能性があると楽観的に書き込んだ（VfZ, 9［1961］303; VEJ 3/203）。

四一年一二月説の見地で四一年夏に始まるのは、ヒトラーの大々的なヨーロッパ・ユダヤ人絶滅命令の発出ではなく、ソ連赤軍の激しい抵抗が強まるなかでの占領下ソ連ユダヤ人の無差別殺戮の拡大であった。それは、激戦下急速に広大化する占領地の「秩序と安全のために余儀なくされた」治安平定の一環としてであった。反ソ＝反ボルシェヴィズム＝反ユダヤが第三帝国占領統治体制構築の目的であり手段であった。四一年七月三日のスターリンのパルチザン闘争決起の呼びかけは、仮借ないユダヤ人殺戮を正当化した。一六日の対ソ占領基本方針においてヒトラーは「射殺、強制移住などあらゆる必要な諸措置をとる」とした（IMG, XXXVIII/L-221）。

大々的な「決定」ないし移送から絶滅への「大転換」の時期は、「戦勝の熱狂」の時期（四一年七月〜八月）ではなく、独ソ戦の泥沼化、ドイツへの空襲の激化（フリードリヒ 2011）、ソ連と欧米の抵抗・反撃の高まり、それと関連する過渡的部分的移送＝追放の強行策を経た後である。すなわち、「大転換」の画期は、対米宣戦布告を断行した四一年一二月である。この立場が欧米の研究の今日的到達点であり、それが本書で再確認した本書の立場である。最近の第三帝国史概説書（ヘルベルト

2021）が示すように、こうした歴史把握はドイツ現代史学の到達点でもある。この歴史認識は、「ユダヤ人は絶滅しなければならぬ寄生者であるという何百万回もくり返された言明の結果、人々は組織的な絶滅のプログラムを信じるようになったのだ」（アーレント 2017, 3:244）といったイデオロギー的説明を実証的に批判するスタンスである。われわれは、第三帝国の現実の巨大なナチ支配機構・戦争機構の具体的行動とそれに対する反撃諸勢力総体の闘いという最も重要なリアルな歴史事実を見ていく必要を強調する。また、本書の一つの主たる動機は、アウシュヴィッツ否定論の歴史科学的批判である。歴史の忘却に抗し、重要な政治的軍事的段階ごとに犯罪主体の行動を明確にしてこそ、否定論の虚妄性を根底的に批判することが可能になるとみる。

迫害・殺戮主体の史料はドイツをはじめとする欧米の歴史研究の主たる関心事である。その主要なものは文献リストに示すようにすでに翻訳されている。いうまでもないが、ナチズムの思想・運動・体制を率いたヒトラー『わが闘争』は同時代文献として戦前からの翻訳がある。戦後発見された第二の書『続・わが闘争』〔1973, 2004〕、卓上談話や最後の「遺言」〔1994, 1991〕と合わせて第一級史料である。一九四三年春のワルシャワ・ゲットー殲滅を指揮したシュトロープの言説もユダヤ人迫害の論理を検証するためにはきわめて重要である（モチャルスキ 1983）。研究書として代表的で総合的なものは「ユダヤ人を迫害した人びと」を対象としたヒルバーグの研究であろう（一九六一年初版、八五年・九七年改訂2012/2013）。アリー〔1998, 2012〕の研究もこの系列にある。しかし、戦時期における迫害殺戮の主体・行動と論理に関する実証的研究は、ほとんどない。直接的には武装親衛隊（芝 2008）だけである。独ソ戦との関連ではソ連人強制労働（矢野 2004）、それに「ふつうの兵士」の現場体験・野戦郵便分析（小野寺 2012）があるのみ（「戦場の性」についてはミュールホイザー 2015）。

本書は、そうした研究状況においてこれまでに発表して来た諸論文・著書を基礎にして、VEJの史料で改めて迫害・殺戮の論理と力学について検討し、再検証を行った。

2. 犯罪行為主体・勢力の思想構造と闘いの場・状況

しかし、念のために注意しておくべき点は、行為主体の特徴づけとしての「犯罪」、「犯人」、「迫害」、「殺戮」といった用語である。これら表現は、ヒトラー第三帝国に批判的な立場、被迫害者・被抑圧者サイド・敵対的諸勢力からの定義である。あるいは歴史の審判が下った後の表現といってもいいいであろう。しかし、「地獄への道は善意で敷き詰められている」。ヒトラーとその首脳部や親衛隊、第三帝国国家機関に属するものを単純に「犯罪」、「犯人」と規定してしまっては、見るべきことが見えてこない。それでは、行動主体と民衆の内面・主観・信念・思想を適切に表現することはできない。

主体の側から見れば、ことは正反対である。ヒトラーは総統大本営地下壕で自殺直前に、「私がドイツと中部ヨーロッパからユダヤ人を根絶やしにしてしまったことに対して、ひとびとは国民社会主義に永遠に感謝するであろう」（ヒトラー 1991, 127）と。殲滅すると豪語したユダヤ－ボルシェヴィズムのソ連に撃破され、敗退に次ぐ敗退で、逆に東ドイツ全域を占領された。ベルリン包囲下で、ヒトラーは絶体絶命状況となり大本営地下壕において自殺に追い込まれた。すなわち、彼は、主観的意図とはまったく逆の状態（ドイツ民族も多大の犠牲）に置かれてなお、人々に「感謝される」などと強弁しているのである。

ヒトラーを筆頭にゲッベルス、ゲーリング、ハインリヒ・ヒムラーなどナチ党と第三帝国の首脳部、党員大衆には「ドイツのため」、「ドイツ国民のため」、「ドイツ民族のため」というナショナリズム、国民主義、民族主義があった。それが彼らの行動を貫く善意・信念であり、彼らを導く主観的論理であった。それは国民大衆を統合する観念的心情的武器であった。その裏面に思想的必然的構成要素として、一方に第一次世界大戦の「敗戦」に対する被害者意識、他方に自らの民族・人種の優秀性の意識、他民族・「劣等民族」の支配を正当化する論理（人種主義の論理）があった。そうした行動原理の実態を表現するためには民族帝国主義という概念が適切だというのがこの何十年かの私の見地である。しかし、そうした思想体系（ナショナリズムと帝国主義の融合）は、一九世紀末から第一次世界大戦、ヴェルサイユ体制、そして第二次世界大戦に至る世界の列強（ドイツだけではなくイギリス、フランス、日本）の行動においても多かれ少なかれ貫徹するものであった（ホブスン 1952, レーニン

1961, 栗原 1994)。この思想体系が、後で見るようにアドルフ・アイヒマン(シュタングネト 2021)やポーランド総督ハンス・フランクとその部下たち、シュトロープ(モチャルスキ 1983)のような親衛隊・警察の中間管理職層、民族法廷裁判官フライスラー(オルトナー 2017)などにも貫徹していた。

彼らの思想の核心とそれが行動に出現する政治・戦争の場と状況の変遷こそ、ユダヤ人迫害から大量殺戮への道を規定して行く。彼らにとって、ユダヤ人攻撃はドイツ民族帝国主義の中核的目標実現を阻害する諸要因――その集約的シンボル的な「民族」としてのユダヤ人・ユダヤ民族――に対する反撃・攻撃であった。ユダヤ人殺戮、ユダヤ人絶滅、ユダヤ人絶滅政策ということが、それ自体として独立した目標ではない。ヒトラー第三帝国の思想と行動をそのような狂気的思想ととらえると、実態を見誤る。ユダヤ人攻撃、ユダヤ人の迫害から殺戮への道は、ドイツ民族帝国主義の政策体系の一手段(永岑 1982)と位置づけて、初めて、歴史の流れが把握できるというのが本書の立場である。

3. 植民地勢力圏再分割・世界強国建設の理念と行動、その帰結

【敗北の克服とは】

ヒトラーのドイツ民族帝国主義は、第一次世界大戦の「敗北の克服」をめざし、東方に植民地・

生存圏を獲得して大帝国を建設しようとするものであった（Krumeich 2010）。第一次世界大戦は一九世紀末葉における列強の勢力圏・植民地争奪戦を主要な背景・原因としてもっていた。ヒトラーが第一次世界大戦の敗北の主たる要因の一つとしたのが、ドイツが海外に植民地を求め、イギリス、フランスなど海外に植民地を所有する国々と敵対することになったことだとした。彼は、これら列強が許容できるドイツの植民地・勢力圏拡大方向は東方、とくに「ロシアとその周辺地域」にしかないとした。しかも、今やこのドイツ民族が目指すべき「生存圏」拡大の地域は、ボリシェヴィキ革命政権下のソ連であった。その打倒は英仏等の帝国主義列強と合意に達することが可能と見た（永岑 1982）。

このボリシェヴィキ・ソ連の打倒は、一〇月革命後数年の列強の干渉戦争が示したようにヨーロッパ列強（アメリカ、日本のシベリア出兵・占領も含め）の目標でもあり、したがってヒトラーによればヨーロッパのため」であった。イギリスがアジア、アフリカをはじめとして世界各地に広大な植民地を所有し、フランスもインドシナをはじめアジアとアフリカに植民地を堅持している。ヒトラーによれば英仏はその植民地維持に多大の軍事力や政治力が必要であり、ヨーロッパ大陸で行動するには手足を縛られている。ドイツが東方、「ロシアとその周辺地域」に「生存圏」を獲得するのは「優等なアーリア民族」のドイツがなして当然のこと、可能なこととされた。実際に独ソ戦下で構想された東方総合計画（一九四二年）はその発想の具体化プランであった。

しかし、ヒトラー第三帝国のドイツ民族至上主義とドイツ民族帝国主義は、その支配下におかれる諸民族・諸国家、とりわけスターリニズム・ソ連（松井／中島 2017）の抵抗と反撃を必然化した。反ファシズム勢力と概括される民衆・諸政治勢力・諸国家との対決のあり方こそが、第三帝国の行動を制約し、規定した。反ファシズム勢力は、甚大な被害（Harrison 1996）をだしながらも、総力戦の泥沼化を経て第三帝国に敗北をもたらした。まさに、こうした世界的対決・世界戦争の推移のなかで、第三帝国支配下の諸民族の階層的最下位に位置づけられたのがユダヤ人・ユダヤ民族であった。方法的見地からすれば、また、後述の諸章で検討するように、まさに反ファシズム勢力の反撃・攻勢の諸ヴェクトル群の高まり・強力化の過程で、ヒトラー、ヒムラー、ハイドリヒなどは、それらに対抗し鎮圧に邁進する。第三帝国の権力機構（ヒムラー指揮下親衛隊警察組織）は、民族の階層秩序において中間的階層に位置づけた支配下多民族の活用・統合の武器として、攻撃の矛先を支配下の最底辺に位置づけたユダヤ人・ユダヤ民族の迫害・殺戮に向けていく。

「絶滅的反ユダヤ主義」（ゴールドハーゲン 2007）を生み出しそれが作動するのは、戦時下のこうした総体的諸対決（第一次世界大戦とその帰結の記憶に裏付けられた、とくに独ソ戦から世界大戦への過程での、さらに第三帝国の敗退過程での過酷な対決）の先鋭化過程である。ヒムラー、ハイドリヒ、アイヒマン、フランク、シュトロープなどが「命令は命令だ」というとき、それは一般的抽象的なものではなかった。背後に冷厳な世界大戦・総力戦の対立構造・死闘があった。四〇〇年以上続くとされる

「ドイツ特有の絶滅的反ユダヤ主義」が平板に連綿とつづいていたわけではない。ルターの「ユダヤ人の嘘」をナチスの反ユダヤ主義と中間諸段階・諸要因を無視して直結するのは、ルター経済思想の分析（柳澤 2021）が明らかにしているように一面的である。第一次世界大戦とその総力戦化こそは反ユダヤ主義の歴史と帝国主義の歴史を合体させ、総力戦の全体主義を生み出した。第一次世界大戦が革命で終結したこと、それへの怨念、「一九一八年シンドローム」のもとで、その再現を抑え込むこと、それが第二次世界大戦の渦中で一層先鋭化した全体主義を創出することになった。

【一一月革命・ヴェルサイユ体制・ロカルノ体制】

第一次世界大戦は、「平和とパン」を求めるボリシェヴィキ・ロシア一〇月革命と一年後にこれに対応したドイツ一一月革命によって終結した。開戦時の「城内平和」から総力戦の四年間に脱却した社会民主主義勢力の反戦運動がその基盤となった（三宅 2001）。もはや勝ち目のない戦争に一九一八年秋になってさえ兵士を駆り出す帝政権力に対して、平和を求める「兵士の革命」が勃発した（木村 1988）。ワイマール憲法（一九一九年八月制定・公布）と民主共和制は、「史上最大の革命」（ゲルヴァルト 2020）の成果であった。「ヴァイマル民主主義こそは、人類の歴史の中で初めて、戦争と戦争を必要とする国家社会とに対する反省の実践の中から生まれた民主主義」（池田 2015）だった。

しかし、ドイツ帝国は東部戦線ではロシア革命政権にブレスト・リトフスク講和を押し付けることに成功し、西部でもドイツ国境外に前線があった。なお攻勢継続を可能だとする勢力は、一一月革命を「背後の匕首」だと断罪した。他方で、協商国・連合国は、第一次世界大戦の原因を「ドイツとその同盟国」の攻撃に求め、第二三一条「戦争責任条項」でドイツに巨額の賠償金を課した。革命勢力・共和国政府はこのヴェルサイユ条約を受諾せざるを得なかった。領土も削減され、植民地も連合国の支配下に置かれ、喪失した。ドイツ国民の圧倒的多数はこの一方的な講和条約に反発した。マックス・ウェーバーもまたその一人であった（牧野 2009）。こうした帰結は、レーニンによってブレスト・リトフスク講和よりも「はるかにいっそう残忍で卑劣な」講和と規定された。その講和のあり方は、卑近な表現を使えば「勝てば官軍」。それは、第一次世界大戦がどちらの陣営から見ても帝国主義戦争（すなわち、侵略的、略奪的、強盗的な戦争）であったことを証明するものだった。

ヒトラーの思想体系・政治運動はまさにこの「敗北の克服」を、ドイツ民族主義・帝国主義の論理（「力が正義」）で成し遂げることを目指した。戦勝列強が押し付けたヴェルサイユ条約における帝国主義・植民地主義・人種主義が、ヒトラーの論理の基礎にあった。その意味では彼の論理は戦勝列強の論理と同じ地平にあった。そこには征服、「侵略戦争の無害化」の長い歴史があった（アーレント 2017）。戦後危機が続くなか（垂水 2002）、経済的苦境で賠償履行に困難をきたしたドイツ政府に賠償履行を軍事力で強制しようとしたフランス・ベルギーのルール占領とそれによるハイパーインフレーション下の政治危機昂進の渦中、ヒトラーはルーデンドルフとともにミュンヘン一揆に決起した。だが、共和国勢力はなお強く、ムッソリーニの場合と違って、一揆は鎮圧され、投獄された。しかし、ヒトラーは裁判闘争で自説を述べる機会を最大限に活用し、獄中『わが闘争』をまとめる機会と時間を得た（カーショー 2015）。

イングランド銀行やアメリカ銀行家の理解と協力をえたシャハトの働きもあってマルク安定化に成功し（シャハト 1955上）、ドーズ案による賠償問題の暫定的解決でドイツ戦後危機を何とか乗り切った。共和国は相対的安定期を迎え、ドイツは黄金の二十年代を享受した。独仏対立は緩和し、ロカルノ条約がヨーロッパ再建の方向性を示した（牧野 2012）。第二次世界大戦後日本憲法の原点とも称される不戦条約が成立し、ヨーロッパ連邦構想をはじめとして平和的統合諸構想の気運も盛り上がった（北村 2014, 牧野 2020）。この時期、ヒトラーのナチ党はごく小さな勢力・政党にとどまった。

【世界経済恐慌・賠償問題・ヴェルサイユ体制打破が跳躍盤】

彼らに跳躍盤を提供したのは、二十年代末からのアメリカ発世界経済恐慌、賠償問題の最終的解決を目指すヤング案とそれに反対する運動、大量失業と共和国財政危機問題、それらの重なり合いと政治危機であった（モムゼン 2001）。欧米における膨大な研究史が示すように、ヒトラー・ナチスの政権掌握は、このワイマール末期の諸政党・諸勢力のせめぎあいとさまざまな思惑の交差するなかで、しかも運動の絶頂期ではなく、むしろ運動・勢力が下降の兆候を示す一九三二年一一月選挙後の危機状況においてだった。同じ選挙でのドイツ共産党躍進の兆候（ミュンツェンベルク 1995）がナチ党と保守勢力の接近を促した。「独裁者は三〇日で生まれた」（ターナー 2015）。

それでは、ワイマール憲法体制を根底から覆すのは、ヒトラー政権のどのような諸政策だったであろうか。

第1章

「合法的革命」とユダヤ人差別の段階的進展

一九三三～一九三七年

1.「合法的革命」とヴェルサイユ体制打破

【「合法的革命」とは】

「国民的連合」政府として誕生したヒトラー・ナチ党の政権は、ワイマール憲法体制を根底から覆す「フェルキッシュ革命」（モッセ 1998）、ドイツ民族至上主義の革命に突進した。政権掌握とともに国会を解散し、安定的多数を得て盤石の「国民革命」政権を樹立することを目指した。選挙戦では憲法四八条大統領緊急令条項を「合法的革命」のために駆使した。選挙戦でワイマール憲法の保障する言論・出版・結社等の自由を抑圧し、掌握した警察権力を政治弾圧に活用した。

一九三三年三月五日の選挙結果では、ナチ党は三二年一一月選挙での一九六議席からは大幅増の二八八議席を獲得できた。しかし、投票総数の増加により総議席数が一一月選挙の五八四議席から六四七議席に増えていた。勝利は政権党が選挙戦で権力を活用した結果であった。しかし、それでもなお到底過半数を獲得できなかった。連立政党のドイツ国家人民党五二議席（一一月選挙と同じ）を合わせても、かろうじて過半数。

それに対して、憲法停止下の弾圧にもかかわらず共産党は八一議席、社会民主党も一二〇議席を獲得した。ただし、弾圧の影響は共産党の場合明確で、三二年一一月選挙の一〇〇議席と比べると議席一九減、得票率四・五四％減は大きかった。社会民主党は三二年七月選挙の一三三議席から一一月に一二一議席に減らしていた。ナチ政権下での打撃（一議席減）は議席数ではわずかだった。いずれにしろ、ヒトラー政権にとっては、共産党（四八四・八万票、一二・三二％）と社会民主党（約七一八・二万票、一八・二五％）の支持者大衆（合計一二〇三万票余）をどのように政権支持にとりこむかが大きな課題だった。

【国会放火・炎上事件の歴史的意味】

まさに選挙戦最終盤の二月二七日に勃発したのが国会放火事件であった。ナチ党政権はこれを「合法的革命」断行の武器として最大限に活用した。放火犯人は現場で逮捕したオランダ人ファン・デア・ルッベであった。単独犯か背後にナチ党（突撃隊など）がいたかどうか、法廷（一九三三年ライプツィヒ最高裁判所、戦後のニュルンベルク裁判）と歴史研究における一大論争点である（Mommsen, VfZ 12 [1964]; Hett [2014]）。しかし、ヒトラー政権は即座に犯人を断定し、国会放火を「ボリシェヴィキのテロ行為」と決めつけた。二八日閣議決定によって「民族と国家を守るための」、「ドイツ民族に対する裏切りと大逆的陰謀に対する」ヒンデンブルク大統領令を発し、憲法の定める基本権を廃止した。

ドイツ共産党議員団長やコミンテルンの国際共産主義の運動家など四人が逮捕された。また、国会議員のほか、全国的に多数の共産党員も逮捕された。しかし年末までに、すなわち、放火の「共犯者」と訴えられたブルガリア人コミンテルン執行委員ディミトロフ（三月九日逮捕、しかし事件勃発時ミュンヘンからベルリンに帰る車中）やドイツ共産党国会議員トルグラーたちはライプツィヒ裁判で「証拠不十分」として無罪判決を勝ち取った（ディミトロフ 1972）。犯行を認めたヴァン・デア・ルッベは死刑判決。放火犯の死刑（執行三四年一月一〇日）は罪刑法定原則に違反する厳罰だった。一二月二三日判決までに、ナチ党以外の諸政党はすべて禁止されるか解党に追い込まれていた。この間に自立的労働組合のドイツ労働戦線への再編も含めて、社会の全体的な「強制的同質化」が強行された。同質化とは国家機構・官僚機構から財界・労働界・経済諸団体などまで含めた組織の民族主義的再編であり、民族主義的統合であった。付言すれば、スターリンは三四年一二月のキーロフ「暗殺」事件をジノーヴィエフ等反スターリン集団による陰謀として彼らを粛正する際に国会放火事件の処理の仕方（ディミトロフなどを犯人にでっち上げたやり方、ライプツィヒ裁判）から学んでいた（フレヴニューク 2021）。

ドイツ人の国民的民族主義的統合、諸階級の対立を乗り越えた国民統合なるもの（「民族共同体」）を可能にしたのは何か。その主たる要因はヴェルサイユ条約であった。これはドイツ共産党、ドイツ社会民主党の支持者大衆をも含めた国民全体を統合しうる要求だった。条約反対・条約打破は国民の圧倒的多数の屈辱感の払しょく、経済的政治的な国民的向上の願望と結びついた。それは、ウェーバー、シュトレーゼマン外交なども含むワイマール期ドイツ諸政党の要求の共通項でもあったからである（板橋・妹尾 2019）。国民的要求としての「ヴェルサイユの恥辱」（ドイツ単独戦争責任論と巨額賠償）の否定ないし抜本的修正こそは、「ドイツの国民的自己解放」を掲げるヒトラー・ナチ政権の権力確立・安定化の第一要件であった。それはドイツ国民・民族の名誉の回復であり、ほかの諸大国と対等の地位の回復を求める要求の実現であった。まさに、この国民的要求の実現こそは、ヒトラー・ナチ党が国民政党・民族政党として第一に掲げた課題であり、目標であった。政権初期数年間の国民的願望の実現過程は、ヒトラー崇拝の大衆的基盤（熱川 2002, 2006）の創出過程であった。それは経済界・軍部・官僚などエリート層も含めた国民的な同調協力関係を創出し、彼らをヒトラーとの「同盟関係」に縛り付けた（山口 2006）。

【ヒトラー・ナチ党の独自性と歴史的国際的位置づけ】

しかし、ここから先でほかの諸政党（その支持者大衆）との重大な違いがあった。ヒトラー・ナチ党は、単にほかの大国と対等の地位を回復するにとどまらず、その先を目指していた。それは何か。ほかの諸大国が世界で所有するもの、すなわち植民地所有であり、列強としての覇権・勢力圏、世界に冠たる地位の獲得であった。そのためには結局、武力をもって決着をつけざるを得ないというのがヒトラーの一貫した見地であった。それがヒトラーの『わが闘争』の基本理念であり、それを実現するための総合的な諸政策要求と行動であった。

航空省新設（ヴェルサイユ条約が禁じた空軍の秘密創設）をはじめとする政権掌握直後からの大々的秘密再軍備政策――ヴェルサイユ体制の打破――の実行は、まさにナチ党の一貫した政策（民族帝国主義）の具体化であった。その限りでは世界の帝国主義列強と同じ方向性の政策であった。

しかも、秘密再軍備の二年間、つづく三五年春の公然たる再軍備宣言以降の軍需は重工業をはじめ関連諸産業に一挙に好景気をもたらした。早くも三六年には熟練労働力をはじめ、労働力不足、「完全雇用」状態をもたらした。冬季オリンピック（ガルミッシュ－パルテンキルヒェン三六年二月六～一六日）でも、ヒトラー政府は国際的評判を重視した。ナチ党スイス指導者が二月四日ダヴォスでユダヤ人に射殺されたとき、反ユダヤ主義の暴力行動の暴発を抑制した（VEJ 1/225）。その上で、三六年三月七日、ヴェルサイユ条約・ロカルノ条約違反のラインラント非武装地帯進駐を敢行した。この違反にイギリスもフランスも何ら介入しなかった。ヒトラーの大胆な賭けは成功した。それは、八月のベルリン・オリンピックの国民的熱狂、国際的名声と相まって、国民統合において絶大な効果を上げることとなった（ジェラテリー 2008）。

2. 国民的民族的統合と反ユダヤ主義

【国民的民族的統合の武器としての反ユダヤ主義】

「ユダヤ人は災難だ」との言説は、第一次世界大戦、総力戦と社会主義革命の煉獄のなかで民族主義的人種主義的に鍛えなおされた。ヒトラーとナチ党は、「国民的再生」、「国民的解放」の必然の論理と行動を中軸に置いた。それに反対ないし抗する諸思想・勢力の最底辺の位置にユダヤ人・ユダヤ民族を位置づけた。第一次世界大戦の「敗北の克服」のためには、「祖国を売る仕事」をした「一一月の犯罪人」、「ヘブライの民族破壊者連中」を排除する必要があると。一九三三年一月のナチ党月刊誌の社説は、「国際ユダヤ民族に対する闘い」を呼びかけた。その意味するところは、徹底的な国際主義批判であり、国際主義的なユダヤ的なるものの否定であった。「精神的物質的崩壊後のドイツのフェルキッシュな（民族的な）再生は、ドイツ民族の理念的な、本来的な性格とそれに生得の根本的本質に基づいてのみ支配に導く基礎が構築できる」のであった。ドイツ再生達成には、「永久に更新される人種的精神的諸力を用いなければならない」、可能な限り異人種の精神的影響を排除しなければならないなどと。国民を国民主義化しなければならず、国民を国際化させ腐らせてしまうことに抵抗しなければならないのであった（VEJ 1/2）。

ヒトラーは『わが闘争』以来、「ヘブライの勢力」、「ユダヤの勢力」としてマルクス主義（勢力）を位置づけた。「マルクス主義の清算」が民族主義国家体制確立の前提条件であり必要条件だった。この「清算」課題は、いまや「毒ガスの中に放り込」む（ヒトラー 1973下, 432-433）までもなかった。国会放火事件を好機として、党員の逮捕投獄と党禁止で迅速に達成した。わずかのものが亡命に成功しただけであった（相馬 2004-2016）。国家機関からのユダヤ人排除は、職業官吏再建法（一九三三年四月七日）で行った。一般のユダヤ人（ユダヤ教信徒）に対しては、民族主義的統合の諸政策の中で差別と社会からの排除の政策がすすめられた。国家とナチ党諸組織（突撃隊・親衛隊など）が連携しながら、それらを段階的に一つ一つ具体化していった（アーダム 1998）。一九世紀半ば以降のユダヤ人解放・同化はナチ国家の差別政策の具体化ごとにドイツ社会から消し去られていった。

【ドイツのユダヤ人の居住地・職業】

一九三三年六月センサスによれば、総人口六五〇〇万人のうち、五〇万二七九九人がユダヤ教信者であった。うち一四万四〇〇〇人がベルリンに住んでいた。ベルリンとフランクフルトでだけ、人口の約四%だった。ほかの大都市ではせいぜい一%にとどまっていた。人口一万人以下のところにユダヤ人人口の一五・五%が、人口一万人から一〇万人のところに一三・六%が住んでいた（VEJ 1/52）。ユダヤ人の五分の一はドイツ国籍を持っていなかった。そのほとんどは三三年以前の何十年かの間に東ヨーロッパからやってきた移民であった。五万六〇〇〇人がポーランド国籍、オーストリア人、チェコスロヴァキア人がそれぞれ四〇〇〇人。二万人ほどが無国籍（VEJ 1; 29）。

ドイツ・ユダヤ人の過半数は都市中間層であった。三三年に就業者の六一％が商業・手工業。一二・五％が公務員。この公務員が職業官吏再建法でまず追放のターゲットとなった。三三年にプロイセンの弁護士一万一六七四人のうちユダヤ人三三七〇人。全ドイツで五万二五〇〇人の医者のうち八五〇〇人がユダヤ人。これら、ユダヤ人の弁護士・医者が四月二五日の差別法の対象となった（VEJ 1/53）。

一九三三年三月五日の選挙後、ヒトラーは内務大臣ヴィルヘルム・フリックに反ユダヤ立法の草案作成を託した。これに応えてフリックは三月一五日、諸州政府に対し、すでに二三年と三二年に保守政治家に議論されていたように、最初にすべてのポーランド系・ロシア系の、すなわちいわゆる東方ユダヤ人を追放し、さらなる流入を阻止する措置を講ずるよう命じた。それは、「自覚的にフェルキッシュな政治を開始するためにまず必要なこと」だった（VEJ 1/8）。実際にポーランド人・ユダヤ人が強行的に追放されるのは、ドイツ膨張開始の三八年になってからであった。先取りしていえば、この三八年のポーランド・ユダヤ人の追放はパリにおけるユダヤ人青年のドイツ外交官暗殺の引き金となった。ゲッベルスに扇動されたその報復が「帝国水晶の夜」の全国的な大ポグロムを引き起こした。初期のヒトラー政権にとって政治的軍事的力量の増大までは、緊張回避が第一であった。ポーランドとの間には三四年一月、不可侵条約が結ばれた。

【国家的ユダヤ人憎悪の喧伝と国民的浸透度】

ナチ支配開始当時の社会の反ユダヤ主義、国民大衆へのユダヤ人に対する反感等の浸透は難問だった。突撃隊員によるユダヤ人商店襲撃の際、「ドイツ人よ、ユダヤ人から身を守れ」と扇動されても、ほとんどのドイツ人が政権初期数年の国家機関・国家党の宣伝するユダヤ人憎悪を自分のものとはしていなかった。圧倒的多数が無関心だった。彼らにはどうでもよかった。彼らはユダヤ人差別の諸現象を恥とも不正とも感じていなかった。一九三五年でも広範な一般大衆はナチ党のユダヤ人憎悪の喧伝にほとんど受動的な態度であった。反ユダヤ主義の暴力に対して彼らは抵抗しなかった。しかし、しばしば同意もしていなかった（VEJ 1:35）。

カトリック聖職者・神学者のなかには自ら編集する雑誌でユダヤ人迫害に対する「熱烈な抗議」を公表しようとする者もいた。しかし、上層部は国家とナチ党の矛先が「ジェスイット扇動」に転轍され、カトリック教会が攻撃されることになるのを恐れ、何もしない態度だった（VEJ 1/30）。

ヒトラー・ナチ政権としては、この段階ではそうした黙認の態度だけで十分であった。沈黙は同意であった。次々と打ち出すポジティヴな国民の民族主義的統合の段階的措置の具体化とその成功こそ（秘密再軍備の成功、再軍備公然化、ラインラント進駐、ベルリン・オリンピック成功など）が中心課題であった。反ユダヤ主義諸措置は、国家において当面する膨大な課題の末端に置かれていた。教会をはじめとする社会の諸組織も、その点では日常性・自己防衛が最優先された。それが政権初期に迅速に進められた強制的同質化の内実であった（山本 1995）。一般大衆は同質化への「強制性」を強く感じない精神状態だった。

【民族主義国家体制構築と反ユダヤ主義の実益】

「ユダヤ人敵対的運動」はナチ党政権掌握とともに、ユダヤ人が目立つ生活分野では激化した。ユダヤ人の側、ユダヤ人雑誌の社説は「野蛮な反ユダヤ的政治に抗する諸勢力」がドイツ社会のなかで転換をもたらすことを期待した（VEJ 1/1）。一九世紀半ば以降の解放・同化過程とワイマール民主主義を信じたためであろう。だが現実には、政権掌握で高揚したナショナリズム・民族主義の一要素として反ユダヤ主義が膨張し暴力的となった。はけ口をユダヤ人商店などに向けた襲撃が全国で発生した。一九三三年二月、突撃隊と親衛隊はさまざまのところで、ユダヤ人の商人や大学教授に対して最初の、しばしば暴力的なボイコット活動を展開した。ユダヤ人の家の窓ガラスが割られ、その音に気付いたユダヤ人商人が犯人を追いかけると、ナイフで突かれ重傷を負った（VEJ 1/3）。

それらは、小商店の百貨店に対する恐怖、手工業者の大工業化に対する恐怖、農民層の低価格農産物輸入、農産物価格低落、過剰負債に対する恐怖などと結びついた反ユダヤ主義偏見の民族主義的噴出であった。中間層・小ブルジョアジーの不安と怒りがナチスの民族主義感情の膨張と結合した（柳澤 2017）。それが結果として、農民の負債免除、食料品製造者価格の安定化、すでに法律的に有効な差押えや明け渡し命令のストップ、小商店を百貨店から守るためのリベート禁止などをもたらした。

共和国の時代、学校大学政策の結果、大学教育を受けた人々が増えていた。彼らは恐慌期に職業機会を憂慮していた。彼らにはユダヤ人に対する大学やギムナジウムでの定員制限（ドイツ人総人口比で）の要求が平等のための公正な道だと思えた。三二年夏、大学に約四〇〇〇人のユダヤ人学生が学籍登録をしていた。その数は三四年夏までに六五六人にまで激減した。大学助手や私講師はユダヤ人排除で空いたポストに進んで応募した。三三年に五七〇〇人の教授、大学助手、大学職員が大学を去ったが、そのほとんどはユダヤ人であった。同様のことはほかの公務部門でも、また少し遅れて民間でも起きた。三三年のユダヤ人教師大量解雇で、予算制限などにもかかわらず、一三二〇人の「アーリア人」応募者の六〇％が採用された（VEJ 1/31）。

自立的な商人や企業家は自分の会社を突然「純ドイツ」と自称した。彼らはユダヤ人競争者の没落から利益を得た。彼らは公的発注を獲得し、ユダヤ人顧客を取り込んだ。破産に追い込まれた競争者の在庫品を二束三文で競り落とした。ユダヤ人企業への圧迫は、中産階級の集中過程と合理化過程を容易にした。その負担は差別された住民グループに転嫁された。コンツェルン、銀行、保険等大企業の経営者は人種差別的手段で促進された経済近代化に彼らなりに参加した。ドイツの民間銀行は一九三二年から三九年までに一三五〇行から五二〇行に減少した。三五年末に九一五行あった民間銀行のうち、三四五行が「非アーリア」と規定された。それらは三九年までに例外なく「アーリア」企業に吸収された（VEJ 1:32）。

【科学や芸術文化諸分野も民族主義化】

科学者たちも、早速新しい助成資金獲得プロジェクトを見つけ出した。国家からの優遇措置と学問全分野における移民流出で、すでに長くフェルキッシュ（民族主義的）に思考していた科学者たちと体制順応姿勢の若手が迅速に問題や課題の設定、研究方法や研究助成金授受と講座獲得で主導権を得た。すべての科学的ディシプリンがそれぞれの専門の多かれ少なかれ反ユダヤ主義的な定式化・表現を作り出した。文科系諸科学（法学や神学など）や「ドイツ生物学」を掲げる生物学、あるいは医学が容易にそれに感染した。しかし、物理学でさえそうした民族主義的定式化から自由ではなかった。たとえば、ハイゼンベルクの量子力学は、同じノーベル賞受賞者のレーナルトなどからはドイツ的民族的物理学ではなく、「白色ユダヤ人の物理学」と断罪され、親衛隊新聞で攻撃の的となった（永岑 2009a,b, 2010）。音楽家（リーヴィー 2000）、造形芸術家、ジャーナリスト、映画監督、劇場人も、同様の順応性を示した。フェリックス・メンデルスゾーン－バルトルディはヨハン・セバスティアン・バッハの作品を再発見したのだが、一九三三年、即座にプログラムリストから消し去られた（VEJ 1:33）。

【外国新聞の批判・抗議とヒトラーの反発】

外国の一部新聞はドイツにおけるユダヤ人差別を批判的に報道した。アメリカやイギリスのユダヤ人組織や非ユダヤ人組織は救援措置について相談し、公然たる抗議を組織した。そのいくつかはナチ政府に経済的圧力をかけるためドイツ商品のボイコットを呼びかけた。ニューヨーク・タイムズの記事は一九三三年三月二七日、ヒトラーのユダヤ人政策に反対するアメリカでの大規模集会の準備を報じた。ニューヨークで「二五万人のユダヤ人が今日抗議している。全国で百万人以上がヒトラーの政策を厳しく批判しようとしている。……反ユダヤ主義の終焉を要求する四つの請願がドイツ大使館に提出されることになっている」と。しかし、これにベルリンのユダヤ人は迫害激化を恐れて反対した。ドイツ・ユダヤ人全国組織は、マジソン・スクエア・ガーデンでの大規模行事の取りやめを求めていると（VEJ 1/14）。

ヒトラーは三月一〇日、統制の取れないユダヤ人攻撃の個別行動を公然と批判した。しかし、その翌日、警察権力を握るゲーリングはユダヤ人商店を警察によって守らせることを拒否した。こうした事情は、外部からはナチ権力内部の分裂、ヒトラーの弱さと見えた。「ヒトラーは弱い男で、ある秩序観を持っている」と。対して、ゲーリング、ゲッベルスが彼を掌握しており、ヒトラーは運動を指揮できていない、彼らを抑止できない、などと（VEJ 1/20）。

実際にはドイツのユダヤ人組織の危惧が当たった。ヒトラーは対抗的に反ユダヤ主義ボイコットの発動を決断した。四月一日、突撃隊と鉄兜団活動家が、ドイツ全土でユダヤ人の商店、弁護士事務所、医院の入り口や通路をブロックした。反ユダヤ主義の直接行動ではドイツ国家人民党系の退役軍人組織である鉄兜団も協力したわけである。ヒトラー第一次政権の連合的性格と同じく、反ユダヤ主義でも両組織が国民主義的民族主義的な共通性を持っていた。彼らは、ショーウィンドー、ドア、歩道に反ユダヤ主義のスローガンを書き付けた。ゲッベルスは同日のラジオ演説でユダヤ人に「損害を埋め合わさせる」ように「ドイツ民族」に促した。たくさんの場所で、ユダヤ人商店は略奪された。このボイコットに抗議する客は、写真を撮られた。ケムニッツ、プラウエン、キールでは、ユダヤ人弁護士がリンチされ、殺人沙汰になった（VEJ 1/22）。小学校などにも反ユダヤ主義の国家政策が瞬く間に浸透し、子供たちがそれに感染した。四月三日のバーデンの新聞によれば、州政府が「ユダヤ人生徒ののしりは、同級生によって耐え難いものとなった」と示唆した（VEJ 1:34）。学校における暴力事件なら悪いのはユダヤ人生徒だとされ、それをたたき伏せた同級生たちが正当化された。

3. 差別迫害に対するユダヤ人の行動

【被迫害者の諸対応】

ドイツのユダヤ人諸組織の代表者たちはヒトラー政府・ナチ党からの激しい脅威に最初攻勢的に対応した。ユダヤ人諸組織の立場の違いにもかかわらず、一九三三年四月に救援と再建のためのドイツ・ユダヤ人中央委員会を設立した。それはユダヤ人共同体と外国の支援組織から資金援助を受けた。この委員会ですべての大きなユダヤ人組織（ドイツ国籍ユダヤ教徒中央連盟、ドイツ・シオニスト協会、ドイツ・ユダヤ人救援会など）が、福祉事業、経済援助、ユダヤ人学校再建などで一緒に活動し、移民希望者も支援した（VEJ 1:37, 長田 2011）。

ドイツ・シオニストはユダヤ人の民族感情喚起の活動を強め、パレスチナへの移民を推進した。それは非同化運動としてナチ国家の援助を受けた。他方、ドイツ民族主義的ユダヤ人は三五年に禁止されるまで、ドイツにおけるユダヤ人の権利を守るために活動した。両組織に違いはあったが、ナチ政府の恣意に対しては共同で抗議した。三四年一月には、ドイツ・ユダヤ人中央委員会が政府に八〇ページの文書でドイツのユダヤ人に対する多岐にわたる差別を指摘した。とくに経済領域における差別を訴えた。精神的にも劣等扱いを不当だと抗議した（VEJ 1/99）。ベルリンなど各地のシナゴーグ共同体（三三年五月二九日 VEJ 1/47）、ユダヤ人前線兵士全国同盟（三四年三月二三日 VEJ 1/110）、ドイツ国籍ユダヤ教徒中央連盟（三四年一一月一二日 VEJ 1/141）なども同様に、政府、州当局、自治体当局に請願や不服申し立てを行った。三六年になっても、ユダヤ人のなかには共和国時代の観念が残っていた。地方のあるユダヤ人は若者に葬式が妨害され、参列者に石を投げつけたと警察に訴え出た。しかし、こうした市民的抗議は、いまやまったく無駄であった（VEJ 1:38）。

【撤退、自助・自衛と国外移住】

大多数のドイツ人にとって、ナチ政権初期、景気回復で経済状態が安定し改善した。それに対しユダヤ人家族は劇的に社会的没落を経験し、金詰りに陥った。一九三三年にユダヤ人所有の会社・商店が約一〇万あった。その後の二年間に二万五〇〇〇が消え失せた。ほとんどの中小零細経営がボイコットの被害で売り上げ激減となった。結果、人員削減か破産に。医者は保険対象外となり、患者の相当部分を失った。三七年までに医院の半数が閉鎖された。弁護士も同様であった。社会的孤立深刻化の感情が、とりわけ同化していた家族、とくに男性を襲った。人目につかないように、あらゆるコンタクトを避けようとした。数か月の間に彼らは、ドイツ・ユダヤ人からユダヤ人に、ユダヤの先祖をまったく思い出せないような人々はドイツ人からユダヤ人になった。ユダヤ人としての自助自衛の組織参加が増えた。三三年に直ちにシオニストのパレスチナへの移住が増えた。ドイツのシオニスト協会の会員数も三二年の七〇〇〇人から三五年には二万二〇〇〇人に急増した。とくに青年ユダヤ人がシオニストに接近した。シオニスト青年組織は三三年の五〇〇人から三五年末には一万六〇〇〇人と、会員を急増させた。学校の場合も同様であった。三三年にはユダヤ人の生徒は七五%が公立学校に通っていた。しかし、三七年末には四〇%に減った。ベルリンではとくに減少が激しく、一万二七四六人から二〇〇〇人に減った。逆にユダヤ人学校に通う生徒の数は二〇〇〇人から八八四五人に増えた（VEJ 1:41）。

差別と迫害のなかで国外移住希望者が増えるのは当然であった。一九三三年だけで三万七〇〇〇人が故郷に背を向けた。さしあたりはヨーロッパの近隣諸国、フランス、オランダ、スイス、チェコスロヴァキアが難民の主たる目的地であった。そのほかの目的地は、イギリスとパレスチナであった。国際的ユダヤ人組織が最初の数か月、トランク一つで逃げ出した人々を援助した。三四年と三五年、国外移住者数は二万三〇〇〇人ほどに減った。しかし、三七年末までに全部で一二万五〇〇〇人以上のユダヤ人がドイツを去った。六歳から二〇歳までの一一万六〇〇〇人の子供・青少年のうち、六万七〇〇〇人が国外移住した。多数のユダヤ人共同体が信徒激減により三三年と三四年に解散した（VEJ 1/101）。

「アウシュヴィッツから考察するとき」、悲劇的洞察が現れる。ナチ支配の初期に隣人、顧客、仕事仲間などの「アーリア人」が反ユダヤ主義的であればあるほど、苦しめられたものはそれだけ迅速に逃亡を決断した。結果として命が助かった。しかし、古いキリスト教徒の知人友人が親切で喜んで支援の手を差し伸べてくれた人々の場合、被迫害者はドイツにとどまる決心をした。しかし、それは彼らの生存チャンスを劇的に削減した（VEJ 1:43）。

4. ニュルンベルク法とユダヤ人政策の中央集権化

一九三四年一二月二〇日、ナチ国家首脳部はミュンヘンの褐色館（党本部）で人種政策の会議を開いた。これまでドイツからのユダヤ人排除について「明確な基本原則がない」こと、ドイツ人とユダヤ人の混血の取り扱いについて国家と党で不統一であること、そこで、一般的な人種立法と特別のユダヤ人立法が必要となることが議論された。「ドイツ生活共同体からのユダヤ人の余すところのない排除」を基本原則とし、混血に関しても法律上・宣伝上「必要な鋭い措置」を執ることを可能にするためであった（VEJ 1/146）。三五年一月、再び中央から操作された宣伝活動が始まった。それには暴力行動が伴った。突撃隊、親衛隊のほかにヒトラー・ユーゲントも次第に多く参加する（動員される）ようになった。参加した子供の暴力行為は母親の合法性感覚を逸脱するものだった。親のコントロールを外れた子供の行動に関する苦情が母親から寄せられる事例も発生した（VEJ 1/169）。七月末には二人の無責任なものが、ユダヤ人男性との関係を理由に美容師を道路に引きずり出した。髪を切り、さらに集まった烏合の衆が彼女を引きずり回した。実にセンセーショナルな事件となった（VEJ 1/186）。

一九三五年八月二〇日、経済省の省内会議が開催された。反ユダヤ主義政策の次の一歩が議論され、特定の党活動の経済的結果が問題となった。大臣シャハトはあるライヒスバンク支店長がユダヤ人商店で買い物をしたというのでさらし者にされたことに抗議した。「最高に卑劣な行動で下品だ」と。ドイツ企業の外国ユダヤ人代表者を解任せよという大管区指導者ユリウス・シュトライヒャーの要求はまったく不可能だ、ドイツのビジネスの外国人顧客を失うだけだ、などと（VEJ 1/189）。シャハトはワイマール末期にヒトラー政権誕生に向け活動した功績でライヒスバンク総裁、経済大臣となった。秘密再軍備のための資金調達方法（メフォ手形）でヒトラーに貢献し、秘密再軍備の急速な進展へのシャハトの役割は大きかった。だが、シャハトは国際的金融家として国際的経済関係の維持や発展にも重大な関心を持っていた（シャハト［1955］下）。彼は無法無秩序な反ユダヤ主義の暴発には反対だった。

宣伝省代表は「何も非難すべきことはない」などと反論した。しかし、内務大臣フリックは、「ユダヤ人問題」を完全に適法的なやり方で解決する一連の命令を出すと約束した。長時間の議論を踏まえた結論は、「国家の立法措置が必要だ」。ユダヤ人の影響を完膚なきまでに根絶するためには「総統の指示」に従って一歩一歩、もっと綿密にやる必要があるとなった。ユダヤ人問題で「党の鉄の規律と結びつけて」、党員と国民大衆を政治的世界観的に包括的に訓練し教育する。政治警察の経験を踏まえて、親衛隊中将ハイドリヒは混合婚を禁止するだけでなく、人種汚辱を刑法で処罰すること、土地は民族同胞にのみ許し、ユダヤ人には土地の貸与を禁止することなど、苛烈な策を提案した（VEJ 1/189）。

数週間後、ヒトラー、ゲッベルス、フリックとルドルフ・ヘスがのちにニュルンベルク法と称されることになる法律を党大会期間中に相談した。それは大会期間中の国会特別会議（九月一五日）で歓呼による表決で決定された。それは二つの部分からなっていた。第一はドイツ・ユダヤ人から政治的権利を剥奪するライヒ（帝国）公民法であり、第二は「ドイツ人の血と名誉を保護するための法律」であった。後者はユダヤ人と非ユダヤ人の結婚を禁止し、相互の婚外の性的関係を禁じた。これによりドイツ刑法に「人種汚辱」犯罪が定められた（VEJ 1/198, 199）。その後、ドイツ全土でユダヤ人男性が「アーリア人女性」との実際の恋愛関係により、あるいは隣人の邪推や性的嫉妬により密告され、ゲシュタポに追跡され、裁判所により監獄に入れられ懲役刑に処せられた。司法も最高裁判所まで含めて差別法を最大限に使ってドイツ・ユダヤ人の「市民的な死」を確定した（VEJ 1:45, バーリー／ヴィッパーマン 2001）。

ニュルンベルク法が制定された後、「ユダヤ人」概念の定義を巡って論争が起きた。一方には人種学者がいた。彼らは可能な限り考えうるすべての「ユダヤの混血」を非常に複雑な方法で探り出そうとした。他方には内務省の官僚がいた。彼らは可能な限り合理的な「自動的」に機能する官僚的やり方を主張した。ヒトラーは行政実務家に賛同した。一九三五年一一月一四日、ライヒ公民法の最初の施行規則が公布された。それによれば、「人種ユダヤ人」はユダヤ教の祖父母少なくとも三人以上のものとした。混血児第一ランクは、祖父母二人の場合とされた。ユダヤ教の祖父母が一人だけの場合、混血児第二ランクだった（VEJ 1/210）。

三三年統計では混血児は約一五万人。彼らはほとんど例外なくドイツ人だと思っていた。だから、なぜ彼らがドイツ人のクラブやヒトラー・ユーゲントから排除され、あるいは将校への道を断たれたか理解できなかった。同化意識の強かった彼らには、差別はいわゆる完全ユダヤ人以上に驚くべきもの、悲痛なものとなった。さらに、五万人のユダヤ人が「混合婚」であった。彼らのパートナーは、ユダヤとの姻戚関係のゆえに烙印を押された。「アーリア人」パートナーに職業的将来を保障するため、何千人もが離婚した（VEJ 1/109）。しかし、結婚を維持した場合、キリスト教徒パートナーは多大な不利益を被った。だが、後には混合婚ユダヤ人はほとんどの事例で移送を免れた（VEJ 1/191）。その有名な例が言語学者クレンペラーであった（クレンペラー 1974）。

【ユダヤ人政策の中央集権化】

ドイツとヨーロッパのユダヤ人の迫害において後に中心的になる組織、すなわち親衛隊保安部

（SD）は、ナチ初期にはとるに足りない役割しか演じていなかった。これは一九三一年、ナチ党によって党独自の情報機関として当時二七歳の、海軍から罷免された将校ハイドリヒによって創設された。彼は三三年四月から三四年まで彼の指導者ヒムラーと一緒にバイエルン政治警察を率いていた。一年後、二人はプロイセンの秘密国家警察局を引き受けることに成功した。続いて諸邦の政治警察をゲシュタポ（秘密国家警察）に統一し、クリポ（刑事警察）と合わせて全国家的に指揮命令下に置いた。ハイドリヒはクリポとゲシュタポを治安警察に統一し、同時にSD——次第に党機関から国家機関に変容——を率いた。両組織のなかにユダヤ人問題担当部局が作られ、それがすこしずつ影響力を獲得していった（VEJ 1:47, ゲルヴァルト 2016; Wildt 1995）。

ゲシュタポは政治警察であり、ナチ体制の政治的敵対者を対象とした。その征圧をほぼ完全に遂行し終わった段階から、「敵」ユダヤ人の追跡・迫害が一つの重要な任務となる。ゲシュタポは一九三五年中頃以降、ユダヤ人住民をユダヤ人組織のメンバーリストに基づいて個別的に掌握しようとした。各地のゲシュタポ機関が当地のユダヤ人組織をコントロールした。個々のユダヤ人を反ユダヤ的諸規則や外国為替の違反の廉で、後には人種汚辱の罪で追跡した。三五年一〇月、ヒトラーは親衛隊ライヒ（全国）指導者ヒムラーの提案に従い、全警察に「世界観的任務」を与えた。それは、通常の秩序、コントロール、非常時のテロ行使機能などを越えた包括的な任務を意味した。ここにハイドリヒ代理ヴェルナー・ヴェストが表現したように「ドイツ民族体の政治的健康状態の監視人」が創出された。三六年六月一七日、ヒトラーはヒムラーを内務省のドイツ警察長官に任命した。ヒムラーは警察を新しく二つの主要部局、すなわち、秩序警察と治安警察に再編した。この時から、警察と親衛隊は固く結合した。ヒムラーの肩書は、親衛隊ライヒ指導者・ドイツ警察長官となった。ハイドリヒは保安部長官と治安警察長官を兼ねた。公式に治安警察・保安部長官という集権的肩書を得たのは、戦争開始後の三九年九月二七日であった。戦争発動は警察機構の強力な統一化・集権化を必然的にした（VEJ 1:48）。

5. 四カ年計画とユダヤ人迫害

【戦争発動準備・「生存圏」拡大とボルシェヴィズム・ユダヤ人攻撃の論理】

一九三六年八月、ヒトラーは全文七ページの四カ年計画秘密覚書をまとめた（VfZ, 3［1955］）。これを九月四日、経済大臣・ライヒスバンク総裁シャハトも列席する閣議でゲーリングが披露した（IMG, XXXVI/EC-416）。それは、三五年以降に露呈した経済的諸問題に対するヒトラーなりの抜本的解決策の提示であった。急速な再軍備と景気回復により鉄鉱石をはじめとする重要諸原料の輸入が増加した。完全雇用状態に向かうなかで、食料等輸入も増加した。しかし世界恐慌・世界各国のブロック経済化と関連して、しかるべき輸出増加・外貨獲得を達成できなかった。外貨危機の出現であった。輸入急増に見合う外貨獲得の増加はシャハトの努力にもかかわらず困難を極めた。軍備増強のスピードを維持し、むしろ加速させたいヒトラー・ゲーリングなどに対し、シャハト、経済省、経済界、軍需経済専門部局などは、逆に軍拡スピードの緩和を主張した。この対立を軍拡路線で強行突破しようというのがヒトラーの四カ年計画であった。

シャハトと経済界が進めていた経済的方法、すなわち、輸出増大による外貨不足解消は不可能だというのがヒトラーの見地であった。彼の論理では、必要なのは鉄鉱石、合成ガソリン、合成ゴム、合成繊維など重要原料の自給達成（アウタルキー）であった。シャハトや経済界はドイツ鉄鉱石の品質の悪さ、合成ガソリンや合成ゴムなどの開発困難性、それと関連するコスト高など経済的合理性の論理から反対した。しかし、それらをことごとく迫りくる戦争の脅威の観点から否定する論理がヒトラーの発想であった。「民族は、経済のために、経済指導者や経済金融の理論のために生きているのではない。経済指導者やすべての理論はもっぱらわが民族の自己主張闘争に奉仕しなければならない」と（経済界の合理性・利潤計算等は柳澤 2013）。

なぜ軍拡をいそがなければならないのか。「総統の根本思想はロシアとの紛争が不可避だ」ということを出発点とした。ソヴィエト・ロシアのボルシェヴィズムは、「マルクス主義が世界最大の帝国で勝利した」ものであった。ボルシェヴィズムに対抗して現在「しっかりしている」とみなせるのはドイツとイタリアだけだ。二国以外で、ボルシェヴィズム＝「世界的危険」に対して安定した権力と見なせるのは日本だけだ（日独防共協定締結三六年一一月二五日）。

ボルシェヴィズムの「閉鎖的権威主義的世界観的攻撃意志」はますます強くなり、その軍事的権力手段は「年ごとに加速的に強化されている」。この危険に対する防衛の必要性に対しては、「その他のすべての考慮はまったく些末なもの」として後景に退かなければならない。軍拡の規模やテンポが十分でなければ、「ドイツは敗北する」。ヒトラーの命令：「ドイツ軍は四年以内に出動可能にせよ」、「ドイツ経済は四年以内に戦争可能にせよ」。ヒトラーの論理はここでヴェルサイユ打破のレベルを越え、具体的な戦争準備・戦争計画となった。

経済大臣・ライヒスバンク総裁シャハトや経済界からの事実・データに基づく多様な異論がある以上、強行的アウタルキー政策がさまざまの問題に直面することは想定内であった。したがって、ヒトラーは「経済的サボタージュに対する死刑」を立法化するべしとした。さらに、全ユダヤ民族を、「ドイツ経済とドイツ民族に加えられたすべての損害について責任があるとする法律」を制定すべしと。実際にヒトラーが打ち上げた重要原料自給政策は種々の困難で計画縮小・現実化を迫られた。それがまた領土膨張・「生存圏」獲得の論理を正当化した。ユダヤ人迫害はこの領土膨張と戦争への突入で過激化していく。

【ホスバッハ議事録】

領土膨張・戦争発動へのさらなる一歩は三七年一一月五日の軍首脳との会議（ホスバッハ議事録IMG, XXV/PS-386）でより明確になった。ドイツ政治の目標はドイツ民族増加、その安全と維持だという『わが闘争』以来の根本思想をまず提示した。問題となるのは領土空間、生存圏であった。ドイツは八五〇〇万の人口が「しっかり結びついた人種の核」を形成している。そのような国はほかにはない。こうしたドイツ民族は「他の諸民族よりも大きな生存圏の要求権がある」。ドイツの未来はもっぱら「生存圏の不足」によって制約されている。イギリス、フランス、イタリア、日本など「経済的諸帝国の時代」になすべきことは、「より大きな生存圏の獲得」である。海外植民地の再獲得が可能なのは、「日本による東アジアでのイギリスの地位の弱体化」を含め、広大な植民地を持つイギリスが苦境に陥り、ドイツが強く軍備を持っている時だけだ、と。

ドイツ問題の解決は、決して危険がなくはないが、「武力の道しかありえない」。この見地からイギリス、フランス、イタリア、チェコなどの情勢を分析してみせる。ヒトラーにとっては民主主義諸国、とりわけ「社会的危機」（廣田 1994）や植民地に縛られる（権上 1985）フランスの軍事行動不能性がチェコへの介入を防ぐうえで有利だと見た。チェコとオーストリアを併合すれば、チェコから二〇〇万人、オーストリアから一〇〇万人を強制的に国外移住させ、五〇〇ないし六〇〇万人の食料を獲得できる、などと。

【ユダヤ人担当部署の構築とその初期の仕事】

親衛隊保安部（ＳＤ）は一九三四年に全ドイツで約二百人のメンバーしかいなかった。ニュルンベルク法の制定後、三六年一月、ここにユダヤ人問題専門担当部署が創設された。アイヒマンとディーター・ヴィスリツェニーが配置された。三七年ＳＤは計画的な「対ユダヤ人闘争」を開始した。彼らは後にヨーロッパ・ユダヤ人の移送の主要な組織者となった。三七年四月、ヴィスリツェニーは自分の部署の課題を「国家と党に絶対的に根拠のある資料」――その資料に基づいてユダヤ人に対する法律的警察的措置を執行――を提供することだとした。ＳＤユダヤ人課は三七年、ドイツに居るすべてのユダヤ人とユダヤ系の人間をカードで掌握しようとした。しかし、この作業は小さな新設部署の手に余った。結局は内務省の提案を受け、三八年春に予定の国勢調査を利用して「はるかに低廉で信頼できる」個人データ収集を行うことになった（VEJ 1/288）。国勢調査自体はオーストリア併合によって三九年に延期された。しかし、ドイツのすべてのユダヤ人と「混血ユダヤ人」の個人データが調査され、住民登録簿に書き留められた。三七年一一月一日、ＳＤユダヤ人問題担当者が集まった。彼らはユダヤ人の生活が耐え難くなるようにする「方法」を検討し、強制的に国外移住を選ぶように仕向けることにした（VEJ 1:49）。

ゲーリングは四カ年計画全権に任命される前、三六年春に編成された原料・外国為替の責任者に任じられ、暫定的な役割を担っていた。彼は三六年六月七日、治安警察長官ハイドリヒに外国為替捜索局の創設を任せた。ハイドリヒはこの職務で個人的に直接ゲーリングの下に置かれた。彼は関税・外国為替検査所でドイツ・ユダヤ人に対する外国為替規則を厳しく適用した。ゲーリングは四カ年計画遂行に外国通貨を必要としていた。それによってのみ軍備拡大に不可欠な輸入が可能となるからだった。また外貨獲得により戦時のための国家備蓄用穀物五〇〇万トンを外国市場で購入できた。ハイドリヒのもと、一二か月で四億七三〇〇万ライヒスマルクの外貨が獲得された。ヒトラー政権の並外れて有利な権力状況で、実効性のあるユダヤ人財産略奪を推進するために、裕福なユダヤ人を対象とする二つの法律が制定された。一つは経済サボタージュに対する闘争のための法律であった。外国への違法な資産持ち出しに対し、長期の禁固刑あるいは死刑を定めた。もう一つは外国為替管理法の改正であった。それは税務署に「国外移住容疑」の人物から財産の相当な部分を後に制定される国外逃亡税のための担保として没収することを許可していた。それは三四年一月二〇％、三五年六月六八％。それが三六年一〇月、ついに八一％に引き上げられた（VEJ 1:50）。

一九三七年五月、ＳＤは戦争の場合にユダヤ人をどう扱うか、方針を決めた。「疑いもなく例外法の下に置く」とした。その法律を準備しておき、戦争の場合、即座に発効させることとした。当面は、ユダヤ人カードを整備し、「ユダヤ経済代表」名称を付し、政治的ユダヤ人ならびにマルクス主義志向のユダヤ人をとくに確定しておくのだった（VEJ 1/283）。

小括

以上みてきた一九三三年に始まった第三帝国の反ユダヤ主義の国家政策は、当時数多くの国で流行していたマイノリティ差別・人種差別・宗教差別の諸形態をはるかに凌駕するものだった。しかし、これが三八年以降、どのような苛烈な諸措置となるか、さらに四二年にどんな経過をたどることになるのか。その「累積的急進化」(モムゼン)は、三七年当時、誰も想像つかなかったというべきであろう。

両大戦間期の世界は列強・諸帝国による植民地支配、「白人による有色人種支配」、したがって多様な人種差別が、多くの国でなお支配的であった。自由と民主主義の最先端の国とされるアメリカでの黒人差別は厳然たる事実であった。ヒトラーが黒人を蔑視する言説を繰り返しても許容される意識が世界的に強かったという文脈で、ナチス初期の宗教差別・人種差別を見ておく必要があろう。「脱植民地化・非植民地化」の時代(ケルブレ 2014)が到達した社会的意識と違って、当時の世界の支配的意識は植民地責任(永原編 2009)直視する(できる)時代ではなかった。スイスでさえも(黒澤編訳 2010)。

さらに、三七年当時、ヒトラー第三帝国はいまだ周辺諸国への軍事的膨張行動に出ていなかった。

この時点で第三帝国よりも先に軍事行動を起こし、侵略行為で世界の注目を集めていたのは日本であった。満州事変、満州支配、傀儡国家満州国創設、さらに日中戦争の勃発、南京大虐殺。地中海帝国建設を目指すムッソリーニ政権のエチオピア侵略も、第三帝国に先行していた（石田 1994）。

いまなお欧米の研究史においても、四五年五月までに六〇〇万人のユダヤ人が殺されたことを「ユダヤ人だから、あるいはそう宣告されたから」（VEJ 1:13）と単純に概括してしまう傾向もある。しかし、そうした見方は反ユダヤ主義の激化とナチ国家の民族主義的急進化、その結果としての迫害の累積的急進化の力学と論理を適切に見定めていない。以下で見るようなヒトラー・ナチ党の民族帝国主義の論理と行動、第三帝国の膨張・戦争、その独ソ戦から世界戦争への突入、それらがぶつかる内外諸勢力の時々刻々の諸抵抗、そして第三帝国の敗北の総体的力学のなかに「ユダヤ人問題」を位置づけてのみ、反ユダヤ主義の「累進的急進化」の歴史理解が可能となろう。

第2章

「大ドイツ帝国」建設とユダヤ人迫害・強制移送

一九三八年

はじめに

本章では、対外膨張の開始の年、すなわちオーストリア併合からズデーテン併合までのユダヤ人迫害・追放を見ていく。「移送から殺戮へ」の移行という長期的観点からこの章の対象時期を特徴づけるとすれば、第三帝国が民族主義的膨張を始めるなかで盛り上がった民族主義の高揚と先鋭化のなかでドイツのユダヤ人に起きたことは脱出、追放、難民化であった。この過程を追跡する。

1. オーストリア併合とユダヤ人迫害・追放

ドイツ本国で一九三三年権力掌握以来五年間に遂行されたこと、それと同様の民族主義的統治体制の確立の諸政策がオーストリアではきわめて短期間に実行された。ヴェルサイユの桎梏を打破する両国の合併を歓迎するドイツ人とオーストリア人にとって、三八年三月の合併は一八四八年以来の大ドイツ主義の実現であった。この膨張はドイツの経済的地位を改善した。短期的には外貨準備と原料の備蓄を軍需経済のために動員できた。長期的には、ドイツの南東ヨーロッパに対する優越的地位を構築できた（NMT, VII:1393-1414, 永岑 1983）。この併合によってヒトラーは、チェコスロヴァキアを包囲し打ち砕く目標に大きな一歩を進めた。

【ヒトラーの権力掌握とオーストリアへの影響】

すでに一九二三年から三四年にかけ、ウィーンのユダヤ人住民はかなり減少していた。出生率の大幅な減少、多くのユダヤ人共同体メンバーの移住あるいはユダヤ教の宗教共同体からの離脱などが進んでいた（野村 1999）。三二年にはユダヤ人ウィーン文化共同体のなかでオーストリア人とユダヤ人の統合を目指す勢力が支配的地位を失った。ユダヤ人諸組織でシオニストが重要な地位を獲得した。大学は反ユダヤ主義の牙城の一つであった。対抗的にそこでもシオニストの学生組織が勢力を拡大した。シオニスト勢力は反ユダヤ主義的煽動に対して戦闘的な手段で防衛した。統合を目指す組織と勢力の衰退は、「反ユダヤ主義社会のなかでの解放的ユートピアの挫折」だった。その衰退傾向は、ドイツでナチスが権力を掌握した後、オーストリア国家がますます明確に全体主義的反ユダヤ主義的特徴を帯びるようになって、強化された（VEJ 2:31）。

一九三三年、オーストリア首相エンゲルベルト・ドルフスは議会を解散し、緊急令により統治を継続した。オーストリアを身分制国家と宣言し、祖国戦線以外の全政党を禁止した。祖国戦線はキリスト教社会主義者がさまざまの防衛団体を結集したものであった。オーストリアのユダヤ人は、ドイツの膨張努力とこれに呼応するオーストリアの合併勢力に対抗する姿勢を見て、ドルフス体制を歓迎した。ドルフスはナチ党のオーストリア支部を禁止した。彼はドイツとの国家的統一を拒否した。三四年、彼が暗殺されると、ユダヤ人の諸新聞には熱狂的な弔辞が掲載された（VEJ 2:32）。ドルフスの後継者クルト・シューシュニックも反ユダヤ主義を拒否した。彼もユダヤ人にほかのすべての市民と同じ権利を認めた。一九三四年、反ユダヤ主義新聞『シュトゥルマー』を禁止した。同年、オーストリア・ユダヤ人の若干の代表者が連邦や州の役職（参事官、連邦文化評議員など）に招聘された。シューシュニックは三七年にザルツブルク州政府がユダヤ教の畜殺法を禁止しようとするのを阻止した。しかし、オーストリアでも三〇年代半ば、反ユダヤ主義が明らかに高揚していた。反ユダヤ主義の団体は活発な宣伝を繰り広げた。ユダヤ人はオーストリアの保養地で客として受け入れられなくなり、反ユダヤ主義の家主から借家人として拒否されることも頻繁になった。しかし、この時期にはこうした反ユダヤ主義の諸行動に当局が介入し、差別を禁じた。他方、公職採用に際して応募者に「アーリアの出自」を証明することや洗礼証明書を提示しなければならないことも増えた（VEJ 2:32）。

若干の大きな企業を別とすれば、ユダヤ人は商業では多くの場合、小さな商店、小経営所有者であった。また多くが自立的な仕立て屋、靴屋、金細工職人などであった。ウィーンの大学卒の階層のなかでは、ユダヤ人は弁護士の六〇％、医者の約半分を占めていた。一九三二年四月に首相に就任したドルフスは世界経済恐慌の打撃からの脱出を巡り社会民主党など野党の抵抗にあった。彼の国内危機打開の方向は独裁体制の強化であった。多数の社会民主主義者の医者がウィーンの病院から解雇された。そのほとんどがユダヤ人であった。ほかの職業グループのなかでも、解雇が目立って増えた。三七年には二万二六〇〇人のウィーン市職員のうち、ユダヤ人は一五四人になっていた。ユダヤ人商店はウィーンではカトリック青少年団体などからのボイコット・アピールに打撃を受けた。こうした職業的差別の結果、三六年にはすでに六万人がユダヤ文化共同体からの援助を受けるまでになっていた。さらに、三三年以降のドイツからのユダヤ人難民の受け入れが文化共同体に負担となって重くのしかかってきた。ユダヤ人の生活環境は非常に悪化した（VEJ 2:33）。

【大ドイツ主義の歴史的潮流とオーストリア諸政党の対応】

ドイツとオーストリアの合併思想は一八四八年三月革命における言語ナショナリズムの革命家たちに端を発していた。その大ドイツの夢は反革命とビスマルクの小ドイツ主義の勝利によって挫折していた。第一次世界大戦後、敗戦国オーストリアに課せられたサンジェルマンの講和条約は権力政治的諸理由からドイツとの国家的統一を明確に禁止した。両大戦間期、ドイツとオーストリアでは統一に関する関心は非常に違っていた。オーストリアは一九一八年以降、チェコの工業地帯、ハンガリーの農業地帯、開港トリエステと切り離された。二九年世界経済恐慌はこの国に過酷であった。三八年になっても没落の諸結果に苦しんでいた。合併思想の人気は、景気循環や外交的権力状況にしたがって時期により変動した。君主主義者と共産主義者の場合だけ、合併思想は何の反響も見出さなかった。これに対して、ドイツのなかでは権力政治的野心が合併を魅力的なものにしていた。大企業の膨張戦略も実現した（永岑 1983; NMT,VII:1392-1484）。ウィーンは多くのドイツの政治家と経済戦略家たちにとって、すでに第二帝政の時代から「南東への門」であった。第一次世界大戦の結果、植民地を失ったこと、二九年から三三年の世界経済恐慌は、彼らに南東ヨーロッパへの経済的な「開放」をますます緊要に思わせた。シャハトの「新計画」はそれを推進した（シャハト 1955下）。三八年、ドイツでは労働力が不足していた。しかし、オーストリアでは高失業率が支配していた。三七年のオーストリアの失業率は二〇％を超えていた。約一〇万人の労働者・エンジニアを好況のドイツに送り出すことは、経済的同化を推進した（VEJ 2:38）。ドイツはドナウ圏での優勢を獲得しようと試みた。それが実現すれば、ドナウ君主国のかつての首都ウィーンは、失われたかつての栄光を回復できるはずであった（VEJ 2:33）。

一九三三年当時、オーストリアの社会民主主義者もキリスト教社会主義者も合併思想を拒絶していた。合併はナチス支配への従属を意味するからであった。連邦首相ドルフスは、イタリアをオーストリア独立の保障権力として獲得しようとした。これに対してムッソリーニはオーストリア国家の構造をファシストの模範に従って構築することを求め、社会民主党の禁止を要求した。ドルフスはこの要求を受け入れた。それによって彼は、国内でナチス・ドイツの合併の野望に対する闘争で潜在的に最も重要な同盟者を弾圧し。同時に自らをイタリアに従属させてしまった。三四年七月二五日、オーストリア・ナチスが一揆を起こし、ドルフスを殺害した。一揆は失敗に終わった。しかし、新連邦首相シューシュニックのもとで、ドイツ・オーストリア関係は緊張した。両国の接近とオーストリアの国家的独立性のバランスはもろいものになった。三八年二月一二日、オーバーザルツベルクでシューシュニックがヒトラーと会談した。ヒトラーは祖国戦線の枠内でのオーストリア・ナチ党の活動の自由とウィーンの弁護士アルトゥール・ザイス-インクヴァルトの内務・治安大臣への任命を強要した。高まる圧力のなかでシューシュニックは三八年三月九日、オーストリアの独立性を問う国民投票を予告し、三月一三日に実施するとした。内政的なあらゆる緊張にもかかわらず、オーストリア人の過半数がシューシュニックのスローガン、「自由な、独立の、そして社会的な、キリスト教で一つにまとまったオーストリア」に従うだろうと思われた。しかし、まさにその時、ナチ政府は軍隊進駐の脅しをかけた。シューシュニックは国民投票を取りやめることを余儀なくされ、三月一〇日辞職した。その数時間後、ザイス-インクヴァルトが連邦首相に任命された。シューシュニックは最後のラジオ演説で彼が強要に屈したことを表明し、オーストリア軍にはドイツ軍進駐に抵抗しないよう命じた。ドイツ軍が三八年三月一一日から一二日の夜に進駐してきたとき、オーストリアの住民の大部分がこれを歓声で迎えた (VEJ 2:34)。ドイツにおけるヒトラーのヴェルサイユ打破の諸行動、その度重なる成功と好景気がオーストリア民衆の潜在的意識を変えてしまっていた。

第三帝国ドイツの軍需景気、完全雇用状態の達成といった事情は、隣国オーストリアの人々、とくにそれまで非合法化されていたオーストリア・ナチスにとっては期待に胸膨らませるに十分であった。「すべての者が仕事を手に入れ、失業はなくなる」と。村の酒場ではヒトラーの肖像画とメタルのハーケンクロイツが売りに出された。「非合法者」たちはナチの歌を歌い、ビールを飲み、したたかに酔っぱらった（カルツォヴィッチュ 1990）。

【併合直後のナショナリズムの高揚と反ユダヤ主義の迫害諸措置】

三月一四日『フェルキッシャー・ベオバッハター』紙は、オーストリアの新聞が四八時間という「驚くべき迅速さで」決定的な変化を被ったと誇った。新聞の八〇％以上がユダヤ化されるかチェコ＝フランスの影響を受けていたが、今やそれが「完全に」変えられたと（VEJ 2/15）。ユダヤ系教授は大学から追放され、何人かは逮捕された。ユダヤ系裁判官は職を失い、ユダヤ系弁護士には三八年三月末「暫定的な」職業禁止が命じられた。編集者、俳優、音楽家は解雇された。オーストリア全土でとくに富裕なユダヤ人の住宅や店舗に対し略奪と家宅捜索が始まった。準備したリストに従って、その地のナチスがしばしば警察と一緒になって、ユダヤ人の家々から家具や貴重品を運び出した。他方で同時に、そうした恣意的な下部の抜け駆け的行動を抑止するため、国家と警察の最高部署からの命令による「三月作戦」が始まった。この作戦では、親衛隊と突撃隊ならびに警察が、オーストリア・ユダヤ人の財産の「保護」を託された。この正当化の論理のもと、何百もの住宅で装飾品、絵画、有価証券、絨毯などが押収された。ユダヤ人財産の略奪は「国民スポーツに発展」したとされる。とくにウィーンのユダヤ人を恐れさせたのが「道路研磨班」作業であった。彼らは道路のよごれを刷毛や歯ブラシでこすり落とす作業を強制された。見物人を面白がらせるため、主導者——普通は突撃隊員やナチ党員であった——が、辱められた人々の頭に汚いバケツの水を注いだ。ウィーンでは「合併ポグロム」が数週間にわたり続いた(VEJ 2:35)。

ブルゲンラントではユダヤ人の九〇%が信仰に忠実なユダヤ教正統派であったが、ユダヤ人共同体の全員がこの地から追放された。追放されたユダヤ人の大部分は最初の滞在地としてウィーンに流れ込んだ。しかし、合法的な道で秩序立った移住をするためには、受け入れ国の承認が必要であり、外国からしかるべき資金を手に入れなければならなかった(VEJ 2/28)。

一九三八年三月一六日の総統令に基づき、ゲーリングは四カ年計画全権としてヴィルヘルム・ケプラーにオーストリア経済の「アーリア化」を託した。「アーリア化」を旧ドイツよりもはるかに大規模に推進しなければならないとし、その加速と適切な遂行が四カ年計画のオーストリアへの順調かつ円滑な導入に必要だとした。そのためにオーストリア問題で長年経験を積んでいるケプラーに全権を任せたのである(VEJ 2/20)。三九年夏までに元ユダヤ人所有の企業約二万六〇〇〇のうち四四〇〇から五〇〇〇が「アーリア化」され、残りはすべて解体された。通例、非ユダヤ系購入者は、経営を低廉に買い取った。しかし彼らが支払った購入額のうち、ユダヤ人所有者の封鎖口座に振り込まれた金額は相当に少ないものであった（VEJ 2:39）。大企業の「アーリア化」は、ドイツ企業が自らの生産・支配拡大のために推進した（永岑 1983）。

一九三八年四月二六日通達は、ユダヤ人が自分の財産を申告しなければ罰金刑と懲役・禁固・拘留などの自由刑に処するとした（VEJ 2/29）。ユダヤ人財産を把捉し、四カ年計画遂行に投入することがその目標であった（VEJ 2/30）。体制が整ってきて下部の突撃隊員などによる恣意的な略奪行為は禁止されるに至った。合併六週間後、四月二九日、オーストリアとライヒの再統合全権ライヒスコミッサール・ビュルケルは、ユダヤ人襲撃に参加した突撃隊員を降格と除名で脅かした。やっと暴力沙汰が減少した（VEJ 2:35）。旧ドイツにおいて反ユダヤの抑圧・差別の諸措置・法律が五年で整備されたとすれば、オーストリアではわずか「五日間のうちに」それらが強制された（VEJ 2:36）。

ヒトラーは一九三八年三月一五日ウィーンで演説し、合併を確定するための国民投票を告知した。翌一六日、国民投票までの期間、すべての団体にあらゆる組織的活動が禁止された。四月一〇日、きらびやかに告知された「大ドイツの日」に国民投票が実施された。夕方、新しく編入されたオーストリア全域で教会の鐘が一時間鳴り響いた。投票では、有権者の九九・六％が「ドイツとオーストリアの再統一」に賛成した。投票率は九九・七％に達した（VEJ 2:36）。

カトリック教会ではウィーンの枢機卿テオドール・インニツァーが、ドイツ軍進駐直後に「無血で行われた合併」を歓迎し、信者に当局に対する従順を呼び掛けていた。そのすぐあと、カトリック司教は祝賀の声明を公にし、ナチズムの功績を「喜ばしい」とし、国民投票で賛成を投じるように求めた。この新しい権力者に有益な声明は、前もってライヒスコミッサール・ビュルケルが教会指導者たちに示しておいた草稿に基づくものであった。司教声明は、ナチ反対者たち、とくにウィーンのユダヤ人を失望させた。彼らは枢機卿からの保護を期待していた。彼がそれまで反ユダヤ主義のシェーネラー支持者を繰り返し批判していたからであった。カトリックの司教と同様に福音主義の最高宗務会議委員も教書で合併を歓迎した。三三万人の福音主義オーストリア人の名前で「総統」を「五年間の全ドイツ人の最も過酷な苦難からの救済者」として、信仰の違いに関わりなく祝うのであった。さらに、社会民主主義者でオーストリア共和国初代首相カール・レンナーも発言の許可を求めた。彼は公然と国民投票で賛成票を投じる理由を説明した。「社会民主主義者として、したがって諸国民の自決権の擁護者として、共和国ドイツオーストリア首相として、そしてサンジェルマンの講和派遣団元団長として、賛成票を投じる」と表明した。オーストリアは、合併によりオストマルクに改称された。諸官庁のトップはライヒ・ドイツ人かオーストリア人のナチ党員ないし政治的に信頼できる人物が占めることになった（VEJ 2:36）。

【ウィーン・ユダヤ人移住センター統括下の強制移住】

オーストリア・ユダヤ人の追放で重要な役割を果たすことになるのが、ウィーン・ユダヤ人移住センターであった。これは、形式上はドナウ地区管轄の親衛隊保安部指導者フランツ・ヴァルター・シュターレッカーが指揮していた。しかし、全日常業務は部下のアイヒマンが自らの責任で処理していた。SDはベルリン本部で作成していたリストに基づき、「オーストリア・ユダヤ人連盟」、週刊誌『真実』、「イスラエル同盟」、「ユダヤ大学委員会」、「ユダヤ前線兵士連盟」、ハプスブルク君主国再建を求める「ユダヤ人・オーストリア正統派全国連盟」、「国家シオニスト組織」、「ユダヤ人商人手工業経営連盟」、「無料労働証明協会」など多数のユダヤ人組織の全重要人物を逮捕し、それら諸組織の文書を押収し、ベルリンに送った(VEJ 2/116)。

一九三八年三月一八日、SDと警察がウィーン・イスラエル共同体事務所を占拠し、職員に暫定的に活動停止を命じた。五月二日に仕事再開を許可した際には、たくさんの福祉施設を最終的に閉鎖した。アイヒマンは事務所に毎週の報告を命じ、『シオニスト・ルントシャウ』紙の検閲を行った(VEJ 2/34)。

一九三八年八月設置のユダヤ人移住センターはさまざまな機関を統合したものだった。ユダヤ人移住者は移住許可を取得するため、ユダヤ人共同体に出向き、受け入れ国の入国許可証明書をはじめとして数多くの書類を作成しなければならなかった。そして移住センターに非常に多岐にわたる証明書を申請し、あるいは購入しなければならなかった。センターではアイヒマンの監督下、ユダヤ人移住加速のため、関税、為替、旅券、税務、公用徴収等の官吏が連携して仕事をした（VEJ 2/224）。センターの運営には、貧者の移住費用を賄うために裕福なユダヤ人が支払わなければならなかった移住者税も使われた。さらに、オーストリア・ユダヤ人の指導的人物たちは、国際的援助組織に外貨支援を懇請するため外国（パリ、ロンドン、さらにはパレスチナにも）に派遣され、受け入れ可能性を開拓しなければならなかった。彼らは外国で開催されるユダヤ政治組織の大きな大会に出席し、できるだけ多数の移住・受け入れ可能性をウィーンにもたらすため働いた（VEJ 2/301）。

【一九三九年六月までの強制移住実績】

アイヒマン報告によれば、合併の三八年三月「オストマルク」（併合後のオーストリア）でウィーンに一六万五〇〇〇、その他の諸管区に一万五〇〇〇人のユダヤ教信者、合計一八万人を確認した。さらに、ニュルンベルク法の定義による非ユダヤ教信者――したがって血統上――の約一二万人のユダヤ人がいた。したがって、ニュルンベルク法の意味でオストマルクにいるユダヤ人の総数は三〇万人であった。信仰ユダヤ人一八万が、文化共同体三四、シナゴーグ八八、「いわゆる世俗協会」五三七を維持していた。ユダヤ人移住センターはその前身の合併直後からの仕事を引き継ぎ、ユダヤ政治諸組織の全活動を「余すところなく」掌握し、オストマルクさらには全ドイツ領域からのユダヤ人国外移住に力を注いだ。オストマルクに存在した全ユダヤ政治諸組織は、解体され、禁止された。その財産は国家警察が押収した（VEJ 2/301）。

ユダヤ人国外移住を促進するため、三つのユダヤ人組織だけは移住機関に編成替えした後で活動継続を許可した。ウィーン・イスラエル共同体を全オストマルクのユダヤ文化共同体の担い手として、「シオニスト全国連盟」を信仰ユダヤ人のパレスチナ移住担当機関として、最後に「アグダス・イスラエル」を正統派ユダヤ人移住の担当機関として。非ユダヤ教信者の移住については「ギルドマイスター移住援助アクション」がこのカテゴリーのユダヤ人移住を促進する機関として再編され、センター内部の支援局として組み込まれた。ウィーンのユダヤ組織の役員たちには、ユダヤの金融機関、ロンドンの「ドイツ・ユダヤ人評議会」、パリの「アメリカ・ジョイント配分委員会」を訪ね、ユダヤ人のオストマルクからの移住のためにウィーンに毎月一〇万ドルを振り込むよう要請することを命じた。こうしたやり方を通じて、一九三九年六月までにウィーンには外国から一四〇万ドルの現金外貨がもたらされた。移住促進のためユダヤ人の職業転換のための職業訓練の機会も提供した。そのために、約三〇〇の手工業訓練所を設立した。ここで大部分が自由業出身のユダヤ人に手工業の知識を伝授した。同様のことが農業訓練所の設立でも行われた。一九三九年六月当時、移住センターは二二の農業訓練所を持っていた。そして、ユダヤ人三四四八人が手工業訓練所で、九二〇人が農業訓練所で訓練を受けた。通例、約三か月で訓練は終了し、その後、新規の訓練生がやって来た。一九三九年六月二〇日までに、オストマルクからのニュルンベルク法の意味でのユダヤ人移住の証明可能な総数は、一〇万七七二であった。ヨーロッパ諸国への移住は四万九八一八人。だが、ヨーロッパ諸国は該当者のほとんどにとって目的地とはみなされておらず、単なる通過国と考えられていた。北アメリカ二万一一二四人、中央アメリカ二五七八人、南アメリカ六五七八人、パレスチナに六三三八人、アジアに一万七一三五人、アフリカに二五八三人、オーストラリア一六一八人。ウィーン在住信仰ユダヤ人の数は、三九年六月二〇日までに一六万五〇〇〇人から七万六四〇〇人に減った。オストマルクのほかの地区の信仰ユダヤ人の数も一万五〇〇〇人から五三九人に激減(VEJ 2/301)。

アイヒマンは、警察機構と合体した親衛隊機構の巨大な歯車の一つとして行動し、ユダヤ人諸組織に対して高圧的専制的な態度をとった。それら諸組織のユダヤ人代表者に対する「不断の脅迫」と連帯責任の強制によって、「協力」を余儀なくさせた。移住のノルマを決め、それを何度も引き上げ、ユダヤ人文化共同体とシオニスト連盟に予定目標達成の責任を負わせた。彼は、文化共同体の指導者フリーデマンがユダヤ人諸組織に定められた追放割り当てを達成した場合にのみ、強制収容所から釈放されるものとした(VEJ 2:40)。こうした追放実績の進行状況を視察した上司シュターレッカーは、ウィーンのモデルに従ってベルリンにもユダヤ人移住センターを設置すべきだと指示した。一九三九年二月二七日にベルリンにもセンターが設置された。それは旧ドイツからのユダヤ人移住のセンターとして活動することになった（VEJ 2/301）。

2. ズデーテン併合とユダヤ人迫害・追放

「ヒトラー崇拝」と「ヒトラー神話」に巻き込まれたオーストリア人とドイツ人は、併合を一八四八年以来の大ドイツ理念・ドイツ人の民族的夢をヒトラーが実現したものとして歓迎した。その成功はさらに大衆的なヒトラー崇拝・神話を一層強化した。しかも、併合・領土膨張はドイツ帝国の経済的地位を改善した。大ドイツ主義的膨張の潮流の波頭に立つヒトラーは、即座に次の目標、すなわちチェコへの膨張、チェコスロヴァキア解体に向かった。そこでもドイツ民族の「自決」を活用し、武力を背景として突き進んだ（永岑 1989, 1990, 1992）。

【国際的危機激化から「宥和」による強制的割譲へ】

ヒトラーは一九三八年五月末、チェコスロヴァキアへの進駐を同年一〇月一日に行う準備を命令した。いわゆるズデーテンラントのドイツ人マイノリティへの差別がドイツのメディアによってスキャンダラスなやり方で流布され、誇張された。それは三八年夏の間にドイツの軍事介入が正当化されるような事態にまで煽り立てられた。約三〇〇万のズデーテンドイツ人の保護なるものは、ヒトラーにとって副次的目標であった。それを最大限宣伝の上で活用した彼の次の主要目標はチェコスロヴァキアを屈服させることであり、その支配であった（VEJ 2:41）。

一九三九年設立のズデーテンドイツ人故郷戦線は、三五年にズデーテンドイツ人党に改称された。この党はコンラート・ヘンライン（1898-1945）の指導下に分離主義の闘争を展開した。三八年三月、ヘンラインはズデーテンドイツ人義勇軍を創設し、突撃隊（SA）で訓練した。ナショナリスティックな宣伝が十分に浸透しないところでは、ヘンライン支持者は社会的圧迫や脅迫を行った。公然非公然の組織がいたるところに作られた。通りには故郷戦線への結集を呼び掛ける横断幕が掲げられた。家主は住人に対するスパイの役目を果たし、運動の開拓者となった。青少年はわずかの例外を除き、旗をなびかせて闊歩し、教員たちも共感を示し、運動に結集した（VEJ 2:41）。

一九三八年九月、ズデーテン危機は頂点に達した。ヨーロッパに戦争が迫っているかに見えた。英仏政府は戦争回避のためにナチス・ドイツの権力欲に譲歩した。三八年九月二九日のミュンヘン協定によるズデーテン併合でドイツは権力的地位を強化した。それは、残余のチェコスロヴァキアを従属化させ、ドイツ工業に北ベーメンの重要な資源をもたらした。この第三帝国の領土膨張はポーランド民族主義も巻き込んだ。ポーランドはこの機に乗じて、それまでのチェコスロヴァキア領土の一部工業地帯チェシンを手に入れた。ハンガリーも南部東部スロヴァキアのハンガリー人多数派地域を獲得した（VEJ 2:42）。

しかし、ヒトラーはそれに満足するはずもなく、さらに全チェコスロヴァキアを掌中に収める道に突進する。

【領土膨張ナショナリズムと過酷なユダヤ人迫害・強制移住】

一九三八年秋、ドイツ併合地域はライヒスガウ・ズデーテンラントと宣言された。三〇年代初め、ここにはなお二万四〇〇〇人のユダヤ人が住んでいた。非ユダヤ人のほとんどのズデーテンドイツ人はこの地域の併合ないし編入を歓迎し、熱狂して迎えた。しかし、逆に、そこに住むユダヤ人の約九〇パーセントは、数か月のうちに、オーストリア併合後に一時的に隣接ズデーテンラントに逃れていたユダヤ人難民のほとんどと同じく、逃亡した（VEJ 2:42）。

ロンドンの『ジューイッシュ・クロニクル』紙（一〇月七日論説）はズデーテンラントにドイツ軍が進駐した直後のユダヤ人の状況を報じた。数日間に難民化したユダヤ人と非ユダヤ人がズデーテンラントからプラハに「流れ込んだ」。プラハのユダヤ人共同体委員会やユダヤ人援助の諸組織は、彼らの限られた資金で大量の難民を助けるため「最大限のものを差し出した」。シオニスト諸施設には、ユダヤ人が移住可能性を照会するため宿泊した。ズデーテン地域のある町のチョコ当局の最後の行政行動は、ヘンラインの突撃隊によって逮捕されていたマリーエンバートのユダヤ人一七人を釈放することであった。チェコ当局は、可能な限りで、ユダヤ人の財産を救い出す手助けもした。

ズデーテンラントの多くのシナゴーグは、巻物など宗教的物品をプラハに運び去った後、非ユダヤ人管理者の監督下に置かれた。ドイツ軍進駐直後、乱暴狼藉を働くナチ連中はカールスバート、エーガー、その他の諸都市でユダヤ人商店をぶち壊して面白がった。数多くのショーウィンドーが粉々にされた。かなりの数の自殺者が出た。たとえば、テプリッツのある弁護士は展望タワーから飛び降りて自殺した。ピルゼンのある婦人科医は妻と二人の娘とともに服毒自殺した。最初の強制収容所がトゥーン伯爵の旧城に設置された。「民主主義者たちが自宅からそこに拉致されたが、彼らの運命ははっきりしない」と(VEJ 2/102)。

しかし、一九三八年一〇月七日時点では、ズデーテンラントになお一万人のユダヤ人が残っていた。ミュンヘン協定に従えば住民投票が実施されるはずであった。すでにザールラントで行われたように、この地域の財産の移転や土地・不動産の売却は許されるものと思われていた。この地域を去る意図は、住民投票後六か月以内に届け出なければならず、移住希望者は一年以内に実行しなければならなかった。この間は人種・宗教・言語による諸個人に対する措置は行われないはずであった。ズデーテンラントのユダヤ人の困窮に加えて、チェコとスロヴァキアの地域のユダヤ人も非常な損害を被った。彼らの多くはズデーテン地域とビジネス上の関係があったからである(VEJ 2/102)。

ズデーテン割譲と同時にポーランドとハンガリーに割譲された地域にもユダヤ人がいた。ポーランドとハンガリーも「ユダヤ敵対的な政策」を執行した。ポーランドに割譲された地域は、チェコスロヴァキア国家にとっては「由々しい経済的損失」であった。しかしズデーテンラントと比べれば、大きさも地政学的状態も重要性は小さかった。また、この地域には二五〇〇人（一九三〇年統計）のユダヤ人しか住んでいなかった。ポーランドはチェコスロヴァキアに比べれば、ユダヤ人政策でも一般的な福祉状態でも比較にならないほど不利であった。割譲地域のユダヤ人の大部分はチェコスロヴァキアかその他へ引っ越し先を求めた。だがユダヤ人にとってはベーメン・メーレンのドイツ語地域（ズデーテンラント）の「最も過酷な運命」が際立っていた（VEJ 2/103）。

プラハ全域にユダヤ人難民がなだれ込んだ結果、一人の難民も潜り込んでいないような家はなかった。プラハに知り合いのものがいたものは幸運だった。何千人もが、見知らぬ人のところに潜り込まざるを得なかった。あるジャーナリストは、チェコ人がこうして過重負担に陥った以上、「すぐに彼らの怒りと無力感が最も弱い者たちに、難民に向けられることになろう」と見通した。彼は、窮地に追い込まれた地元民がしまいには無実のものを深淵に突き落とすことになろうと危惧した。まさにここに、ヒトラー・ナチスがユダヤ人を人種の階層秩序の最底辺においたことの統治上の意味があった。チェコ人の恨みつらみが、下に向かって、難民化して弱い立場になったユダヤ人に向けられた（VEJ 2:42）。

逃亡できなかったユダヤ人とナチ敵対者たちは、ズデーテンドイツ人の隣人に、しかし何といってもヘンライン部隊やゲシュタポによって迫害され、逮捕された。一九三九年春までに約一万人の社会民主主義者、共産主義者およびユダヤ人がズデーテンラントから強制収容所に連行された(VEJ 2:42)。

その後、一九三三年から三九年までにドイツで実施された反ユダヤ主義のすべての根本的な諸措置が、新しく併合された地域にも順次・迅速に適用された。残っていたユダヤ人は彼の財産を申告しなければならなかった。オーストリアでと同じように、政府委員がユダヤ人経営を、所有者がまだ国内にいるか逃亡したかに関わりなく、管理した。財産管理当局は「アーリア化」を、たいていはより多くの資本を持つ土着非ユダヤ人とドイツ本国人(ライヒドイツ人)に有利になるように組織した。ユダヤ人個人商店はズデーテンドイツ人の中間層の利益になるよう、可能な限り営業停止にされた(VEJ 2:42)。ペチェック・コンツェルンの石炭鉱山はヘルマン・ゲーリング・ヴェルケの所有となった。ズデーテンラント最大の化学コンツェルンは、イ・ゲ・ファルベン社が取得した(永岑 1988)。

早くも一九三九年三月、ヒトラーは次の目標、チェコスロヴァキアの破壊を実行した。ヒトラー政府の圧力によりヨゼフ・ティソ首相(1887-1947)はミュンヘン協定以降自治権を得たスロヴァキアが独立国家になったと表明した。ドイツの軍隊はチェコの部分を占領した。ヒトラーはプラハで三九年三月一六日、帝国保護領ベーメン・メーレンの樹立を宣言した。選挙で選ばれた大統領エミール・ハーハ（1872-1945）は名目的にその地位に留まった。しかし、権力はドイツの掌中にあった。元ドイツ外務大臣コンスタンティン・フォン・ノイラートが帝国保護官の職に就いた。国家次官、同時にベーメン・メーレン高級親衛隊・警察指導者にズデーテンドイツ人のナチ党幹部カール・ヘルマン・フランクが就任した。占領直後、亡命者、ユダヤ人および反ナチとして知られたチェコの人々が大量に逮捕された。またユダヤ人は各地で公然と攻撃された。アイヒマンは三九年六月、プラハにもユダヤ人移住センターを開設した。

3．諸外国のユダヤ人難民受け入れ拒否

以上で見てきたように、ナチス・ドイツの領土拡大ごとに支配下に入った地域・国からユダヤ人は迫害・追放・移住強制の憂き目にあった。しかし、彼らを受け入れる国・地域はあったのか、これが大問題となる。

一九三八年のうちにますます明らかになったことは、ユダヤ人からの財産没収が、ユダヤ人の追放をいかに困難にするかということであった。国外移住に課される強制的な税や外貨に関する諸規則、輸出の禁止や手数料などは、外国で新しい生活の場を構築するために彼らが財産――少なくとも一部――を持参することを妨げた。ユダヤ人が目指した国々、受け入れ候補となる諸国は、資金

のない難民の受け入れを拒否した。彼らがもしかしたら公的な保護の対象として重荷になるかもしれなかったからである。すでにオーストリア併合直後から、ほとんどすべての国が移民諸規定と国境コントロールを厳しくし、公然・非公然にユダヤ人に対する移民・入国禁止の法律を公布した(VEJ 2:43)。

チェコ政府は、ミュンヘン協定までは比較的自由な庇護政策を執っていた。しかし、その後はユダヤ人難民を受け入れようとはしなくなった。一九三八年一〇月からはドイツとオーストリアからのほぼすべての移民を追放処分にした。ユダヤ人が国外退去要求に従わない場合、警察が彼らを国境(ほとんどがポーランド国境)まで連行した。同様に、ドイツ軍進駐後、国境を越えて追放されたズデーテンラントのユダヤ人も、国境でチェコの国境警備兵に追い返されるか、さらにハンガリーに送られた。彼らはハンガリーでも望まれなかったが、通過可能性になお一縷の望みをかけることができた。最後に若干のものはドナウ貨物船に受け入れ先を見つけた。しかし、そのほとんどがチェコとハンガリーの国境地域の収容所に入れられた。三八年一一月、スロヴァキアがハンガリーに一部地域を割譲しなければならなくなったとき、スロヴァキアは割譲地生まれのユダヤ人をハンガリーに擦り付けるために連行し、割譲地に追いやった。それを受けて、ハンガリーの地方警察は、これら「望ましからざる者」を新しく引かれたハンガリー・スロヴァキア国境沿いの無人地帯に連行した。ドイツの西部国境ではオーストリア併合後、三九年四月三日の合同会議でオランダ、ベルギー、ルクセンブルクの国境当局が合意するまでは、違法に入国した難民を互いに押し付け合った（VEJ 2/271）。

【併合体制の進展と難民の急増・強制移住・非合法脱出】

一九三三年に約三万七〇〇〇人がドイツを永久に去った。その後、毎年二万人から二万四〇〇〇人が脱出した。外国移住者の八〇％から八五％がユダヤ人だった。三八年には難民の数が五倍になった。この年の難民は、旧ドイツから約四万人、オーストリアから六万人で、合計十万にのぼった（VEJ 2:44）。

ロンドンの『ジューイッシュ・クロニクル』紙掲載（一九三九年一月六日）の報告によれば、ドイツ、スロヴァキア、ハンガリー、ポーランドその他の国境に沿って、少なくとも一二の「無人地帯」収容所があった。さらに何千人もの難民がスイス、ベルギー、オランダの一五の隔離収容所バラックに閉じ込められていた。いくつかの収容所はドイツがユダヤ人を追放した過酷さの結果として設立された。しかし、ほとんどの収容所はミュンヘン協定の直接の結果であった。協定によるチェコスロヴァキア領土の削減、ドイツ、ハンガリー、ポーランドへの領土割譲の結果であった。国境沿いの無人地帯の人々の悲惨な様子は、ユダヤ人排除を象徴するものであった（VEJ 2/233）。

難民として上陸許可を持たないまま船出した人々もいた。たとえば三九年五月のセント・ルイス号に乗船した九〇〇人以上のユダヤ人は、ハンブルクからハヴァナに向かったが、そこで港湾当局に上陸を拒否された。サント・ドミンゴ共和国が受け入れを表明したとか、近隣の国が受け入れるといった情報が入った。しかし結局、ハンブルクに戻らざるを得なかった。そこでイギリスの受け入れを期待して待つことになり、「期待と不安」の右往左往状態に置かれた（VEJ 2/290, 292）。

ゲシュタポとナチスは一九三八年夏、ドイツとオーストリアのユダヤ人をできるだけ早く外国へ移住させたいと暴力や迫害のさまざまなやり方を行使した。たとえば強制収容所への連行などによってユダヤ人をパニックに陥れ、彼らが何としてでも出国するように仕向けた（VEJ 2/305）。ユダヤ人は非合法的越境も敢行した。こうしたやり方に対する反応として、たとえばスイス当局は全ドイツ人に対する査証義務を導入するぞと脅かした。かなり長い折衝の後、スイスとドイツの当局は、ドイツ・ユダヤ人のパスポートに赤字でJの印を押すことで合意した。これによって、ユダヤ人は気づかれないように他国に入ることが一般的には不可能になった（VEJ 2/127, 黒澤編訳 2010）。

一一月ポグロム（「帝国水晶の夜」）の間とその後、ドイツのユダヤ人にははっきりと生命の危険が迫った。パニック的逃亡が引き起こされた。逮捕され、強制的に収容所に入れられ、その後出国を条件に釈放されたユダヤ人はいまや危険を厭わなかった。乗船チケットや査証の闇価格は高騰した。商業的あるいは人道的な逃亡支援が盛んになった。極端な圧迫の高まりで家族がバラバラに出国することも余儀なくされた。少なくとも子供だけでも安全にしようとした。イギリス政府が一一月ポグロムの直後、ユダヤ人家族のなかから子供一万人を受け入れることを表明し、ドイツでは短期間のうちに子供の出国を組織する事務所が作られた（木畑 2015 第I部）。イギリスへの道は生存への道だった。しかし、子供にとっても、また姉や母、祖母にとっても痛哭の別れであった（VEJ 2/202）。それでも、地域や仲介の委員会の人々などとの関係は「考えられる限り最良」で、気分の「素晴らしい」ものだったという。日中はしばしばドイツのことを忘れ、自分の将来の見通しも忘れるほどに（VEJ 2/213）。

イギリス以外では、オランダ、スイス、ベルギー、スウェーデンがかなりの数の子供を受け入れた。イギリスのキンダートランスポートに対応するイニシアティヴが少し後にアメリカ合衆国でも生まれた。しかし、ここでは移民反対者の抵抗にあって、計画は挫折した（VEJ 2:45）。

子供たちの場合も、大人と同様、貨幣、装飾品、金や銀などの持ち出しは禁止されていた。もし荷物のなかにそうした禁止品があれば、「送り返されるので、両親にくれぐれも注意するように」と、仲介機関の担当者が警告していた（VEJ 2/288）。

一一月ポグロムの後は、ユダヤ人組織も合法的な道を捨て、ユダヤ人を考えられるあらゆる脇道で国外に出そうとした。それには、中立国の旗のもと移民をパレスチナに運ぶ船の確保もあった。もちろんそれは、船が、違法移民を阻止しようとするイギリス委任統治権力の海軍によって拿捕されない限りであったが。SDは、合法移民を危険にさらさないため、公式には違法移民を拒絶していた。しかし、ウィーンからの非合法移民を促進し、パレスチナへの渡航船をチャーターしようとした人物を手助けした。ウィーンのシオニストはこの人物を批判した。それは、パレスチナ移民の選抜基準――若く、健康で、たくましい――に反していたからであった（VEJ 2/260）。

【エヴィアン会議とその挫折】

アメリカ大統領フランクリン・D・ローズヴェルトは、難民増大に対する反応として、オーストリア併合のわずか二週間後に国際会議を招集した。それは一九三八年七月六日から一五日までフランスの保養地エヴィアンで開催された。三二の国の代表者がドイツからのユダヤ人難民の受け入れ可能性について相談した。しかし、ほぼすべての代表者がこれ以上の難民を受け入れることは自分の国の経済状況からして許されないと遺憾の意を表明した。内々の交渉で受け入れの見込みがあると表明したのは、小さなドミニカ共和国のみであった。会議開催前の『ザ・サンデー』紙（七月三日）のカリカチュア（ヴァンゼー会議記念館 2015:62）は、この悲惨な結果を予測していた。

ゲッベルスの宣伝省とドイツ外務省は、エヴィアン会議の失敗について、民主主義諸国家のドイツ・ユダヤ人の運命を巡る懸念は「偽善的な見せかけだけなのだ」と酷評した。一九三八年七月一六日のフェルキッシャー・ベオバッハター紙は、「三つの民主主義大国、なかでも会議主催者アメリカ合衆国は、エヴィアンを国際ユダヤ人のための約束の地と広告し、過大な期待を呼びおこした」が、結果はお粗末で、ユダヤ人もすぐに期待外れだったことに気が付いたと。中立諸国のもてなしの良さを満喫しているユダヤ人ジャーナリストが、たとえばナチス残虐行為などを持ち出して、アメリカ代表の助けを得てこの会議から「反ファシズム煽動を引き起こそうとした」が、うまくいかなかった。ほとんどの政府は、「こうした誇張に対しては拒否的だった」などと（VEJ 2/64）。

会議参加国はドイツ・ユダヤ人を内政的経済政策的理由からこれ以上受け入れられないと拒否したが、その背後には根本的な、ほとんど解決不可能な問題が隠れていた。資金のないユダヤ人難民の受け入れに前向きな声明をすれば、そうした国々はドイツだけではなく、そのほかの国々でも、ユダヤ人の財産没収と追放を後押しすることになる。実際、ポーランドとルーマニアはエヴィアン会議をきっかけに、ユダヤ人マイノリティは自分たちの国でも問題となっており、国際的国家共同体がこの問題を引き受けなければならないとした。こうした問題を背後に抱えながら、会議代表者たちは政府間委員会を設立した。難民移住可能性を見出す課題と取り組み、ドイツ政府とユダヤ人移民とユダヤ人財産の移転について交渉することにした。しかし当初、ドイツ外務省はその委員長を迎えることをきっぱりと拒否した。だが、一一月ポグロム後、四カ年計画全権ゲーリングとライヒスバンク総裁シャハトが交渉の用意があるとのシグナルを送った。彼らは、ドイツの外国為替不足をこのやり方で緩和できるのではないかと踏んだ。一九三八年一二月、シャハトは委員長との秘密交渉のため、ロンドンに赴いた。ドイツ側は、ユダヤ人移住促進と「外国為替安定化」を結び付け、外国のドイツ商品ボイコットを打破することが目標だった。しかし、三九年一月、シャハトがライヒスバンク総裁を辞めざるを得なくなった（離反の起点はフリッチュ危機, IMG, XII :494, シャハト[1955]下、抵抗）。交渉を引き継いだのは、四カ年計画庁外国為替経済部担当のヘウムート・ヴォールタートであった。彼は、政府間委員会委員長と繰り返しユダヤ人財産没収で交渉した。その交渉中、彼はフリードリヒ・フリックやドレスデン銀行と一緒にペチェック・コンツェルンの「アーリア化」を行った。フリック・コンツェルンは、アーリア化の最大の受益者であった（NMT, VI）。ドイツ国家は、このコンツェルンの何億ライヒスマルクにも上る石炭鉱山や工業企業を取得した（VEJ 2/47）。

一九三九年春に協議された構想では、ドイツ・ユダヤ人の三分の二を五年以内に移民させるというものであった。残されるのは、老人と死に至るまで煩わされることなくドイツで生活できるもののみであった。この計画によれば、ユダヤ人財産の七五％がドイツ国庫に確保されることになっていた。残りの二五％は信託基金に払い込まれるべきものとされた。その引き出しは、ドイツからの追加的輸出に対してのみ行われるというものであった。三八年一二月の演説でゲーリングはこの案の素描を公表していた。しかし、結局、政府間委員会とドイツとの間で正式の協定はできなかった。第二次世界大戦の勃発が、この計画を一掃した（VEJ 2/48）。

【身分証明書・ユダヤ名の義務化・強制労働】

一九三八年七月末、全ユダヤ人住民に対し身分証明書の強制が導入された。年末までに、一五歳以上のユダヤ人は身分証明書を申請しなければならなかった。それにはパスポート写真、指紋、所有者の署名が必要であった（VEJ 2/72）。官庁との書簡のやり取りでは、身分証明書の番号と発行地を明記する必要があった。官庁を訪ねる際には、ユダヤ人であることを自発的に申告し、身分証明書を提示しなければならなかった。証明書受領の際にも住所・氏名の確認があり、処罰が危惧された（VEJ 2/300）。八月には内務省が行政命令を出した。ユダヤ人には特定の「ユダヤの」名前しか許されなくなった。三九年一月一日からはさらに「イスラエル」の名前を、婦人は第二の名前に「サラ」をつけなければならなくなった（VEJ 2/84, 86）。七六歳のあるユダヤ人婦人は、三八年一一月二九日、第二の強制名サラをつけるのを拒否して自殺した（VEJ 2/181）。

ユダヤ人把捉の次の一歩は、一九三九年五月、オーストリア併合で一年延期となっていた国勢調査の際だった。特別の補足カードで全調査対象者は、四人の祖父母の「人種属性」について申告しなければならなかった（VEJ 2/36）。これによって、統計家は、旧ドイツの「人種ユダヤ人」二三万三九七三人を把捉した。そのうち約二万人は、ユダヤ宗教共同体に属していなかった。統計は、さらに「半ユダヤ人」、「四分の一ユダヤ人」をその家族、家計構成員、住所、その他個人関係データで把捉した。こうして、身分証明書、強制名、国勢調査、さらに二八年導入の民族カードなどにより、何度も「人種属性」の調査が行われ、該当者が把捉から逃れることは難しかった。人種属性データの重要な源泉は、教会帳簿であった。そこには、だれが、いつ、どこで、洗礼を受けたか、ユダヤ人と結婚したか、あるいは名前を変えたかなどのデータが書き込まれていた（VEJ 2:49）。

こうしてオーストリア併合・ズデーテン併合で盛り上がった民族意識――排外的民族主義と絡み合いつつ――は、ヒトラー・ナチ国家と親衛隊警察機構のユダヤ人に対する宗教的人種的差別措置の過激化においてはけ口を見出した。

小括――「帝国水晶の夜」

しかし、ドイツ人のナショナリズムの排外的先鋭化とそれによるユダヤ人の周辺諸国への逃亡・流入は、周辺諸国における防御的対応、その反ユダヤ主義を刺激することにもなった。一九三八年三月三一日、ポーランド政府は、実質的にはユダヤ人をターゲットにした「国籍はく奪」法を発布した。それは五年以上外国で生活するポーランド国籍の人から国籍を奪う可能性を創出した。一〇月、ポーランド政府は、外国で発行されたパスポートを持つものがポーランドに入国するには、管轄のポーランド領事の査証が必要だとした。結果、四万人から五万人の国籍喪失ポーランド・ユダヤ人が生まれる事態となった。逆にこれが、ドイツからのポーランド国籍ユダヤ人の強制退去措置を引き起こすことにもなった。三八年一〇月二七日、ドイツ政府はポーランドの法律が発行する直前、一万七〇〇〇人のポーランド・ユダヤ人をポーランドに追放した(VEJ 2/122)。

ハノーファーから追放され国境に連行されたポーランド人のなかに、ユダヤ人青年ヘルシェル・グリンシュパンの家族がいた。パリに住んでいた彼は、妹の手紙からこのことを知った。彼は一一月七日、パリのドイツ大使館で公使館書記官エルンスト・フォン・ラートを狙撃し、危篤に陥れた。同日のうちに、全ドイツの新聞編集部はこの襲撃を「大々的に」報道せよ、その際、この犯罪に対する「世界ユダヤ民族」の責任を強調せよとの指示を受け取った。早くも七日から八日にかけての夜、カッセル、ベブラ、その他の北部ヘッセンの諸都市で、シナゴーグやユダヤ人学校ならびにユダヤ人の商店や住居が襲撃され、破壊された。八日にはマクデブルクでも(VEJ 2/123)。同日の『フェルキッシャー・ベオバッハター』紙は、露骨にポグロムを呼び掛けた。「ドイツ民族がこの新しい事件からその帰結を引き出すことになるのは明らかだ。わが領土のなかで何十万ものユダヤ人がまだ全道路を支配し、娯楽施設を満たし、外国の家屋所有者としてドイツ人の借家人から金をせしめでいるのに、彼らの人種同朋は外国でドイツに対する戦争をけしかけ、ドイツの官吏を狙撃しているのだ」と(VEJ 2:53)。

一一月九日の夕方、一九二三年ヒトラー一揆記念日にいつものように指導的ナチ党員がミュンヘン旧市庁舎に結集していた。そこに外交官死去のニュースが伝えられた。ヒトラーは短時間ゲッベルスと話し合い、集会を後にした。ゲッベルスは、居並ぶガウライターや突撃隊指導者に、グリンスパンの行為が罰せられないで済ますようなことがあってはならないと訴えた。翌日、彼は日記にヒトラーとの会話を簡単に書き留めている。ヒトラーは、「デモを続けさせろ」と言い、警察は介入しないで見ておれ、と。ユダヤ人には民族の怒りをわからせなければならない、とも。そして、ゲッベルスはこの趣旨で列席の指導的ナチ党員たちに演説した。「嵐のような拍手喝采」だった（VEJ 2:53）。二二時三〇分、集会解散。列席の党の活動家・幹部は各地の管区指導部・宣伝部に電話で指示。全土で突撃隊員やナチ党活動家はこの記念日を祝い、多かれ少なかれ酒に酔い、暗殺被害に興奮した。そこに、党は公式には反ユダヤ行動を呼びかけはしないが、自然発生的な憤激は阻止されないとの示唆が与えられた。夜半、ゲシュタポ長官ハインリヒ・ミュラーは、全警察署に電報で「すぐにも全土でユダヤ人に対する行動が始まるだろうが、それを邪魔しないように、ただ略奪は禁じるように」と指示した（VEJ 2/125）。全土で二万人から三万人の逮捕を準備。その多くは裕福なユダヤ人だった。かなりの都市でシナゴーグが放火され、炎上。午前一時二〇分、ハイドリヒは親衛隊保安部やゲシュタポの支所に電報し、非ユダヤ人の生命や財産を危険にさらさないように注意せよと命じた（VEJ 2/126）。

第3章

保護領創設とユダヤ人迫害・強制移送

一九三八～一九三九年

はじめに

前章でみたように、オーストリア・ドイツ人の合併容認・大ドイツの実現に関する国民的熱狂は、オーストリア各界(教会等)の合併賛同表明、そして、オーストリア共和国初代首相レンナーの合併賛成の国民投票に関する公然たる声明において一つの頂点に達したと思われる。社会民主主義者でナチ党に対する対抗政党の代表であったものすら、しかも三三年から三八年にドイツ社会民主党が解体され禁止された現実を見てなお、その経緯と手法を問うことなく、「社会民主主義者として、したがって諸国民の自決権の擁護者として」という名目のもと、賛成してしまったからである。ここに如実にヒトラー・ナチ党がいかなる国民的要求をヒトラー・ナチ流に統合し実現したかが明らかである。さらに、そうしたオーストリア・ドイツ人の大ドイツ主義的興奮は隣接するズデーテンドイツ人の分離独立運動にも影響を与えた。ヒトラー第三帝国は、チェコスロヴァキア共和国からのズデーテンドイツ地域の割譲をイギリス・フランス・イタリアの譲歩を引き出しつつ実現することができた。

それはまた、ズデーテン地域において一方ではユダヤ人への迫害・追放を、他方ではユダヤ人の逃亡を引き起こした。ズデーテン地域から追放され、逃亡したユダヤ人がプラハに流れ込み、それが首都プラハの経済や住宅などの問題を引き起こし、ユダヤ人の状況を厳しくしていったことも見た。こうして一連の螺旋的過激化の過程をたどることができた。しかし、いまなおユダヤ人殺戮政策の段階ではなかった。

ユダヤ人殺戮政策へのプッシュ要因は何か。それは第三帝国が発動した侵略戦争に他ならなかった。すなわち、「一九三九年九月一日はドイツのユダヤ人にとって深刻な断絶であった」(VEJ 3:14)。もちろん、「深刻な断絶」は、ドイツのユダヤ人だけではなく、ポーランドのユダヤ人こそはその断絶の被害者であった。ヒトラー・ドイツとスターリン・ソ連によるポーランドのいわゆる第四次分割こそが、ポーランドのマイノリティ・ユダヤ人を直撃することになった。

1. 「帝国水晶の夜」からヒトラー国会演説へ

ヒトラー・ナチ党の支配の徹底化と民族主義的膨張が成功するなかで、ユダヤ人迫害・追放の諸措置も段階的に拡大した。人種的に世界の頂点に立つとされた「アーリア」人種のドイツ人にとって、人種的階層秩序のなかで最底辺に位置づけたユダヤ人はドイツ人の「民族共同体」の一部ではありえなかった。彼らは、ユダヤ人の「外国への移住」をもはや吟味しなおすべき問題とはみなさなくなっていった。

【ハイドリヒのライヒ移住センター創設とその業務】

三八年一一月ポグロム以降、ユダヤ人に対する公然たる、しかし漠然とした絶滅脅迫が頻繁になった。「ユダヤ人問題の最終解決」といった概念さえも新聞に出現するようになった。一一月一四日付『フェルキッシャー・ベオバッハター』は、「すべてのユダヤ人商店は短期間にドイツ人のものに。ゲッベルス博士、ユダヤ人問題の最終解決について」と題する記事を掲載した(VEJ 2:441)。「ユダヤ人問題の最終解決」が何を意味するかはこの時点では不明である。しかし、移住、強制的国外移住が当面の具体策であることははっきりしていた。ユダヤ人移住を専門的に統括する部署として、ハイドリヒの「ライヒ移住センター」が三九年一月二四日に四カ年計画全権ゲーリングの命令により設立された。それは「ユダヤ人のドイツからの移住をあらゆる手段で促進する」ことが任務であった。ライヒ内務省のなかに関係部局の代表者からなるセンターが形成された。

このセンターの任務は、全領土に統一的に、(1)ユダヤ人国外移住強化の準備のためのすべての措置をとること、そのために適切なユダヤ人組織を作り出すこと、国内外の資金を準備調達し、目的にかなった活用を行うためのあらゆるステップをとらせるようにすること、国の移住担当部局と連携してユダヤ人移住にふさわしい目標国を決定することなどにあるとした。(2)移住の操作、とくに貧しいユダヤ人の優先的移住に取り組むこと、そして、(3)個別の移住の遂行。移住申請の処理を集中し、個々の移住者に必要な国家の許可証や証明書を速やかに手に入れさせ、その移住の遂行を監督することであった。そして、このセンターの指揮は治安警察長官（すなわちハイドリヒ）が引き受けること、彼が事務長を任命し、センターの業務遂行を統制することとした。センターの仕事については、恒常的にゲーリングに報告すべきものとした。また根本的な処置の前にはゲーリングの決定をもらっておくことなどが定められた（VEJ 2/243）。

このユダヤ人移住センターはその業務が示すように、移住促進のための諸措置を迅速にとることが任務であり、念のために一言すれば、この段階では殺戮などが問題になっているわけではないことを確認しておきたい。

だが、もちろん一一月ポグロムによるユダヤ人の絶望感と意気消沈は激しく、三八年一一月、ドイツのユダヤ人の自殺者ははっきりと増加した。推定では三〇〇人から五〇〇人であった。これほどの多さは、三三年春のユダヤ人官吏の解雇とユダヤ人商店ボイコット以来のことであった。また、この後、四一年秋の移送開始までは起きなかったことである（VEJ 2:62）。ポグロムの間のテロルと侮辱的反ユダヤ主義の措置が生きる意欲を喪失させたのはとくに五〇歳以上の人、男性よりも女性に対してであった。多くが夫婦や姉妹が破壊された住まいで「絶望から」一緒に自殺した（VEJ 2/225）。

【一九三九年一月三〇日夜ヒトラー国会演説】

前述のように「帝国水晶の夜」の暴行を煽り立てる言説でゲッベルスは「ユダヤ人問題の最終解決」を叫んだ。しかし、その内容は不明であった。それに比べ、ヒトラーの国会演説（VEJ 2/248, Domarus1973:1047-72）は後々ゲッベルスなどにも引用され、研究史でも頻繁に言及される明確な表現を含んでいた。今、その文脈と論理を確認しておこう。

ヒトラーの国会演説は政権掌握六周年記念の演説であった。それは長時間（二二七分三〇秒）の大演説であり、六年間の統治の成功を誇るものだった。この国会は三八年四月一〇日、オーストリア併合で盛り上がった民族統一意識の高揚のなかで選挙された「大ドイツ国会」の初めての招集であった。人口増により、議席数は八八五に増えていた。議長にゲーリング選出。ヒトラーは六年間に達成した業績を次々に取り上げた。国民統合・民族統合を確認し、さら強化するための演説であり、録音録画させた。

ヒトラーはまずワイマール体制を克服して一党体制を構築したことを誇った。三五もの政党が、「若いナチズム運動に対する憎悪」を共有していた。中央党聖職者と共産主義無神論者、社会主義の所有否定論者と資本主義の取引利害関係者、君主制擁護論者と共和主義の帝国破壊者が、ドイツを「ボルシェヴィズムのカオスにほとんど沈没させんばかりであった」と。しかし、この六年は、民族統一・大ドイツ建設という「何世紀もの夢をみたすのに十分であった」。一九三八年一年間の全出来事はすでにずっと前から行われるべきこと、しかし残念ながら国民社会主義によってのみ、遅ればせながら果たされた「自明性というべきものであった」と。

ヒトラーはウィルソンの一四か条を引き合いに出した。オーストリア併合は「ドイツ民族に保留された自決権」を当然のごとく実現しただけだと。ベネシュとの折衝に触れた後、五月二八日に、一〇月二日をもってチェコに対し「軍事的干渉」を敢行するための準備を命じた。ベネシュとの対決および他からの干渉から帝国を防衛するため、「さしあたり九六師団の即座の動員を予定した」と公然と軍事的脅迫を背後にしていたことを述べた。次の行動、すなわち、チェコの保護領化の強行にも、この国会演説における軍事行動強行の示唆は意味を持つことになった。

彼はさらに「一九一八年以後の戦勝列強の非理性的経済行動」を批判して見せた。その後、ドイツの食料問題を保障するためだとして、「生存圏拡大」の必要性を訴えた。その実現には武力行使、さらには戦争も想定される。しかし、ヒトラーは、「戦争は諸外国の扇動による」とした。ドイツはアメリカを攻撃しようとしているなどという扇動は、イギリスの熱心な戦争主導者によるものだ。ドイツ民族はイギリス、アメリカあるいはフランスに対して何の憎悪も感じていないどころか、静穏と平和を望んでいる、と。戦争扇動は、ユダヤ人や非ユダヤ人の扇動者によるものだ、と。まさにこうした文脈でユダヤ人、ユダヤ民族が非難の的とされる。

そして、有名な一節が来る。「国際的金融ユダヤ人」が新しい世界戦争を引き起こすことに成功するとすれば、「その結果はヨーロッパのユダヤ人種の絶滅となろう」と予言した。満場の大ドイツ議会のナチ党議員がヒトラーの予言に拍手喝采した（VEJ 2:60）。このヒトラー演説に、彼の人種主義的民族主義的な反ユダヤ主義のレトリックが組み込まれている。世界戦争を引き起こすのは誰か。「国際的金融ユダヤ人」だという。その証明はない。世界戦争の勃発を「国際的金融ユダヤ人」だと断定する。

第一次世界大戦の原因をどうとらえるか。それは論じる党派や国々によって違っている。敵対する諸国では相いれない諸原因が持ち出される。しかし、ヒトラーは、それらを「国際的金融ユダヤ人」に「還元する」。根源的な、あるいは究極的な原因や責任をユダヤ人・ユダヤ民族・ユダヤ人種なるものに還元し断定する。この手法こそ、『わが闘争』をはじめとする彼の膨大な演説類を貫くものである。第一次世界大戦後、数年間の混乱と深刻化する賠償問題で勃発したハイパーインフレーションも、ヒトラーの演説では「ユダヤ人によって引き起こされ、実施された」（VEJ 2/248）ことになる。この「論理」は独ソ戦以降のユダヤ人大量殺害で決定的になっていく。

第一次世界大戦の重大な結果の一つとしてロシアにおけるボリシェヴィキ革命の勃発とその影響の世界的拡大があった。「ロシア・ボルシェヴィズムは二十世紀において企てられたユダヤ人の世界支配権獲得のための実験」（ヒトラー 1973下:407）だという。ヒトラーはその現象を「地球のボリシェヴィキ化」と表現した。そして、それこそは「ユダヤ民族の勝利」だと断定する。だが、今度ユダヤ人が世界戦争を引き起こせば、地球のボリシェヴィキ化ではなく、「ヨーロッパのユダヤ人種の絶滅だ」というのである（VEJ 2/248）。

かつて、多くの歴史研究や一般に普及した歴史叙述において、この有名な国会演説の文言と独ソ戦・世界大戦の過程で実際に引き起こされたユダヤ人大量殺戮とが直線で結びつけられてしまった。しかし、今日までの研究で実証的に精密に解明されたのは、ヒトラーがこの時点では「ジェノサイドの何の具体的な計画ももっていなかった」（VEJ 2:60）ということである。ヒトラーの「論理」において、世界戦争は自ら発動することではなかった。

【民族自決の論理で戦争の道へ】

一九三九年夏、ナチ国家指導部がポーランドとの紛争を先鋭化させ、戦争に舵を切っている、ないしその危険がはっきりしてくる。そうすると一月のヒトラーの「告知」は、ドイツ・ユダヤ人にとって具体的な威嚇となった。八月一四日、ヴィクトール・クレンペラーは彼の日誌に、不安に慄く民衆の声をピックアップした。この何週間か、同じ緊張がますます高まり、終始変わらないと。「民の声」として、「彼は九月にポーランドを攻撃し、ロシアと分割し、英仏は無力だ」と。だが、クレンペラーの知人グループではない人々は、「彼はあえて攻撃しないだろう。平和を維持し、数年は持ちこたえるだろう」と楽観的。「ユダヤ人の意見」は、開戦数日、血のポグロムだと（クレンペラー 1999）。

2．メーメル占領・併合とユダヤ人迫害

ヨーロッパ戦争の危機の背後であまり注目されなかった第三帝国領土膨張について、また、そこでのユダヤ人迫害について、以下で触れておこう。

【メーメルの国際的地位の変遷と大ドイツ主義】

プラハの諸事件の陰で、ドイツは一九三九年三月二三日、メーメルラントを併合した。オストプロイセンの北部・ドイツ人が多数派を占めるこの地域は、ヴェルサイユ条約でドイツから切り離され、さしあたり国際連盟の委任統治下に置かれた。しかし、二三年にリトアニアの軍と純軍事組織によって占領された。ヴェルサイユの打破、大ドイツの建設を目指すヒトラー・ナチスにとって、一九世紀半ばの民族統一の悲願の歌から膨張的ナショナリズムを高揚させる（小野塚 2004）歌になった「マース川からメーメル川まで」の歌詞に合わせ「世界に冠たるドイツ」東端メーメルが領土回復の必須要件の一つであった。

三三年以降、ナチ運動がメーメルでも高揚した。オーストリア併合によって高まる膨張的ナショ

ナリズムの波を受け、三八年秋にはユダヤ人商店に対するボイコット運動が増加した。ズデーテン危機をきっかけに、「ユダヤ人逃亡」が語られるようになった。三八年一二月初めのドイツ領事館報告によれば、二人のユダヤ人大商人は九月、高価な材木置き場を売りに出した。ユダヤ人は銀行預金を全額引き出し、所有地を投げ売りしようとした。在庫商品も現金で売りつくそうとした。たたき売りがあまりにも激しくなったので、「経済生活の混乱を避けるため」、当局は警察通達を出し、「すべてのたたき売りを当面禁止」とするに至った（VEJ 2/191）。

【メーメルの経済的混乱とユダヤ人の逃亡】

メーメルラント人はメーメル地域からのユダヤ人の「出立」を歓迎した。他方でメーメルの経済生活には「深刻な反作用」がもたらされた。当地の銀行専門家の算定では、ユダヤ人は一九三八年一二月初めまでの六週間に約一〇〇〇万リタ（一九二二・四〇年リトアニア通貨、三〇年末一USドル六リタ）の預金が引き下ろされた。工場・商店の閉鎖により、メーメルの労働者・職員が多数解雇されてしまった。結果、メーメル市失業率はかなり高くなった。数週間前までは住宅不足が際立っていたが、いまや住宅過剰供給が支配した。何百もの住宅が空き家となり、新築は中途打ち止めとなった。さらに、メーメルへの外国納入業者が、商品信用を提供しなくなった。三か月の引受手形でイギリスから送られた商品がメーメルに着くと、イギリスの売り手はそれを留め置いて現金支払いを要求した。それが行われない場合、商品がイギリスに送り返された（VEJ 2/191）。

メーメルの経済生活の混乱でメーメルラント人は市の貯蓄金庫やメーメル銀行から預金を大規模に下ろした。ユダヤ人から安い価格で土地を買い、売り尽くしの際に商品を買いだめするため、預金引き下ろしは一層強まった。二つの銀行からは一二月初めまでの四週間に約七〇〇万リタが引き下ろされた。市の貯蓄金庫は支払い義務に応じるため、当地証券銀行の預金三五〇万リタに手を付けた。それでも不足する場合、メーメル銀行の預金四〇〇万リタにも手を付ける必要があった。しかし、これによって、そして前述のユダヤ人とメーメルラント人の引き下ろしによって、メーメル銀行は長期にわたりリトアニア国立銀行で認められていた一七五万リタの再割引信用に手を付けることを余儀なくされた。しかし、メーメル銀行はリトアニア国立銀行から一二五万リタの再割引信用を解約されてしまい、五〇万リタしか使えなくなった。こうした不足の連鎖で、銀行は金融危機の「一九三一年よりも劣悪な状態」に陥ってしまった。三九年三月、この地域がドイツに併合された時には、メーメル市に住んでいた約六〇〇〇人のユダヤ人のほとんどはすでに逃亡していた。まだ残っていたものは、ドイツのユダヤ人政策の下に置かれ、彼らの財産は即座に「アーリア化」された（VEJ 2/191）。

逃亡者の多くは隣接のリトアニアに逃げ込んだ。一九三九年三月二三日朝、最後の難民列車の中から、若干のものがＳＳに逮捕された。旅行者の荷物は隅々まで捜索され、それぞれのユダヤ人には一個の手荷物だけが残された。その他の荷物は「没収」された。ユダヤ人の財産をリトアニアに運ぼうとしたトラックは、国境でメーメルに帰ることを強制された。メーメルのタバコ、繊維、チョコレートの工場の最大のもののいくつか、さらに卸売商や百貨店はナチスの掌中に落ちた。ユダヤ人共同体やすべてのユダヤ人組織の部屋は突撃部隊に占拠された。三つのシナゴーグは破壊され、数多くのユダヤ人住居が打ち壊された（VEJ 2/287）。

3．ベーメン・メーレン保護領化とゲルマン化

【周辺諸民族のナショナリズム過激化と領土要求の先鋭化】

一九三八年九月三〇日のミュンヘン協定でヒトラーはズデーテン地域のドイツへの割譲を実現したが、彼にとってそれはチェコスロヴァキア国家全体の破壊への最初の一歩にしか過ぎなかった。すでに一〇月に「残余のチェコの始末」を準備する指令を出していた。口実はチェコ－スロヴァキアの「内的崩壊」なるもの、またそこで発生したとされるドイツ人住民の「抑圧」なるものであった。チェコの内部対立、「内部崩壊」についていえば、ナチス・ドイツ国家によるズデーテン併合がチェコスロヴァキア内外の諸民族主義（スロヴァキア人、ハンガリー人、ウクライナ人のそれぞれの民族主義）を刺激し、少数民族の分離独立運動を激化させたことが関連していた。

三九年三月一〇日夜、チェコスロヴァキア大統領エミール・ハーハは、自立を求めるティソのスロヴァキア自治政府を罷免した。ティソは三月一三日ベルリンに赴いた。ヒトラーは彼にスロヴァキア国家の独立を宣言するように迫った。分離独立への一歩はヒトラーがプッシュした。チェコ・スロヴァキア解体とチェコ支配が目的であった。翌日スロヴァキア州議会がそれに呼応する決議を行った。そうしなければ、ドイツの合意の上でハンガリーに全スロヴァキアが併合されるとの恐れがあった。第一次世界大戦敗北国ハンガリーの領土回復運動のナショナリズムがチェコスロヴァキアの脅威となっていた。ハーハは三月一四日、ベルリンに赴いた。ヒトラーは彼にドイツ軍の進駐は直近に迫っていると脅かした。すでにこの日、ドイツ軍はメーリッシュ－オストラウを占領していた。ハーハは、チェコ人の運命を「信頼に満ちて総統の手に」任せるとの声明に署名しなければならなかった。三月一五日、国防軍がプラハに進駐した。それによって、ヒトラーはミュンヘンで与えた約束、すなわち、ドイツの領土要求はズデーテンラントの併合で満たされたとする約束を破った。ナチス・ドイツ国家はここに初めて、非ドイツ語人口が過半数を占める地域ベーメン・メーレンを併合したのだ。民族自決の理念の否定であった。それに伴って、ニュルンベルク法でユダヤ人とみなされる約一一万八〇〇〇人が、ドイツ支配下に置かれることになった（VEJ 3:14）。

【保護領ベーメン・メーレン創出と諸民族階層秩序】

三九年三月一五日夜、ハーハが大統領府（プラハ城）にドイツからの強要を伝えたと同じころ、ヒトラー、外務大臣リッベントロップ、内務省次官シュトゥッカートがチェコ政府の参加がないままに総統布告を作成した。翌日プロテクトラート（保護領）・ベーメン・メーレンが公告され、ドイツに属するものとされた。第三条で、プロテクトラートは「独立し、自ら統治する」と規定している。しかし、それに続いて、それはドイツの「政治的、軍事的そして経済的利益に合致しなければならない」との決定的制約条件が付いていた。約二五万人いたドイツ人は「ドイツ公民」（国籍所有者）かつ「ドイツ帝国市民」と規定された。対して、チェコ人は「プロテクトラート所属者」とされた。それはチェコ人を「第二級市民」と位置づけるものだった。ドイツ人住民はドイツ裁判権のもとに、その他はプロテクトラートの裁判権のもとに置かれた。ユダヤ人住民の地位は、ここではとくに規定されなかった（VEJ 3:19）。

最初の一か月は軍政支配下に置かれた。三九年四月一五日、コンスタンティン・フライヘル・フォン・ノイラート（三八年まで外務大臣）が民政長官、すなわち保護領行政のトップとして仕事を始めた。彼は三月一八日にヒトラー直属の保護領長官（ライヒプロテクトーア）に任命されていた。ズデーテンドイツ党の元幹部カール・ヘルマン・フランクが彼の次官に任命された。次官が三月二八日には高級親衛隊・警察指導者としても活動することになった。先取りすることになるが一言すれば、フォン・ノイラートは独ソ戦勃発二か月余りの四一年夏、チェコにおける工場労働者のストの発生など保護領の危機に対処できなかった。そこでハイドリヒがヒトラーによって保護領長官代理に任命され、実権を彼が握った。「鉄の心臓」の男は過酷な抵抗運動鎮圧作戦を展開した。しかし、ハイドリヒはチェコ抵抗運動の暗殺に倒れた。その四二年六月四日以降は、クルト・ダリューゲが保護領長官代理の地位に就いた。フランクは次官として戦争終結まで、地域のゲルマン化を推進した（VEJ 3:20）。

保護領当局と並んでチェコ人の政府も存在した。ドイツはその権限を限定的にドイツ利害に「無条件に必要な限り」で行使するとした。しかし、実際には、チェコ人政府は、保護領長官とそのドイツ行政当局が望む範囲の行政しか認められなかった。つまりは、ドイツの政治的・軍事的・経済的諸利害に合致する政治を強制された。保護領長官はチェコ政府の諸法律や諸措置に異議を申し立て、自ら法律を発布する権限を有した。ドイツの権力者は、これまでのチェコの政治エリートを限られた権限の範囲内で取り込み、行政の継続を図った。六六歳のエミール・ハーハは大統領職にとどまった。彼は議会を解散し、全チェコ人を代表するべき国民共同体を創設した。ハーハが作った五〇人からなる国民共同体の委員会にはミュンヘン協定以前の政治的活動家を統合した。そこには「多数の抵抗運動のメンバーも」含まれていた。しかし、国民共同体に対するドイツの監視は次第に厳しくなった。その活動家の多くがゲシュタポによって逮捕された。首相にはアロイス・エリアーシが就いた。彼の大きな目標はチェコの国家主権の再獲得であった。彼はこの目的のために密かに、四一年秋に逮捕されるまでロンドンのチェコスロヴァキア亡命政府と連絡を取り、国内の抵抗運動と協力した。しかし、彼は四二年六月、「大逆罪」で処刑された（VEJ 3:21）。

こうした権力関係のなかで大統領、政府、首相はドイツの権力者と「協力」した。それはチェコの人々を「より悪いことから守ることができるのではないかとの期待から」であった。確かに最初は多くのチェコ人にとってドイツ支配下の生活はなんとか耐えられるものであった。しかし戦時下、とくに独ソ戦開始後の生活諸条件の悪化とともに、抵抗機運は盛り上がった。ヒトラー、ヒムラーはハイドリヒを派遣してこれを鎮圧した。ハイドリヒは、ヒトラー、ヒムラーの人種支配構想を自分なりに敷衍して、ベーメン・メーレンを組み込む「生存圏」のゲルマン化を構想し、長期的には当地をドイツ領とする構想をまとめていた（永岑［2005］）。

その構想では、同化不可能なものは追放されるべきもの、さらには「ドイツ敵対的」分子として殺害されるべきものとされた。しかし、それ以外のものは、ドイツ人化されることになっていた。ナチスの人種階層秩序ではチェコ人は近隣のポーランド人よりも高く位置づけられており、同化可能だとみなされていた。その同化構想は、プラグマティックな理由からも必然的であった。チェコの工業はチェコ人労働者なしには崩壊してしまうからであった。とくに、総力戦化でドイツ戦争経済の労働力不足が厳しくなればなるほど、なおさらであった。チェコの工業生産は、ドイツ戦争経済にとって相当に重要であった。ドイツの工業生産の九ないし一二%と見積もられている(VE 3:22)。

チェコ政府はドイツ占領が短期に終わることを期待した。ロンドン亡命政府とも連絡を取り、しばしば政府の人間が抵抗運動に参加した。しかし、チェコ政府はドイツ支配者と折り合うことも試みた。「アーリア化」に協力し、保護領の「ユダヤ人政策」をみずから決めていくことになった(VE 3:22)。反ユダヤ主義はここでも第三帝国ドイツの上から下への支配構造のなかで活用されたのである。

4. 保護領におけるユダヤ人迫害の開始

【政治的敵対者・容疑者の逮捕・鎮圧、ドイツ経済への従属的編成の強制】

ドイツ国防軍進駐後の最初の迫害措置は、チェコの政治的指導者とドイツからの難民に対してであった。治安警察の二つのアインザッツグルッペ(特別出動部隊、行動部隊、機動部隊などと訳される)が前もって作成していた「格子作戦」のリストをもとに政治的敵対者ないしその容疑者を逮捕した。その数はベーメンだけで少なくとも四三七六人であった。そのなかには七四七人のドイツ人亡命者がいた。「多数のユダヤ人」も含まれていた。メーレンでは少なくとも一〇〇〇人のドイツ人亡命者が逮捕された（VEJ 3:23）。

早くも一九三九年三月中にユダヤ人を狙った最初の攻撃が始まった。ドイツ人が――そしてチェコ人も――たくさんの都市でシナゴーグやラビの家に放火した。ユダヤ人の商店には「ユダヤ」の落書きが書かれた。商店が荒らされ、金目の物が略奪された。そうした行為が「秩序正しく」行われるように、「当地の党が連絡をつけた」。しかるべき指示はナチ党員の警察首脳が与えた。しかし、当初は「違法なアーリア化の試みも、残念ながら目立った」。そこで、四カ年計画全権ゲーリングの政令「あらゆる侵害はユダヤ人商店に対するものでも禁止」（三月一六日付 VEJ 3/237）をもとに、現地当局者の布告（三月一九日付）が出された（VEJ 3/239）。

ゲーリング令（三月一六日）はオーストリアとズデーテンの併合以上にベーメン・メーレン保護領のドイツ経済圏への編入には「統一的指揮」が必要だとした。関係諸機関に「すべての根本的な経済的諸問題の決定権」が自分にあることを通告し、諸関係当局の計画を報告することを命じた。チェコスロヴァキアの工業が「周知のように」輸出志向的であり、この輸出の維持に「周知の為替問題」（急速な軍需経済拡大による重要原料輸入の増加と為替不足）に鑑みて「決定的な価値」が置かれなければならないからであった。

そのためにゲーリングはハンス・ケーアルをドイツへの保護領の経済的編入を推進する任務を遂行する経済省全権に任命した。しかし、保護領の経済的編入にかかわる官庁は多く、ドイツの諸官庁とチェコの諸官庁の間で権限をめぐる紛争が急速に燃え上がった。民政当局は自分たちの「許可なしにユダヤ人経営をアーリア化する権限は誰にも与えられていない」とした。保護領のチェコ人政府もユダヤ人に対する措置をとった。三月一七日にはユダヤ人の医師や弁護士から営業を行う許可を取り消し、工業における指導的地位からの排除とユダヤ人商店に対する目印を許可した。チェコ人政府の措置は、チェコ人をユダヤ人政策の共犯者にしようとするドイツ権力者の要望にかなうものであった（VEJ 3:23）。

【チェコ人政府に押し付けたユダヤ人迫害政策】

三九年三月二五日、内務省次官会議にヒトラーの指令が伝えられた。それは、ユダヤ人が保護領の公的生活から「排除されなければならない」とした。しかし、その排除の実際行為は保護領政府の任務であり、ドイツの直接的な課題ではないとしていた。保護領チェコ人政府がどのようなユダヤ人措置をとるのか、「基本的に彼らに任せる」とした。保護領内でのユダヤ人問題は「自ら展開する」見込みだとした（VEJ 3/240）。五月でもまだ、ヒトラーの方針に従い、「ドイツの介入なしに」チェコ人が自らユダヤ人問題を処理すべきだとしていた（VEJ 3/245）。

チェコ人政府首相エリアーシは三九年五月一一日、「最大限の集中力で」作成したユダヤ人のステータスに関する政令の草案を保護領長官ノイラートに提出した（VEJ 3/246）。そこにはユダヤ人に対する広範な諸制限が規定されていた。しかし、ドイツ側からは、「あまりにも温和」なものと見なされた。「ユダヤ人」概念は宗教的基準で定められていた。治安警察司令官ヴァルター・シュターレッカーは、六月一日、フランクに対して、経験によれば、まさに豊かで影響力のあるユダヤ人がユダヤ教を放棄さえすれば、「草案に従えばユダヤ人として処理できなくなる」と批判した（VEJ 3:24）。ユダヤ人を血統・人種で規定すれば、そうした抜け道はなくなるというわけである。そこで保護領長官は六月二一日、ユダヤ人財産に関する政令を出した。保護領においてもニュルンベルク法の血統・人種の規定（ヴァンゼー会議記念館編著 2015:61）が適用されると。祖父母に三人以上の宗教ユダヤ人がいれば、本人がユダヤ教を放棄し、キリスト教徒などになっていても、ユダヤ人概念に含まれることになった（VEJ 3/247）。

プロテクトラートのチェコ人政府は公的生活におけるユダヤ人の法的地位に関する政令を準備した。一九三九年夏、作成された草案はドイツの承認が遅れ、四〇年四月二四日にようやく公表された。だが、原案と公布政令との間にはいくつかの重要な変更が加えられた。草案ではチェコ大統領に、彼の観点から国で重要な役割を演じたユダヤ人を「名誉アーリア人」とする権利を与えていた。しかし、政令では「保護領長官の同意」が条件となった。ノイラートは例外なくすべての申請を却下した。エリアーシ首相は、四〇年一〇月半ばまでにユダヤ人概念から除外される候補として、申請された約一〇〇〇人のユダヤ人のうち四一人を該当者として選出し、保護領長官に例外規定の適用を願い出た。しかし、それに対する回答は、「あなたの説明は私を納得させるものではない」というものであった(VEJ 3/296)。

【保護領の「アーリア化」の受益者】

三九年六月二一日付の保護領長官政令は、三月一六日のヒトラー令に基づくものであった。保護領においてドイツの利益を守り、ヒトラーの政治路線に払うことを命じた。そうした全体的位置づけのなかでユダヤ人住民の財産の没収、公用徴収などが規定された。その第一条は、ユダヤ人、ユダヤ企業、ユダヤ人団体は、土地の処分、土地に対する権利、企業経営とそれへの参与、あらゆる種類の有価証券の処分ならびに土地賃貸、あらゆる種類の用益賃貸借の譲渡を「特別の文書による許可」がある場合にのみ許す、とした。第二条で、許可は保護領長官が与えると定めた(VEJ 3/247)。ユダヤ人の個人、企業、団体の所有権は、これにより全面的に保護領長官とそれが配慮するドイツの利益に従属させられた。

保護領長官の一部局として「非ユダヤ化」課が新設された。四一年四月の報告書はその目的をはっきり示している。すなわち、非ユダヤ化の目標はそれに適した工業経営、商社などを「ドイツ人の掌中にもたらす」ことであった。ユダヤ人企業の取得応募者の選定に際しては、保護領出身のドイツ人が安定した生活を確保すること、旧ドイツや外国の出身のドイツ民族同朋が可能な限り多く保護領に住所を移すこと、それによって当地に新しい活動範囲を打ち立てることが基準とされた（VEJ 3:25）。

保護領における「民族性強化活動」には、ユダヤ人に対する外国移住圧力強化の仕事もあった。ヒムラー直属治安警察保安部長官ハイドリヒは、保護領にもユダヤ人移住センターを創出することに同意した。三九年六月、「移住課長」アイヒマンがプラハに来た。シュターレッカーと共同でセンターを準備し、長官ノイラートがそれを設置した（VEJ 3/252）。保護領政府も同様に協力者を派遣した。チェコ人政府派遣団が七月にウィーンに赴き、ウィーンの移住センターの仕事について情報を収集した（VEJ 3/255）。移住センターは、四〇年三月五日の保護領長官令でプロテクトラートのすべてのユダヤ人教区を監督することになった（VEJ 3:25）。

以上、保護領においても基本政策はユダヤ人の移住政策であり領内からの追放であった。

小括――ユダヤ人問題「解決」諸構想と開戦後迫害急進化の五段階

ここで、ユダヤ人問題「解決」の諸構想と開戦後迫害の五段階を概略的に示して、以下の諸章への橋渡しとしよう。

【迫害の先鋭化、軍事侵攻と未曽有の暴力】

ドイツでは一九三八年一一月のポグロム以降、ユダヤ人の経済からの排除が劇的に先鋭化した。それによってほとんどのユダヤ人が生存基盤を剥奪された。ナチ当局は二つの目標、すなわちユダヤ人の身ぐるみを剥がすこと、そして外国への移住を強制することを追求した。しかしながら、これら二つのもくろみは、相互に矛盾する関係にあった。外国へ移住することが可能であるためには、難民には貨幣が必要だった。資産のないユダヤ人は外国に受け入れ先を見つけるチャンスがなかった（VEJ 3:26）。

一九三九年九月、ドイツ住民の間に戦争熱狂は感じられなかった。第一次世界大戦の恐怖はまだ決して忘却されていなかった。しかしながら、このことは再軍備強化の進展と戦争への諸資源の集中化とは両立できなかった。ナチス・ドイツは十分な外貨準備も均衡的予算もない上に原料と労働力が不足していた。チェコスロヴァキアの解体はチェコ工業地域への干渉を保証し、したがって隘路の克服が大きな経済的重要性を有した。ユダヤ人住民からの財産没収も、強制労働の義務化や住宅からの追い出し――非ユダヤ人への配分――と同様に、（戦争）経済的必要性が根拠とされた。プロパガンダは、いずれにせよ、戦争責任を「ユダヤ人」に押し付けていた。そうすることで、権利剥奪を正当化していた（VEJ 3:26, トゥーゼ 2007）。

ポーランド奇襲とともにドイツ国家指導部はいくつかの領域でその政治を先鋭化させた。ポーランド占領を特徴づけるのはテロルであり、未曽有の規模での暴力であった。すでに戦争勃発最初の何週か、警察と国防軍の部隊は多数のユダヤ人とポーランド人を殺害した。軍事的膨張は、新設のライヒ（帝国）保安本部、親衛隊、人種・植民本部、その他の国家機関の計画立案部局に完全に新しい活動の選択肢を切り開いた。たとえば、ソ連との相互条約は大々的な住民移送とゲルマン化計画の可能性を創出した。だがその具体化は、すぐさま新しい諸問題を生み出した。その対応としての部分修正、いわゆる中間解決を引き出し、玉突き的に新しい住民移送を引き起こすこととなった。ドイツ人入植者のためのポーランド人やユダヤ人の残酷な追放は、世界大衆の関心がセンセーショナルな戦闘経過に向けられていたため、容易になった。ドイツの戦争指導者たちは、平時に比べればはるかにわずかにしか彼らの犯罪に対する国際的反応を考慮しなくてもよかった（VEJ 3:27）。戦争が始まると、ユダヤ人に対する政策、広くは人種政策が飛躍的に残酷になった。「異人種や人種的劣等者の大量の肉体的壊滅」が始まった。

【戦争勃発から一九四二年春までの急進化――五段階】

一九三九年九月から一九四二年春までの期間、ナチス・ドイツのさまざまな諸機関と諸官庁が、戦争の経過に合わせて、ユダヤ人問題の「解決」のための多くの計画を構想した。それらはしばしばただ手始めに試みられただけで部分的には再び取り消された。個々の作戦と構想は時々重なり合っているが、約二年半の間に五つの段階に分けられる（VEJ 3:27）。

1．一九四〇年春までの第一段階では、親衛隊所管のもとで占領諸地域において大々的な移住プロジェクトが着手された。同時に、ライヒ保安本部によっていわゆる旧領土、保護領およびオーストリアから占領ポーランド地域へのユダヤ人の最初の追放が組織された。

2．西ヨーロッパにおける軍事的勝利はドイツ国家指導部に四〇年の春からおよそ一一月まで全ヨーロッパ的な「ユダヤ人問題の解決」について初めて考えさせ、全ユダヤ人をフランス植民地マダガスカル島に追放する構想が出された。しかし、「バトル・オブ・ブリテン」におけるイギリス侵攻の失敗とソ連侵略のための準備が、このマダガスカル・プロジェクトを挫折させた。

3．四〇年の年末から「領土的解決」という漠然たる構想が定着した。ヨーロッパ・ユダヤ人はもはやマダガスカルへではなく、新しく征服するソ連地域に追放されるべきだということになった。この段階で、「ユダヤ人問題の最終解決」という概念が次第に頻繁に諸計画のなかで浮上した。しかし、それによってすでに体系的な大量殺戮が考えられていたわけではなかった。だが、すでに両方の「領土的解決」において、無数のユダヤ人の死亡があらかじめ計算に組み込まれてはいた。

4．決定的な急進化は一九四一年六月のソ連への奇襲に続いて起こった。すでに最初の日々にアインザッツグルッペと警察部隊が、占領したソ連地域で何千人ものユダヤ人男性を射殺しはじめた。

八月には女性と子供も殺すようになった。この段階でヒトラーは、もともとの計画とは違って、ドイツ内のユダヤ人に符号をつけ、彼らを戦争中に東方へ追放することに同意した。

5．一九四一年秋から四二年の春までにナチ指導部のなかで戦争のあり方を反映して、体系的な追放と何百万ものヨーロッパ・ユダヤ人殺戮への決定が具体化していった。

第4章

ポーランド侵攻・占領とユダヤ人迫害

一九三九年九月〜一九四一年六月

はじめに

第三帝国ユダヤ人政策の研究で古典的と称されるアーダムの研究（1998）は第三帝国が「戦争とユダヤ人とを結びつけるなかで狂気へと向かった」とし、追放政策から絶滅政策への移行を第二次世界大戦の画期と対応させつつ指摘している。本書もまたこの点で共通する一貫した問題意識で史料を検証している。

ミュンヘン協定を踏みにじってチェコの保護領化に突き進み、いまや民族自決の枠組みを公然と突破した後、ヒトラーの次の標的はポーランド回廊であった。それはヴェルサイユ体制打破の次の一手にしかすぎなかった。『わが闘争』第一巻副題「清算」が端的に示すように第一次世界大戦の敗北・ヴェルサイユ体制を「清算」して、生存圏確保・拡大を目指し、東方大帝国建設（ソ連とその周辺国家の征服）を一貫して目標としてきたからである。これは、彼の『続・わが闘争』（2004）において、非公刊ゆえの露骨さで、粗野に激しく語られた目標であった。ヒトラーの進む道は、四カ年計画秘密覚書とホスバッハ議事録の具体化であり、武力をもってそれを実現することであった。

膨張的ナショナリズムの意味合いについて、付言しておけば、それとは対立的なナショナリズムもあり、同じナショナリズムといってもその諸形態は厳密には諸政党・諸個人に即して区別してみていく必要がある。たとえば、第一次世界大戦後結成されたドイツ民主党のなかでも航空機産業の開拓者フーゴー・ユンカースのような国際主義的ナショナリズムがある（永岑 2019b）。また、同じく創立間もないドイツ民主党に入党したマックス・ウェーバーは一方ではドイツ・ナショナリズムの精神で一貫していたが、他方で戦時中、併合主義的ナショナリズム（ドイツ祖国党のそれ）には厳しく反対で、非併合主義的な団体「自由と祖国のための人民同盟」に加わっていた。つまり、自由主義的民主主義的ナショナリズムもある。

ユダヤ人迫害のイデオロギーとしての反ユダヤ主義も、ヨーロッパ、キリスト教社会の二〇〇〇年の歴史を貫通する側面を持つ（ポリアコフ 2005-2007）。と同時に、その発現の諸要因と強弱、迫害の程度・規模などは、それぞれの時代とそれぞれの社会・国ごとに違っている。ドイツにおいてもまたナチ党の歴史においても、一貫性の面と全体的権力状況とのかかわりでの段階的相違の面を見ていかなければならない（山口 2006）。これがヒトラー中心主義とは異なる本書の方法的見地である。

さて、その膨張的ナショナリズムであるが、第三帝国のポーランド攻撃・戦闘・占領がまさにその決定的な過激化の第一段階であった。この段階でユダヤ人はどのような状態に置かれたのか。一年七か月後、すなわち、独ソ戦開始直後の一九四一年三月までにナチ国家に提起されていた問題群はどのようなものであったのか。その問題状況のなかでユダヤ人はどうした位置に置かれていたのか。ヒトラー・ナチ国家はその問題群をどのように解決していこうとしたのか。こうしたことを

VEJ第四巻に依拠して確認しておきたい。

1．奇襲攻撃・電撃的制圧とポーランド人指導者層の殲滅

【ポーランド攻撃準備と独ソ不可侵条約】

ヒトラーの要求は、ヴェルサイユ条約で飛び地領土になったオストプロイセンへの「回廊」通過アウトバーンと鉄道連絡、ダンツィヒのドイツへの合併、そして反コミンテルン協定への参加であった。ポーランドを第三帝国のジュニアパートナーにし、勢力圏拡大を図ろうとした。それは、『わが闘争』以来の「ロシアとその周辺」を支配下に置く東方大帝国建設に必要不可欠な一歩であった。将来の対ソ戦争までを構想すれば、その進撃地ともなるはずのものであった。その要求の見返りにヒトラーが保証したのは一九三四年締結の不可侵条約の延長であり、国境保証であった。

プロイセン、オーストリア、ロシアによる一五〇年近い分割支配から解放されて独立国家を樹立してわずかに二〇年のポーランド政府は、こうした従属国家化の諸条件に同意しなかった。三九年四月、ヒトラーは指令第一号ポーランド攻撃「白作戦」準備を命令（ヒトラー 2000:32-35）し、同月、不可侵条約の破棄を通告。五月二三日の会議で九月一日までの攻撃準備完了を命じた。ドイツ人の「国民的政治的統一」はこの六年間に達成した。これ以上の成果は、「戦争と流血なしには達成でき

ない」と(IMG, I:42)。

その後少しして彼は新しい同盟者（ノモンハンで関東軍と三九年五月以来戦争中のソ連）を得た。リッベントロップとモロトフが三九年八月二三日に独ソ不可侵条約に署名した。ヒトラーの民族帝国主義とスターリンの大国主義・覇権主義・社会帝国主義が手を結び、秘密追加議定書においてポーランド分割で合意した。その一日前、ヒトラーはオーバーザルツベルクで指導的将軍たちに対し目前に迫っている戦争をいかにとらえているかを明言した。

【指導者層の除去とポーランド人の労働奴隷化方針】

「ポーランドの絶滅が正面にある。目標は生命力ある諸勢力の除去であり、ある特定の線に到達することではない。西部で戦争が勃発しても、正面にあるのはポーランドの絶滅だ。季節を考え、速やかな決着だ。……同情に対しては心を閉ざせ。無慈悲な進軍だ。八〇〇〇万の人間が自分の権利を手に入れなければならない。その生存が保障されなければならない。より強いものがその権利を持つのだ。最大の厳しさだ」(VEJ 4:24)。

ポーランドの「絶滅」とは何を意味するか。ポーランドから「生命力のある」活発で能動的な諸勢力を除去することである。ポーランドが民族独立国家を形成した能動的主体的中心的諸勢力の除去ということである。「生命力のある諸勢力」を除去してしまえば、再び圧服されたポーランド民族が残る。まさに、それを「奴隷民族」、「指導者なき労働民族」として支配し続けること、これがヒトラーの目標であり、ヒムラーが掴んだ核心であった。語の正確な意味を確定しないまま「絶滅戦争」という言葉が独り歩きする現象は歴史理解をゆがめる。それはヒトラーを単純に狂人扱いするような歴史把握に陥落する危険性をはらんでいる。第一次世界大戦の帰結、戦勝列強の帝国主義・植民地主義を捨象しているからである。

【人種主義的帝国主義の階層的支配構想とポーランド人・ユダヤ人の位置づけ】

ヒトラーは第一次世界大戦後の世界で続いている眼前の圧倒的で厳然たる現実、すなわち列強による世界諸民族の支配・隷属化を彼なりの人種理論で正当化した。ヒトラーの目指した周辺諸民族の支配、「東方大帝国」建設が、二〇世紀三〇年代のヨーロッパと世界で激しい抵抗にあうことも念頭に置いていた。「ポーランドの余すところなき粉砕が軍事目的だ」とし、非情さ・過酷さを必然的態度として将軍たちに求めた。さらにその抑圧構造の底辺にユダヤ人が位置づけられた。帝国主義・植民地主義が支配する二〇世紀前半に、世界各地における諸民族の階層秩序の現実と「優等民族と劣等民族の戦争」というイデオロギーのもと、ユダヤ人(民族)は人種階層秩序の最底辺に置かれた(VEJ 4:25)。

ヒトラーはすでにウィーン時代に東方ユダヤ人を見聞していた。それはヨーロッパのユダヤ人嫌悪の主要な要因となっていた。しかし多くの兵士にとってはポーランドへの進駐が異質に見える東方ユダヤ人との最初の遭遇であった。それまでは反ユダヤ主義の風刺漫画でしか知らなかった風貌を体験した。ステレオタイプのユダヤ人描写で彼らに対する嫌悪が表明された。「ここでユダヤ人問題のラディカルな解決の必要性を知った。ここに人間の姿をした野獣が巣くっているのを見ることができる。髭とカフタン、邪悪なしかめ面でぞっとする印象を受ける。まだラディカルなユダヤ人敵対者ではなかったものがここではそうなる」と（VEJ 4:25）。

【謀略・宣戦布告なき奇襲攻撃とポーランド人知識階級の殲滅作戦】

こうした基本理念と戦略の下、一九三九年九月一日早朝、ドイツ国防軍は宣戦布告なしにポーランドを奇襲した。それは、正当防衛を演出する謀略工作を踏まえていた（シュピース／リヒテンシュタイン 2017）。ヒトラーは先述の八月二二日の会議で将軍たちに「開戦の火蓋を切るプロパガンダのきっかけは私が与える。それが信じるに足りるかどうかはどうでもいい。勝利者は後で彼が真実を語ったかどうか問われることはない。戦争の開始と指導では権利ではなく、勝利が重要なのだ」と断じた（IMG, XXVI/PS-1014）。親衛隊員にポーランド軍服を与え、グライヴィッツ放送局襲撃という国境侵犯事件など被害をでっち上げたヒムラー作戦がヒトラー承認のもとで密かに進められた。

イギリスとフランスはついにドイツに宣戦布告（一九三九年九月三日）した。しかし、当面、軍事的には介入しなかった。ドイツ軍の陸と海からの一斉攻撃を受けたポーランド軍は、高度の軍備を備え迅速に進撃するドイツ国防軍の前に勝ち目はなかった。その上、九月一七日、東方からは独ソ不可侵条約秘密協定に基づくいわゆる第四次分割を実行すべく、ソ連赤軍が侵攻してきた。この日、ポーランド政府はルーマニアに逃げた。九月二七日、ワルシャワは降伏し、一〇月六日最後のポーランド部隊が降伏した。九月二八日の独ソ国境・友好条約が停戦ラインを決定した。ポーランド共和国領土の約半分、人口の約三分の二がドイツ占領下に入った。そこには、ポーランド・ユダヤ人「約三三〇万人の三分の二」が住んでいた（VEJ 4:24）。

【「世界史の新しい時代の始まり」、アインザッツグルッペによる殲滅作戦】

ワルシャワの教師カプランは一九三九年九月一日の日記に、「われわれは世界史の新しい時代の始まりの証人だ。だがもちろんこの戦争は人間の文明を壊滅させるだろう」と記した。「ヒトラーの行くところ、ユダヤ人には何の希望もない」と。確かに、国防軍とアインザッツグルッペが行使する暴力は、ユダヤ人住民に対しても大いに向けられた。だが、ドイツ軍部隊はむしろ第一にはポーランド人に対して、とくに開戦時に暴力をふるった。ヒトラーがまず粉砕しようとしたのは敵対するポーランド人の軍事的政治的抵抗であり、ポーランド国家を支える人々であった。速やかな占領権力の確立が彼の行動指針であった。「決定の迅速さこそ必要不可欠だ。ドイツ兵士への確固たる信頼」が必要であり、「危機は指導者の神経のダウンにだけあるのだ」。「われわれの技術的優秀性がポーランド人の神経を粉砕する。新しく形成されるあらゆる生命力あるポーランド人の力も、直ちに再び壊滅しなければならない」（IMG, XXVI/PS-1014）と。

国防軍とともに親衛隊と警察の特別部隊――七つのアインザッツグルッペ、約二七〇〇名――がポーランドに進駐。これらは、特別に敵対的と見なしたものすべてに対して、第一にはドイツと国境を接するポーランド西部地域の活動家――オーバーシュレージエンで「民族闘争」などにかかわっていた活動家――に対して過酷だった。しかし、軍の進駐・占領地拡大とともに、瞬く間にポーランドの全エリートが親衛隊・警察の「世界観戦士」の餌食となった。ドイツ系住民とポーランド系住民の敵対的関係が激化していたヴィエルコポルスカ、ポモージュシロンスクではドイツ侵攻直後、ドイツ人自衛団によるポーランド人聖職者、職人、労働者、農民、地主、町人、医師、役人、社会活動家、少年少女団員などに対して虐殺行為が繰り返された。犠牲者はポズナン県だけでも約五〇〇〇人にのぼったとされる（モチャルスキ 1983, 138）。ソ連もまた併合した地域で捕虜にした二万人余の将官・将校・兵士などポーランド独立の精鋭ともいうべき人々を一九四〇年四月から五月、大量に殺戮した。ベリアの進言・スターリン命令による有名なカチンの森事件である（Benz [2002]）。

【一九三九年五月進駐・殲滅準備開始、民族ドイツ人自己防衛隊の協力】

親衛隊の情報部ＳＤはすでに三九年五月、独自のポーランド作戦用の部署を設立していた。地域（行政地区・町村）ごと、個人（個人データ、所属団体データ、所属機関）ごとにリストを作成し、進駐に備えた（VEJ 4/2）。ドイツに敵対的と見なすポーランド人のカード式目録が侵攻前に出来上がっていたのだ。そこにはユダヤ人組織の数多くの指導者も含まれていた。この「特別捜索名簿」に六万一〇〇〇人のポーランド人がリストアップされていた。戦争勃発時には彼らに対し厳しく処することになっていた。九月三日編成のウド・フォン・ヴォイルシュ指揮の部隊は、ヒムラーから「不良ポーランド人の武装解除と撃破、処刑」の指令を受け取った。アインザッツグルッペは、「すべてのライヒ（帝国）とドイツに敵対的な分子」に対する処置をとるという非常に広く解釈できる任務を付与されて、ポーランドの知識階級、聖職者階級、貴族ならびにユダヤ人を無数に殺戮していった（VEJ 4:25）。

犠牲者はそれにとどまらなかった。最初から、国防軍、アインザッツグルッペ、秩序警察、武装親衛隊は、戦時捕虜と民間人に対して容赦ない態度をとった。万単位で兵役年齢のポーランド人とユダヤ人をドイツの収容所に連行し、あるいは、占領地域に抑留した。彼らには抵抗の漠然とした疑いだけで大量射殺の根拠として十分だった。戦闘で神経質になった諸部隊は、ほぼいたるところでポーランド義勇兵のにおいを嗅ぎつけた。陸軍、親衛隊と警察は三九年一〇月末までに一万六〇〇〇人をくだらない民間人を射殺した。ポーランドの歴史家の算定ではポーランド軍の一〇〇〇人を下らない兵士を捕虜にした後、射殺した。こうした場合、アインザッツグルッペはしばしばドイツ人マイノリティに属する人々からの効果的な支援を得た。彼らは地域のことをよく知っており、地域の人々を知悉し、九月中にも自発的に民兵に志願した。彼らはその後ヒムラー命令で統括され「民族ドイツ人自己防衛隊」を結成した（VEJ 4:26）。

ポーランド人の反抗、そこで発生する暴力沙汰は、ドイツ側のヒステリックな報復を引き起こし、何倍もの犠牲をポーランド側に与えた。特筆すべき事件は、ドイツ奇襲攻撃開始すぐの九月三日にブロンベルクで発生した。この事件で約三〇〇人のドイツ系住民が犠牲になった。「ブロンベルクの血の日曜日」は、野蛮な報復作戦を引き起こした。ナチ・プロパガンダがこの事件を取り上げた。ドイツ侵攻時にポーランド人が五万八〇〇〇人の民族ドイツ人を殺害したと大々的に喧伝した。これを受け、民族ドイツ人自己防衛隊はドイツの報復を名目とするテロ作戦に積極的に参加した。その結果、何千人――見積もりによっては三万人――ものユダヤ人とポーランド人が殺害された。ユダヤ人男女は戦争の最初の日々から恣意的な辱しめ、暴力、略奪そして強姦の犠牲となった。ドイツ人の兵士と警察官は、正統派ユダヤ人の髭をそった。無意味で不快な作業や体操などもやらせた。ユダヤ人に対するいやがらせや虐待には、ドイツ人マイノリティだけでなく、ポーランド人さえも加わった。彼らは混乱状況を利用して私腹を肥やした。反ユダヤ主義の暴力がエスカレートした。

ユダヤ人は法的保護を受けられない人となった。以上のほか、戦場では約三万二〇〇〇人のユダヤ人の兵士と将校が戦闘行為で命を失った。ポーランド軍のユダヤ人兵士約五万人から六万人が捕虜になった。国防軍は収容所のなかでユダヤ人捕虜を隔離した。彼らの死亡率は平均以上に高かった。毎日何千人もの捕虜が連行されてくると、「厳しさは不可避」となった（VEJ 4:26）。

すでに三九年一〇月、親衛隊と警察は、ドイツに併合した地域で精神病患者も殺害しはじめた。一一月にはポーゼンのクリニックの約八七〇人のポーランド人と三〇人のユダヤ人の過半数が周辺の森で射殺され、幾人かは後にガスで殺害された。ついで四〇年一月から四月、いわゆるゾンダーコマンド（特務部隊）・ランゲがヴァルテガウに編入された地域にやってきて精神病院を次から次へと移動し、患者を殺害した。その犠牲者は少なくともユダヤ人一八三人であった。一〇月末、カリシュの老人ホームのユダヤ人二九〇人が大量殺害の犠牲となった。ランゲと彼の同僚は四一年夏まで殺害を続け、若干のポーランド人患者だけは放免したが、ユダヤ人は全員殺害した。四一年秋、ランゲはついにクルムホーフ（ヘウムノ）に絶滅収容所（ボックス型自動車排気ガス利用）を設置した（VEJ 4:28）。

【占領地鎮定・統治体制構築とユダヤ人の幻想】

国防軍は占領地域で執行権力を行使したが、以上のような犯罪にも決定的に関与した。国防軍指導部は占領地域の持続的な「鎮定」を期待して、こうした殺害を認め「我慢」した。陸軍最高司令官ヴァルター・フォン・ブラウヒッチュは三九年九月二一日、部下に、アインザッツグルペは「総統の指令にしたがってある特定の民族政策的任務」を遂行していると伝えた。国防軍指導部のなかで早い時期に異論を唱えたのはごく散発的でしかなく、ゲオルク・フォン・キュヒラーとかヨアヒム・レーメゼンなど数人の陸軍将軍だけであった。第四軍司令官ギュンター・フォン・クルーゲ大将は、「ポーランド人とユダヤ人の射殺」について、また「ルブリン・ユダヤ人保留地の意図的創出」について激高して意見表明を行った。しかし、ポーランドで親衛隊により犯された犯罪に対するそうした抗議は、国防軍と親衛隊の対抗関係の文脈でも見るべきであった。個々の事件では犯人に対する軍事裁判権が行使された。だが、ヒトラーは一〇月四日、「ポーランド人によって犯された残虐行為ゆえの不満」から行われた犯罪について戦争参加者に大赦を与えた。親衛隊と警察のメンバーは罪を犯しても正規の司法的追及を免れ、特別裁判権のもとに置かれることになった(VEJ 4:28)。

ドイツでの迫害を観察していたポーランドのユダヤ人はドイツ軍進駐を非常な危惧をもって見ていた。だが、これまで見てきたような規模の暴力は誰も予期しなかった。政治的に活動的だった青年層は東方への逃亡を決断した。彼らはソ連が独ソ不可侵条約秘密協定で占領した地域、そこからさらにルーマニアあるいはハンガリーに逃げようとした。だが、身の安全という点では、逃亡に成功しても不確実性は大きかった。ソ連が進駐してきたポーランド東部地域の多数のユダヤ人は当初、ソ連進駐を歓迎した。彼らは、ナチスの迫害から逃れられると思った。ナチスの反ユダヤ主義の恐るべき宣伝に対し、ソ連・ボリシェヴィキは「すべての人間は法の前に平等」というスローガンを掲げていたからである。ソ連占領地域にはもともとのユダヤ人に加え、すでに二〇万から三〇万人の難民が流れ込んでいた。ソ連占領当局は当初は追放したポーランド人に代わってユダヤ人を行政のなかに組み入れた。しかし、ソ連内務人民委員部(NKVD)は、西側から流れ込んできたユダヤ人難民をとくに治安上危険と見なした。したがってそのほとんどをソ連の東部へ追放してしまった。ドイツ占領下のユダヤ人の過半数は、その故郷にとどまった。ごく短期間、故郷から逃げたものも、戦闘終了後故郷に戻った(VEJ 4:29)。

軍の統治を速やかに終了させ、住民政策的構造転換(ポーランド人とユダヤ人の追放、民族ドイツ人招致と地域のドイツ民族性強化)を開始するため、ヒトラーは三九年一〇月一二日、東部地域の編入と行政に関する政令を発した。一〇月二六日付で、ドイツが一九年に割譲しなければならなかった地域、すなわち東部オーバーシュレージエン、ヴェストプロイセン、ポーゼン州をドイツに併合した。さらに、ウッチ(リッツマンシュタット)周辺地域とポーランド州シュレージエン東部地域をドイツに、ツィヒェナウ県をオストプロイセンに合併した。こうした領土拡張を踏まえて、一一月に大管区ダンツィヒ－ウェストプロイセン、大管区ヴァルテラントを設置し、東部オーバーシュレージエンはドイツの大管区シュレージエンに合併した。ドイツに併合された地域に住んでいた一〇〇〇万人近い住民の大部分――そのなかに五〇万から五五万人のユダヤ人がいたが――は、「決してドイツ人とは感じなかった」（VEJ 4:30）。合併措置に対する反感と嫌悪は地域のマジョリティ・ポーランド人の感情でもあった。第三帝国戦時経済が「労働民族の従順さ」を必要とする以上、マジョリティ・ポーランド人のなかに見られる反ドイツ感情を方向転換させる武器が必要だった。「いけにえ」としてのユダヤ人に対する迫害の力学が働くことになる。

2. 総督府統治と保留地構想段階の追放――一九四〇年春まで

【総督府設置、支配者としての意識・行動】

ドイツ併合地域以外の占領下ポーランドは、低廉な労働力の供給地として、また将来の東方への進撃基地として、早急に軍政地域から民政体制に転換し、治安秩序を確立する必要があった。この目標をヒトラーは三九年一〇月一七日、国防軍最高司令部長官カイテルに話し、総督府の設置を告げた。総督府地域には一二〇〇万人が住み、そのうち約一五〇万人がユダヤ人であった。ヒトラーは彼の以前の法律顧問ハンス・フランクを総督に任命し、彼の直属とした。フランクの代理は四〇年五月までアルトゥール・ザイス＝インクヴァルトであった。その後、ヨゼフ・ビューラーがこの地位を継承し、四〇年夏から総督府を率いた。総督府は、四地域（クラカウ、ルブリン、ラドム、ワルシャワ）に分割された。政府所在地は、ポーランド首都ワルシャワから象徴的にもあらゆる重要性を奪い取るために、クラカウに置かれた（VEJ 4:31）。

ドイツ併合地域には、ダンツィヒから反ポーランド「民族性闘争」で経験を積んだナチ党指導者が送り込まれた。北部ではダンツィヒに居を置くアルバート・フォルスターが、新しいダンツィヒ＝ヴェストプロイセン大管区のおかげで彼の支配領域を大幅に拡張した。彼のそれまでの代理で競争者でもあったアルトゥール・グライザーはヴァルテガウの新大管区長となり、キャリアジャンプに成功した。最後に南部では、シュレージエン大管区長ヨーゼフ・ヴァーグナーが東部に管轄地域を拡大した。オストプロイセン大管区長はすでに一九二八年以来、エーリッヒ・コッホであった。これらすべては、「信仰告白した反ユダヤ主義者」であった（VEJ 4:31）。

占領支配下のポーランドでは親衛隊・警察の役割は、住民抑圧度が高いだけに、ドイツ国内におけるよりもはるかに大きくなった。侵攻開始とともに派遣された親衛隊・警察の特別部隊（アインザッツグルッペ）は、戦闘終結後、統治地域ごとの常設機関に転換された。すべての部隊は、高級親衛隊・警察指導者（総督府ではフリードリヒ＝ヴィルヘルム・クリューガー、ヴァルテガウではヴィルヘルム・コッペ、ダンツィヒ＝ヴェストプロイセンではリヒャルト・ヒルデブラント）の指揮命令下に置かれた。ドイツに併合されたオーバーシュレージエンとオストプロイセンも、それぞれの地域の高級親衛隊・警察指導者（ブレスラウのエーリッヒ・フォン・デム・バッハ－ゼレヴスキーとケーニヒスベルクのヴィルヘルム・レディース）の指揮命令下に置かれた。占領者たちは「主人だ」と誇り、それを日常的に見せつけた。ユダヤ人に対する侮辱と虐待、ポーランド人民衆に対する大々的な差別は日常茶飯事となった。東部に配置された幹部たちの多くは、彼らの新しい活動に自らを肥やす機会を見つけ、あるいは自らの地位をほかでよりも改善するチャンスを見出した。それは、とくにドイツ国内では不遇をかこち経済的失敗の挽回を期した役人たちに当てはまった（VEJ 4:32）。

【併合地域民族性強化と「労働民族」ポーランド人】

占領したポーランドの将来の中心的目標は、併合地域のゲルマン化であった。この「民族性プロジェクト」は、第一次世界大戦以降の長い伝統、およびそれよりも古い追放作戦の経験にさかのぼるものであった。人種・空間専門家たちはすでに三七年以降ポーランドの「民族再編」を議論していた。それは三八年オーストリア併合でヒトラーがヨーロッパの国境再編を開始してからのナチ体制の移住政策・追放政策の全体構想の文脈のなかにあった。ポーランドにはドイツ勢力圏からのユダヤ人被追放者や難民と並んで、すでに何万人ものチェコ人がドイツ併合地域ズデーテンラントからやってきていた。三八年に自治が宣言されたスロヴァアキアからもハンガリーに割譲された地域からユダヤ人が追放されてきた（VEJ 4:32）。

追放プロジェクトは三九年九月以降、まったく新しい次元になった。ヒトラーは一〇月六日、国会でドイツ占領地域における民族的諸関係の新秩序を告知した。それは独ソ不可侵条約では秘密にされていた独ソによる領土分割の公然たる表明であった。分割は、ドイツ領土の東部で「平和的、安定的で同時に耐えうる環境をもたらす」ものとされた。また、「ドイツの利害と希望がソヴィエト・ロシアのそれらと完ぺきに合致」しているとされた。両国は、両国間で問題となるような状態が発生し、それが不穏の芽となり、両大国の関係が互いに不利になりうるようなことのないように決断したのだとした。ドイツとソヴィエト・ロシアは、双方の利害関心領域の「明確な境界」を線引きし、パートナーに何らかの加害を与えうるようなすべてのことを阻止することにしたと領土再編を正当化した（VEJ 4/17）。

四〇年春、ヒムラーはドイツ民族性強化の全権として「東部における非ドイツ諸民族の取り扱いに関する若干の考え」という基本文書をヒトラーに提示した（VfZ, 5［1957］194; 永岑［1994］34-36）。そこでは、ドイツ人を頂点に置き、その下にポーランド人、ウクライナ人、白ロシア人、ゴラル人、レムケ人、カシューブ人といった諸民族を位置づけ、それらの階層的序列の最底辺にユダヤ人を置いた。そして、長期的には、「ユダヤ人という概念自体が、全ユダヤ人をアフリカへ大規模に移住させ、その残りは一つのコロニーに移住させるという可能性によって、完全に消え去ってしまうのをみたいと望んでいる」と。この段階でも、ユダヤ人移住・追放政策が基本であった。それでも、ヒトラーは、この文書を極秘にしておくよう命じた。

【電撃的勝利とマダガスカルへのユダヤ人追放計画】

この後、四〇年四月〜六月の西部戦線での電撃的勝利は、ヒムラーの想定した「アフリカへの大規模移住」の具体的プラン、すなわちフランス植民地を取得してのマダガスカルへの五〇〇万人規模の移住政策のプランを生み出した。しかし、その具体化は、戦争の継続、アフリカへの海上覇権の未実現により、単なる構想にとどまった。

四〇年一〇月二日、ヒトラーは、宰相府住居でボルマン、フランク、シーラッハらと会談した際、ポーランドの将来の取り扱いを詳しく説明した。会議冒頭、総督府長官フランクは総督府の活動報告を行い、「まったく成功している」と述べた。ワルシャワとそのほかの諸都市のユダヤ人は「今ではゲットーに押し込められ」、クラカウはごく近いうちに「ユダヤ人ゼロとなろう」と。これに対し、大管区長官シーラッハは、ウィーンにはまだ五万人以上のユダヤ人が居る。これは、「フランク博士が引き受けなければならないものだ」と異論をはさんだ。それに対し、フランクは、「それは不可能だ」と応じた。大管区長コッホが、ドイツに併合した「ツィーヘナウ地域から、これまでポーランド人もユダヤ人も追放されていない」、「もちろんこれらのユダヤ人もポーランド人も、総督府が引き受けなければならないものだ」と口をはさんだ。これにもフランクは反論した。そのような人数のポーランド人とユダヤ人を総督府に送り込むなどは不可能だ。何の宿泊の可能性もないのだから、と（IMG, XXXIX/USSR-172）。

ヒトラーは責任擦り付け合いの議論を聞いた後、ポーランドの将来について述べた。最初に長時間かけてドイツ労働者の高い水準と「低級な労働に生まれついた」ポーランド人の劣等性について詳細に述べた。最後に、「無条件に守らなければならない」こととして、「ポーランド出自の主人」の存在を許してはならないとした。「ポーランド出自の主人」が居るところでは、「苛酷に響くかもしれないが、彼らは殺害されるべきだ」と。この時点でも、「殺害」を明確に言及したのは、ポーランド人エリートの排除という文脈であった。ポーランド人には「ただ一人の主人を、すなわちドイツ人を与えればいいのだ。相並ぶ二人の主人はありえないし、そんなことを許すわけにはいかない。だから、ポーランド人インテリゲンチャのすべての代表者は殺害されなければならない」と（USSR-172）。すなわち、「指導者なき労働民族」としてポーランド人大衆を支配し隷属下に置くことがヒトラーの一貫した目標であった。戦争経済の現状、ドイツ人労働者の大量徴兵・軍需生産動員に伴う労働不足を補充するための労働力として、ポーランド人をドイツに連れてくることは必要不可欠であった。だが、もちろん、ドイツ人と「ポーランド人との混血は許されない」ので、ポーランド人の男子労働者と女性労働者を一緒に労働収容所に「放り込めばいいのだ」った（USSR-172）。

ヒトラーからすれば、「総督府はポーランド人保留地」に過ぎないのであり、その全体が「大きなポーランド人労働収容所」であった。ポーランド人はそれから「利益を得る」のだ。なぜなら、「彼らの健康を維持し、飢えさせない配慮をするから」だった。しかし、彼らを決して高い段階に引き上げてはならない。なぜなら、そんなことをすればアナーキストか共産主義者になるだろうから、と。だから、ポーランド人がカトリック主義を保持したままにして置くのは、「まったく正しい」のであった。ポーランド人司祭はわれわれから食料を得ることになろう。その代わり、彼らは彼らの子羊をわれわれが望むやり方で指導監督しなければならないと（USSR-172）。

こうした脈絡で、マイノリティ・ユダヤ人は労働民族としての活用は予定されてはおらず、移住・追放が基本の政策方向であった。

【短期的措置としてのユダヤ人「清掃」】

占領地域東部に保留地を作り、そのなかにユダヤ人を「清掃」する構想、すなわち保留地へのユダヤ人追放構想は、まだ戦闘行為が継続中の時でさえ治安警察首脳が議論していた。ハイドリヒ治安警察長官は、アインザッツグルッペに対し一九三九年九月二一日付速達で、ヴェストポーレンのユダヤ人住民を農村部から交通事情の良好な場所に追放し、そこに集中することを命じた。「占領地域のユダヤ人問題」と題するこの速達は、「計画されている全体措置（したがって最終目標）については厳密に秘密を守るように」と命令した。長期間を要する最終目標とこの最終目標実現の中間的短期的諸段階とは区別するべきものだとした。最終目標には、「技術的にも経済的にも最高度に抜本的な準備」が必要であった。しかも、その間に発生する諸課題は、細部を確定できるものではなかった。そう限定した上で各アインザッツグルッペ隊長に当面の行動の基本指針を明示した（VEJ 4/12）。

第一に、最終目標のための最初の前提は、さしあたり、ユダヤ人の「農村から比較的大きな諸都市への集中」であった。その際、この時点でドイツに併合する予定の諸州（すなわち、ダンツィヒ、ヴェストプロイセン、ポーゼン、オストオーバーシュレージエン）とそれ以外の占領諸地域（総督府に予定された地域）とは区別するものとした。前者の地域は、「可能な限りユダヤ人を一掃するもの」とし、少なくとも「ごくわずかの集中都市」を創出することを目指すものとした。総督府に予定の地域は、「最大限可能な限りわずかの集中基地」を設定し、後々の諸措置が容易になるようにしなければならなかった。そのような集中基地としての諸都市は、鉄道網の結節点であるか、少なくとも鉄道沿線に立地しなければならなかった。基本的に五〇〇人以下のユダヤ人共同体は解体し、近隣の集中都市に移されるものとした（VEJ 4/12）。

第二に、ユダヤ人長老会議の設置。

（1）すべてのユダヤ人共同体に、可能な限り、指導的な人物やラビで構成される長老会議を設置すべきものとした。この組織にすべての既発と今度発出される指示の正確かつ時間厳守の遂行の「全責任」をとらせるものとした。（2）そうした指示のサボタージュの場合、この会議には「最も厳格な措置」が執られるものとした。（3）長老会議はまた性別年齢別の人数確認や職業階層の把握も行わせ、最短期間でその結果を報告させることにした。（4）そして、この長老会議に、出立の日時・期限、出立可能性、最後に出立路を通知するものとした。ユダヤ人の都市集中化の理由としては、「ユダヤ人が非正規軍事組織による襲撃や略奪活動に最も決定的に参加している」からだとした（VEJ 4/12）。

【「帝国《ライヒ》ゲットー」設置構想・移送開始と諸困難】

会議の翌日、ハイドリヒは「ドイツ管理下クラカウ・ユダヤ人国家」なる構想を語っていた。彼は新設のライヒ（帝国）保安本部の長官に任命されたが、その最初の局長会議では、「ワルシャワ後方ルブリン周辺」に将来のドイツ管区から移住させなければならない「すべての政治的ユダヤ的分子」を入れる「帝国ゲットー」の構想を開陳した（VEJ 4:33）。

彼の部下はさっそくその具体的措置を執った。ゲシュタポ長官ミュラーは、ライヒ保安本部移住課長アイヒマンに、東部オーバーシュレージエン（カトヴィッツ地区）からの七万ないし八万人のユダヤ人の追放――ヴァイクセル川を越えて東の方向に――を命じた。同時に、メーリッシュ－オストラウ地方のユダヤ人も「追放できる」と。同じ措置は、ポーランドからやってきて当地に居るすべてのユダヤ人移民にも施行するとした。この活動は、第一にはここで集めた経験に基づいて大規模な「疎開」ができるようにするための「経験収集に役立てるべきもの」であった（VEJ 4/18）。

アイヒマンは、一九三九年一〇月半ば、ルブリン地区西部の小都市ニスコ・アム・サンにユダヤ人を送り込むことを決定した。彼は一〇月一八日から一〇月二六日の間に、五本の輸送列車で合計約五〇〇〇人をウィーン、ベーメン・メーレン保護領のメーリッシュ－オストラウ、カトヴィツェからそこに連行した。ところが、その受け入れ準備がまったくなされていなかった。そこでミュラーは、移送のためには「中央の指導が必要」との理由付けで移送計画をストップした。一二月二一日、ヒムラーがこの追放作戦の継続を「禁止した」。それまでに追放されたユダヤ人の多くは、独ソ暫定国境線を越えて逃亡するか、近隣のいずこかで何とか生き延びるかした。ニスコの収容所が四〇年四月に解体されたとき、まだ残っていた五〇〇人ほどの四人は、ウィーンやメーリッシュ－オストラウに帰還した（VEJ 4:34）。

【一九三九年一二月総督フランクのユダヤ人保留地構想】

総督フランクは、一方ではユダヤ人を「ドイツ、ウィーン、その他どこからでも」自分の統治下に受け入れると折に触れ表明した。部下たちには総督府をユダヤ人のための「大きな集中空間」にしなければならないと説明していた。しかし他方で、彼はあらかじめユダヤ人の「漸次的没落」も考えていた。「ユダヤ人の場合は、あっさり片付ける。最終的に肉体的にユダヤ人種を片付けることができれば、喜びだ。たくさん死ねば、それだけいいのだ」と（VEJ 4:33）。

では総督府のどこに集中するのか。三九年一二月の文書によれば、「ドイツのユダヤ人問題の最終解決」として、正確には輪郭が描かれない地域においてであったが、いわゆる「ユダヤ人保留地」が設定される可能性が示された。ただ、この時点では、ポーランドにユダヤ人保留地を創出するか、あるいは、将来の総督府ポーランドにユダヤ人を「泊めておく」のかの問題が出てきていたのであり、確定的なことは決まっていなかった。もしも、保留地を創出する場合、これがユダヤ人かライヒ・ドイツ人のいずれによって管理されるべきなのか、検討する必要があった。ユダヤ人の管理の方が、ドイツ人の行政官吏が節約できるので、有利ではないか。指導的地位のみドイツ人が占めればいいのだ。さらに、ドイツ国内、オストマルクとベーメン・メーレンからのユダヤ人移住が完了するまでは、管理を治安警察の指導下に置いておくのが適切だなどとしていた（VEJ 4/65）。

ユダヤ人移住が保留地創出に鑑みてさらに実施されるかどうか、最終的な決定は今後のことだった。保留地は外交的には西側列強に対する「優れた圧迫手段」となるとみた。おそらく、これによって「戦争終結後の世界的解決の問題が提起されうることになろう」と（VEJ 4/65）。この段階では、戦争に勝利し、ユダヤ人の保留地問題を世界的に問題提起し、解決していこうという長期的発想があったのだ。問題は、まさに戦争の帰趨であった。

【保留地構想の放棄、住民入れ替え計画推進】

早くも三か月後にはヒトラーがユダヤ人保留地構想を放棄した。国防軍も、ソ連との国境近くへのユダヤ人住民の集中に反対した。そこでヒムラーは、部下の親衛隊・警察指導部に、今後はルブリン周辺地域だけではなく全総督府を区別なく「ドイツにとって人種的に無用のものの溜め池」とするよう指示した（VEJ 4:34）。

ヒムラーはドイツ民族性強化ライヒ委員として、同時に「住民入れ替え」計画全権でもあった。彼は総督府をその観点からもとらえていた。一方で、すでに三九年一〇月半ば、ハイドリヒの命令で移民中央本部が作られ、外国からのドイツ系住民グループの入植が組織されていた。その本拠地を四〇年一月からはウッチ（リッツマンシュタット）に置き、いくつかの支部を擁していた。他方で、ユダヤ人とポーランド人の追放を担当するのは、ポーゼンの移民本部であった。ヒムラーが親衛隊と警察に最初に指示したのは、ドイツに併合した地域からのユダヤ人住民と望ましからざるポーランド人の総督府への追放であった（VEJ 4:34）。

先立つ三九年一〇月一九日、ドイツ民族性強化ライヒ委員の命令と指針は、第一段階の活動として、約五五万人のユダヤ人とドイツに敵対的なポーランド人とポーランド人知識人階級をまずダンツィヒとポーゼン、次いでその他のドイツ国境からポーランド総督府に追放することとした。その際、ユダヤ人はヴァイクセル川の東方、ヴァイクセル川とブーク側の間の地域に収容するものとした。旧ポーランド国家、被追放ポーランド人知識階級、および敵対行為により射殺されたか追放されたポーランド人の土地を没収する。没収は、一〇月七日のドイツ民族性強化のための総統兼ライヒ首相の政令に基づいて行うのだとした。その後、都市と農村の計画的な移住を進めることとした。それには何年も、おそらくは何十年もかかるとした（VEJ 4/25）。

指導的な東方研究者がこの政策の知的擁護を行った。歴史家テオドール・シーダーも擁護論を覚書にまとめた。それによれば、「最大規模の住民移動」によってドイツ人とポーランド人の民族グループを分離すべきだった。彼は、東ヨーロッパからの「帰還ドイツ人入植者」をドイツに併合した諸州に植民させ、反対にその諸州で生活しているポーランド人から大々的に所有剥奪を行い、追放することを提案した。彼らポーランド人には、占領したほかの地域に場所を作ってやるべきであった。ただし、「健全な民族秩序の構築」には、ポーランド人居住地域の「非ユダヤ化」が必要であると。もしそうしなければ、「ポーランド民族体」の破壊の結果、新しい危険な不穏状態が発生するからであった。同様の急進的な住民入れ替え政策は、ナチ党全国指導部の人種政策局からも出されていた。その一一月二五日付覚書によれば、併合地域のほとんどの「民族ポーランド人」とユダヤ人を「仮借なく迅速に」総督府の地域に追放すべきだとしていた（VEJ 4:35）。

【構想の混乱と近距離計画の具体化】

ドイツ占領の最初の半年間は、以上のようにさまざまな構想が入り乱れ、具体化が試みられても、挫折した。ドイツ民族性強化全権と治安警察は繰り返し新しい移住プロジェクトを作り直した。それらプロジェクトは互いに入れ替わり、修正された。三九年一〇月三〇日、ヒムラーは全ユダヤ人とポーランド人の詳しくは規定されない一部分、合わせて約一〇〇万人をドイツ併合地域から総督府に追放すると予告した。その具体化策として、一か月後、ハイドリヒがいわゆる第一近距離計画を策定した。計画では一二月一日から一七日に、併合地域の一部ヴァルテガウから総督府へ八万七〇〇〇人以上を連れ去ることになっていた。これは主として都市住民だったため、追放対象者はかなりの程度ユダヤ人であった。追放された人々は、バルト三国とウクライナのポーランド地域ヴォリューニエンからのドイツ系入植者に場所を提供させられる計画であった（VEJ 4:36）。

三九年一二月一三日には、第二近距離計画が策定された。これは、四〇年四月末までに併合した西部ポーランド諸地域から六〇万人を追放する計画を立て、そのうち喫緊に二二万人の移送を予定した。この計画は併合諸州の「年齢・性別を問わない全ユダヤ人の余すところのない把捉」と彼らのポーランド総督府への追放を企てるものであった。この計画は、新しいドイツ東部諸州のもっぱらユダヤ人を把捉するものであって、旧ドイツのユダヤ人を対象とするものではなかった。また、個々のユダヤ人が新しい東部大管区（諸州）から旧ドイツや、オストマルク（オーストリア）、プロテクトラートに入り込むことも阻止しようとする作戦であった。この計画は、後々のポーランド人移送のための諸経験を獲得する可能性を与えることを想定していた（VEJ 4/66）。

第二近距離計画の「退去指針」によれば、年齢・性別を問わず住宅から立ち退かせる仕事は、治安警察・保安部が任命したユダヤ人評議会にやらせることになっていた。地元のユダヤ人に直ちに名簿を渡し、性別・年齢別（一八歳未満と一八歳から六〇歳まで、および六〇歳以上）の分離が命じられた。誰をユダヤ人と見なすかの定義については、さしあたり、ニュルンベルク法を適用した。「疎開措置」の実行にあたって、何とか逃れようと、民間企業や役所で必要人員の証明を得て回避措置を執ろうとするものがありえた。しかし、ポーランド人の失業者が十分にいるので「認めてはならない」。むしろ、この地域からの徹底的なユダヤ人追放にこそ留意が必要だ、とした。また、携帯できない財産価値の没収を可能にするため、財産のあるユダヤ人を輸送順序で後回しにすることとした。没収に時間がかかるといっても、定められた明け渡し期限の順守が「妨げられてはならなかった。必要な場合には、財産のあるユダヤ人は財産状態について非ユダヤ人の代理人に完全に権限を与え、情報提供をさせておくこととした。旅行荷物は、可能ならば携帯を許した。ただし、スーツケースは一人一個で衣類をつめさせた。一人当たり一枚の毛布、約一四日間の賄い、証明書類を許可したが、ドイツ貨幣の携帯は認めなかった。輸送列車から退出するとき、両替のためにポーランド貨幣を準備しておくこととした。有価証券、外貨、貯蓄預金手帳などは持参させなかった。貴重品（金、銀、プラチナ）、それに生き物は携帯不可。ユダヤ人が輸送列車を降りるとき、駅近くの広間に集め、荷物持参でそこに出頭させ、武器、弾薬、爆薬、毒薬、外貨、宝飾品、余分な貨幣を調べる、など詳細に規定していた（VEJ 4/66）。

立ち退きを命じられたユダヤ人は、ほとんどの場合、二四時間以内に準備を完了しなければならなかった。多くのものが、暖房のない貨物列車のなかで輸送を生き延びることはできなかった。四〇年一月のある移送列車では、寒さのため、凍死者が一〇〇人も出た。降車後、目的地までかなり長距離の徒歩行進が続くこともまれではなかった（VEJ 4/71）。

併合した諸州に入植するバルト・ドイツ人のための住宅と仕事場を十分に提供することができるように、ハイドリヒは第二近距離計画に「中間計画」を付け加えた。四〇年二月七日から三月一五日までに移送列車は四万二〇〇〇人以上を、ほぼ例外なく総督に送り込んだ。ヒムラーのドイツ民族性強化全権事務所は、その上、これに先立つ一月には、併合した西部ポーランドからの全大量追放のための「総合計画」を作り上げていた。これによれば、長期的には三四〇万人を下らないポーランド人をこの地域から追放する計画であった。その計画では、全ユダヤ人の疎開措置を「四〇年春までに」完了することになっていた（VEJ 4:36, 永岑 1994, 51-52）。

3. 対英仏戦争と追放・ゲットー化強行――一九四一年春まで

【対英仏戦時経済体制構築と労働力の必要性】

英仏とは「戦争状態」のはずであった。しかし、英仏がポーランド支援の軍隊を送ることはなかった。西部戦線における陸上戦闘開始の四〇年五月までは周知のように「奇妙な戦争」、「まやかしの戦争」であった。だが、英仏との軍事衝突の準備を進めるなかで、次第にポーランド占領政策において経済的考慮が前面に出てきた。四〇年二月一二日東方問題会議で、経済政策担当の四カ年計画全権ヘルマン・ゲーリングは、占領当局に、「もっと戦争経済の諸要求に配慮するよう」警告を発した。併合諸州、すなわち新しい「東部の諸大管区」は一方では、農業生産を引き上げなければならず農業労働力需要が増大した。他方では、旧ドイツに労働力を大規模に提供しなければならなくなった。そのことは、今後、ポーランドからの移送を西方に向けることを意味した。ゲーリングは、総督フランク、親衛隊全国指導者ヒムラー、大蔵大臣フォン・クロージク、併合諸州責任者などが列席するこの会議冒頭、「東部でとるべき全措置の最高の目標は、ドイツ戦争ポテンシャルの強化でなければならない」と断じた。その見地からすれば、東部の新諸州(大管区)は、旧ドイツのスタンダードに「直ちにはもたらすことはできな」かった。生活条件の均等化は、オストマルク

（オーストリア）やズデーテン大管区よりも遅くならざるを得ない。戦争終結後に初めて全力で東部の復興を遂行できるのだった（VEJ 4:36）。

農業の課題は、所有関係がどうあれ、新東部諸州から可能な限り最大限の農業生産を引き出すことにあった。この全責任は食料農業大臣が負っていた。農地を取得できるのは、バルト・ドイツ人とヴォリューニエン・ドイツ人だけだ。ポーゼンとヴェストプロイセンは、再び相当の余剰を旧ドイツに提供する「ドイツの穀物庫」にならなければならなかった。工業では、戦争のために重要性を持つすべての防衛上重要な諸工業経営を再建しなければならない。全東部地域は、原料、屑鉄その他の廃品の供給に特別の尽力をしなければならない。ゲーリングはこれに「教会の鐘」も含める計画や「総統のための非鉄金属寄付」に言及した。また、とくにアルミニウム屑、ゴム屑、皮革の重要性を強調した。経済の望ましい維持のためには十分な労働力が必要であり、これは「広範囲にポーランド人」となろう。したがって、「すべての疎開諸措置は、役に立つ労働力が消えうせないように」行わなければならない。その上、全東部地域は、旧ドイツに「予定数の労働力を差し出さなければならない」と（IMG, XXXVI/EC-305）。

この会議で、民族性強化全権ヒムラーは、七万人のバルト・ドイツ人と一三万人のヴォリューニエン・ドイツ人のための空間を創出しなければならないとした。これまで「おそらく三〇万人（八〇〇万人のポーランド人のうち）よりも多くはない人数」しか、疎開していなかった。ヴォリューニエン・ドイツ人のためには、「今年、ポーゼン、ヴェストプロイセン、南東プロイセン、総督府隣接の帯状地帯からポーランド人農民を移住させることになろう」と。しかし、住民移し替えの困難と戦時の必要性から、当面、四万人のリトアニア・ドイツ人、八万から一〇万のブコヴィナ・ドイツ人、一〇万から一三万のベッサラビア・ドイツ人の入植計画は、見合わせるとした。さらに、ヴァイクセル東方のルブリン地域――ユダヤ人保留地と予定されている――から三万人のドイツ人を新しい東部大管区に移すことが必要になるとも（EC-305）。

【ドイツ人入植者の農地・宅地の必要性、総督府の受け入れ困難事情】

他方では、これまでの西から東への、併合した諸州から総督府ポーランドへの大量的追放計画は、ワルシャワなど戦闘による破壊で破滅状態に陥っている総督府のドイツ占領諸官庁が、貧窮化した大量の人間グループの流入をさばくことができず、またそうしたくもなかったので、頓挫せざるを得なくなっていた。とくに約二五万人のユダヤ人が住むウッチとその周辺が総督府ではなく、併合州ヴァルテガウに組み入れられたことによって、追放すべき人数は劇的に増加していた。総督フランクは、この間、ベルリンで「ヴァイクセル川東部の総督府を一種のユダヤ人保留地と見なそうとする」傾向があることに悲鳴を上げていた。彼は、四〇年三月初めには移住作戦が削減されることを期待した。約一〇万から一二万のポーランド人、約三万人のジプシー、それにしかるべき数のユダヤ人を旧ドイツから受け入れざるをえなくなるのでは、と負担増も懸念していた(VEJ 4:37)。

その間に、一九三九年一一月に停止された旧ドイツに住むユダヤ人の追放が、四〇年二月にゲシュタポによって再開された。緊急措置の契機は、ここでもバルト・ドイツ人のための住居の確保であった。シュテッティンからの一〇〇〇人と三月シュナイデミュールからの約一六〇人の追放が外国でセンセーショナルに取り上げられた。外務省では不満が高まった。三月二四日、ゲーリングは帝国防衛閣僚会議議長としての職権で、さしあたりこれ以上の追放を禁止した(VEJ 4:37)。

【近距離計画の遅延・頓挫とマダガスカル計画】

中間計画を入れて、一九四〇年三月半ばまでに総数一一万人が併合諸州から追放され、とくに近接のラドムとワルシャワに送り込まれた。明らかに予定より遅れて、四月一日に第二近距離計画の追放が始まった。今や、被追放者の圧倒的多数は、ポーランド人であった。四〇年秋には、改めてかなりの数のポーランド人が総督府に追放された。今度は、ヴァルテガウにブコヴィナとベッサラビアのドイツ人を入植させるためであった。また、国防軍の訓練場を創出するためであった。同時に、とくにウィーンの大管区指導部は、三九年秋に開始した「自分たちの」ユダヤ人の追放を再開するよう執拗に要求していた(VEJ 4:37)。

そこで、ハイドリヒは、四一年一月、第三近距離計画を作成した。これは、併合諸州から七七万一〇〇〇人、そのほとんどがポーランド人とウィーンのユダヤ人六万人を総督府に移送することを予定した。このプロジェクトもほんの端緒にとどまった。それでも警察は二月五日以降、約二万五〇〇〇人のポーランド人を併合諸州から、五〇〇〇人のユダヤ人をウィーンから追放した。

四一年三月一五日ゲシュタポ長官ミュラーは、アイヒマンに、追放を停止するよう指令した。優先案件が変わった。国防軍は総督府で対ソ進軍の準備を始めていたのだ。総督府は、独ソ不可侵条約段階とは違って、今や対ソ攻撃の前進基地となった。それまでに移住センターは、ほかの親衛隊・警察および占領当局と協力して、公式には三六万五〇〇〇人、後の計算では約四六万人の併合地域住民を総督府に送り込む大量追放を組織していた。そのなかには約一〇万人のユダヤ人が含まれていた。さらに何万人かが、ダンツィヒ–ヴェストプロイセンに置けるように「野蛮な追放」の犠牲となり、あるいは東の方向に逃亡した（VEJ 4:38）。

旧ドイツの親衛隊保安部とゲシュタポは、以前と同じようにユダヤ人の受け入れ諸国への移住をしゃにむに推進し、ポーランド・ユダヤ人はすでに退去処分を受け、ドイツからは追放されていた。被追放ユダヤ人の受け入れ地に適切な宿泊所は存在しなかった。十分な食物もなかった。受け入れ地のユダヤ人共同体は、彼らを助けようと努力はした。しかし、地域の占領当局から支援を受けることはほとんどなかった。彼らにとっては、被追放者たちはむしろ招かれざるものであった。できるだけどこかに追いやってしまいたかった。ユダヤ人難民は資金がなかった。かなりの長期になれば、貯えで生き延びることはできなかった。被追放ユダヤ人は総督府のユダヤ人共同体の最も弱い部分であった。四二年にこの地域で体系的な大量殺害作戦が始まったとき、彼らは最初の犠牲者となった（VEJ 4:38）。

旧ドイツ国境隣接のほとんどのポーランド地域から、四一年春までにユダヤ人住民が追放された。だが、新しいドイツ諸州の東半分には、なお四〇万人から四五万人の土着のユダヤ人がいた。そのうちヴァルテガウだけで二五万人以上いた。ツィヒェナウ行政区域にはまだ四万人以上、そして、オーバーシュレージエン東部の「オストシュトライフェン」には一〇万人がいた。彼らの一部は、労働力として扱われた（VEJ 4:38）。

ナチ党国家指導部のもともとの計画、すなわち、すべてのユダヤ人を併合した東部地域から遠ざけること、これは頓挫した。

しかし、西部ヨーロッパにおける電撃戦の勝利でフランスを占領支配するに至った四〇年夏には、すべてのユダヤ人をフランス植民地マダガスカルに送り込む戦後構想（講和計画）が議論された。しかし、この計画はドイツがフランスと戦争を継続している間は実現不可能であった。アフリカへの海上覇権を得ていない以上、何もできないことは明白だった。マダガスカル計画は単なる机上の議論にとどまった。ユダヤ人保留地構想やマダガスカル計画も含め、「領域的最終解決」が繰り返し議論され、一部着手された。しかし、受け入れ諸地域の官僚的抵抗は非常に大きかった。それぞれの該当地域社会にとって受け入れの諸結果は、きわめて深刻であった。こうした諸経験の累積が、占領諸官庁に一九四一年にもっと野蛮な方法に手を出す用意をさせた(VEJ 4:38)。

4. 全般的衰弱・大量餓死への道

【諸事情強制によるゲットー化とユダヤ人生存可能性】

すでに見たようにハイドリヒは三九年九月、ユダヤ人を近いうちに東方に追放するつもりだった。前提としてひとまず交通事情の良好な諸都市にユダヤ人住民を集中することを命じた。しかし、すぐにこの強制移送プロジェクトが実行不可能だと判明した。三九年の年末には、集めたユダヤ人を特定の都市区画のなかに隔離する諸提案が責任部署で議論された。ドイツ当局は、ゲットーと名付けられた閉鎖的ユダヤ人都市区画の形成で、いくつかの目標を追求した。とくにユダヤ人は集中され、ポーランド人から隔離され、場合によっては迅速に追放できるようにしておく必要があった。多くの事例ではほかのゲットー化の諸理由も挙げられた。ユダヤ人は「汚い」し、「伝染病の運び人」で、ドイツ人とポーランド人の住民を病気感染から保護するためには隔離されなければならないのだ、と。さらなる口実として、ユダヤ人は闇市場の最も重大な参加者であり、彼らの監視をよりよくすることができるためにはゲットーに集中しなければならないのだ。あるいは、彼らのなかには「周知のようにたくさんのスパイがいる」ので、治安上の諸理由から、ゲットーが設置されたのだ、と。最初のゲットーは、一九三九年末、ラドム近郊の小さな二つの町に設置された。そこでは民政当局者がイニシアティヴを執った。彼らは、大規模な移住プロジェクトの実現を待つ気がなかった(VEJ 4:46)。

大規模移住挫折は、カリシュ県知事ユーベルヘーアにもウッチ(四〇年四月からはドイツ語名リッツマンシュタット)にゲットー設置を決断させた。彼は、三九年一二月一〇日極秘回状で「ゲットー形成」を伝えた。ナチ党、ウッチ市当局、秩序警察、治安警察、どくろ部隊、商工業会議所、税務署などに必要事項を伝達した。彼によれば、ウッチには「今日、約三二万人のユダヤ人」がいた(実際には、四〇年四月末、ゲットー地区閉鎖時点でぎりぎり一六万人)。彼らの「即座の疎開は不可能」であった。しかし、この多数のユダヤ人を一か所の閉鎖空間に閉じ込めることもできなかった。そこで、ドイツのエネルギーセンター創出とフリースペースのために必要な空間からユダヤ人を「清掃」して、ほとんどもっぱらユダヤ人が住んでいる町北部地区にゲットーを作ることとした。町の他の地区に住んでいる労働可能なユダヤ人は労働部門にまとめ、兵舎ブロックに入れて監視することにした(VEJ 4/54)。

この町のユダヤ人共同体代表はゲットー財政をその住民の労働によって賄うことを提言した。広範囲の工業を設立し、そこで男女子供がとくに国防軍やドイツ企業のための衣類や靴の製造にあたった。それは、当地ユダヤ人の唯一の生存・延命可能な方法であった。国防軍用の製品の生産により、このゲットーは占領下ポーランドのすべてのゲットーのなかで一番長く存続しえた。解体は一九四四年夏であった。ただし、一九四一年一〇月以降、戦時中の「臨時措置」的「部分疎開」政策の強行により、ウィーンなどからウッチに新しく連行された二万人のユダヤ人や五〇〇〇人のジプシーは、燃料・食料・宿泊所などの欠乏で受け入れ余地なしとして、一二月から郊外クルムホーフにおいて移動型ガス自動車で殺害された（永岑 2003）。

ワルシャワではゲットー形成があまり直線的ではなかった。ここでは統一的指針が欠如し、非常に即興的に進められた。ポーランドの旧首都には約四〇万人のユダヤ人が住み、ニューヨークについで世界第二番目に大きいユダヤ人共同体を形成していた。その人数は、開戦から多数の被追放民と難民の避難場所となったので、さらに増えていた。ユダヤ人評議会は、ゲットーの即時形成を一九三九年一一月四日に要求されたが、さしあたりはまだ都市司令官の介入により回避できた。しかし、総督フランクとワルシャワ地区長官ルートヴィヒ・フィッシャーは、ワルシャワに「ユダヤ人のために特別のゲットーが作られなければならない」との見解で一致した。当面は、都心北部の主としてユダヤ人が住む地域が、「伝染病封鎖地区」として警告標識と有事鉄線で区切られた。一九四〇年三月末、ポーランド人青年一味が繰り返しワルシャワ・ユダヤ人を襲撃したとき――これがドイツ占領当局に黙認されていたのか徴発されたのかは不明――、ユダヤ人評議会は、二ないし三メートルの高さの壁を地区周囲に張り巡らす命令を受け取った。隔離壁はユダヤ人が金を出して建設しなければならなかった（VEJ 4:47）。

かなり多くの道路や全都市部分での居住・滞在の禁止は、ユダヤ人の生活圏をだんだんと狭めていった。ついに一九四〇年九月一二日、総督フランクはワルシャワでゲットー閉鎖を決め、出入りを限られた監視下の門に限定した。「五〇万人のユダヤ人の危険が非常に大きく、このユダヤ人の放浪の可能性が禁圧されなければならない」と。一一月半ば、閉鎖を実行し、ドイツ人とポーランド人の警察官がユダヤ人警察官と一緒に、出入り口を監視した。四平方キロに約四〇万人が詰め込まれ、ワルシャワ住民の三〇パーセントが都市の二・四パーセントの空間に押し込まれた。各部屋で六人から七人が生活した。何千人かは困窮者用宿泊施設に潜り込むか、最悪の場合、露天生活を余儀なくされた（VEJ 4:47）。

ユダヤ人の劣悪極まる生活諸条件（リンゲルブルム 1982）は、もちろん、戦闘とそれによるワルシャワをはじめとする諸都市の破壊の結果であり、「ポーランドの全般的経済生活への深刻な激震」によるものだった。それが、人種階層の最底辺にイデオロギー的に位置づけられたユダヤ人に最も重くのしかかるという構造である。解体された諸企業に代わってしばしば非ユダヤ企業が大規模に誕生した。ワルシャワでは戦闘終結後の数か月間に、一二三の非ユダヤ系の大企業（といっても従業員二〇人以上の意味）が成立した。その上、総督府のポーランド人住民の圧倒的多数派は戦争前には農業に従事していたが、自分たちの土地にとどまり、仕事をし、生計を立てていた。ポーランド人労働者と政府官吏の大多数も、ほとんどが工場や諸官庁で彼らの以前の職を維持していた。これとまったく反対なのがユダヤ人の経済生活であった。最初は戦闘の厳しい損害によって、そのあとは、ユダヤ人経済に向けられた「体系的法的指令により」破滅させられたのである（VEJ 4/162）。こうした階層的差別性は、キリスト教が支配的なポーランド人大衆のなかに浸透していた反ユダヤ主義と関連していた（小原／松家 1997-98, 解良 2011）。

閉鎖されたゲットーでは、食料があまりにも少なすぎた。飢餓に陥り、衰弱したユダヤ人たちに、伝染病が蔓延した。「通りには何百人ものぼろぼろの服をまとった乞食、子供が一切れのパンを求めて泣いていた。女性たちが通りに倒れこみ、飢餓で疲弊していた。あまりにも長い間飢餓状態にあるものは、腫れあがった足、膨れた顔になり、もはや歩くことができない。道路で長い間横たわっているものは、再び立ち上がれない」（VEJ 4:48）。

地方当局は、一九四一年初めにワルシャワより西のすべての郡からユダヤ人をゲットーに入れる命令を出した。それが状況をさらに先鋭化させた。第三近距離計画の枠内でポーランド人が併合地ヴァルテガウからこれらの地域に追放されたからである。それは、再びブコヴィナとベッサラビアのドイツ人の場所を作り出すためであった。そこで、約五万人のユダヤ人が住まいを追われ、ゲットーに移住しなければならなかった。追放されたユダヤ人のほとんどは、宿泊場所と仕事を得るチャンスがなかった。その上、四一年三月には、ウィーンとダンツィヒからの追放列車がゲットーに到着した。「いまや四四万五〇〇〇人もが狭い空間に」押し込まれた（VEJ 4:48, アリー 1998）。ゲットー住民にはゲットー規則違反に対し厳しい罰則規定が定められ、罰金刑から三か月間の拘留刑が課された。四〇年一二月の罰則規定は、許可のない退去を死刑に処するものとした（VEJ 4/211）。

統一的な指令が欠如していたので、総数約六〇〇のゲットーが占領ポーランドで閉鎖時期やそのときどきの形成のあり方で違っていた。クラカウやラドムはルブリン市と同じようにゲットー化が全体として一九四一年春になって初めて、すなわち対ソ戦準備過程で遂行された。ユダヤ人が追放された家々はドイツ兵士の宿舎として使われた（VEJ 4:48）。

小括――対ソ戦勝利の展望と新たな追放構想

【対ソ戦準備による悪化：過密化・伝染病蔓延・大量死】

一九四一年春、反ユダヤ主義政策の枠組みが根本的に変化した。ナチ国家指導部と国防軍が対ソ戦準備を開始して数か月。ポーランドのユダヤ人は戦争準備を直接肌で感じることができた。ドイツ軍に場所を提供するため、総督府東部の多数のポーランド人が、住居を明け渡さなければならなかった。今やポーランド人のためにユダヤ人住宅が割り当てられ、玉突き的にユダヤ人がさらにゲットーに移住させられた。必然的に既存のゲットーの状態はさらに悪化した。完全に過密化したワルシャワ・ゲットーでは、発疹チフスが蔓延し、毎月、何千人もが死んだ。何十万の住民は餓死寸前（VEJ 4:54）。

大量死は一九四一年六月にアインザッツグルッペがソ連占領下の東部ポーランドに進駐するよりもかなり前に始まっていたのだ。占領者は、自らが原因となった、そして繰り返し嘆かれた「耐え難い状態」を契機として、ラディカルな除去策に突き進んだ。閉鎖と劣悪な食料事情がゲットーで数多くの病気を引き起こし。ドイツ当局はユダヤ人を伝染病伝搬者だとして徹底的な態度をとるよう要求した。ゲットーの飢餓状態によって、ユダヤ人には闇商売と闇市が死活問題となった。ドイツ当局は、「ユダヤの闇商人は全滅されるべきだ」とした。この状況で「合理化専門家」が計画に登場した。ワルシャワ・ゲットーを彼らはとくに不採算と見なした。リッツマンシュタット・ゲットー会計検査院やワルシャワ・ゲットー経済性管理委員会の監査人は、ドイツ当局がこれら二都市の強制住宅地区に年総額五〇〇〇万マルクを出さなければならないと見積もった。「もしも、もっと多くを就業させることができず、閉鎖を緩めることもできなければ」と（VEJ 4:54）。

【ユダヤ人追放の新たな展望——独ソ戦勝利への興奮】

占領下ポーランドのドイツ当局幹部には、ソ連に対する勝利の展望によって、新しい視野が開けた。

一九四一年初めにもなお、総督フランクは、ユダヤ人が「マダガスカルへ、あるいはその他どこかへ行こうと、われわれにはまったく関心がない。われわれにとってはアジア系のこのごったまぜが再びアジアへ逆戻りすれば一番いいのだ」などと表明していた（IMG, XXIX/PS-2233, 22.1.41）。

だが四一年三月一七日にフランクがヒトラーと昼食を共にしたとき、ヒトラーは、総督府は「ユダヤ人から完全に解放される最初の地域になろう」と請け合った。四月一九日のデモンストレーションで演説したフランクは、総督府が「わが兵士の豪胆さのおかげで、ドイツになり、ヴァイクセルの渓谷はその水源地から大洋への河口までラインの渓谷と同じようにドイツのものとなろう」との見通しを語った（PS-2233, 19.4.41）。

四一年六月二〇日、すなわち対ソ奇襲攻撃開始二日前、ゲッベルスはヒトラー、フランクと会ったことを日記にとどめた。フランクが彼の支配領域の展望としてポジティヴな諸期待を述べた。「フランク博士は、総督府について語った。そこではユダヤ人を追放できると喜んでいる。ポーランドのユダヤ民族は次第に落ちぶれている」と。この時点でなお、占領ポーランドの責任者たちは、「ユダヤ人問題最終解決」が追放を意味するとみなしていた。しかし、どこへ追放するのか、それは不明であった。おそらくは、総督府に隣接するプリピャチ湿地地帯、あるいは北ロシアの北氷洋地域かと（VEJ 4:55）。ドイツ民族性強化の長期構想は、実現可能性がなくなったスターリングラード敗北後も、いや終戦間近まで「学術的に」練られることになる（ヴァーグナー 2020）。

第5章

ソ連征服政策とユダヤ人大量射殺拡大過程

——占領初期一九四一年六月〜九月を中心に

はじめに

対ソ奇襲攻撃バルバロッサ作戦の準備を進めるなかで、一九四一年三月、それまでの移送政策はひとまず中止となった。戦争勝利を第一に、三五〇万余の兵士と武器弾薬を前線に輸送するには、占領下ヨーロッパ諸地域からのユダヤ人移送・追放計画を中止せざるを得なくなった。ドイツと占領地のすべての可能な人的物的資源を最大限に対ソ攻撃戦に集中するためであった。しかし、追放計画がなくなったわけではない。前章最後で言及したように、電撃的勝利の展望と「生存圏」獲得＝領土・支配領域拡大の願望のもとで追放計画が再浮上した。

それでは、バルバロッサ作戦準備過程から攻撃開始直後、一九四一年七月末までの間に、実際にどのようなことが起きたのか。次に八月から九月にかけて、ソ連の反撃体制が強化され、第三帝国の戦闘力（人的物的）の被害で第三帝国の電撃的勝利の展望がなくなる状況で何が起きたのか。ソ連の電撃的圧服が不可能になる戦況は同時にソ連と米英、ヨーロッパ諸地域の反ナチ諸勢力の連携の強化が進む情勢を作り出し、さらにはこうした大局に呼応する広大な西方ドイツ占領地の治安状況の悪化が進む（永岑 2001）。ドイツ国内へのイギリス軍の都市爆撃が増加する。

これらへの対応で、戦時中にもかかわらず、ドイツ国内と占領地域から四二年春までの臨時的措置として、ユダヤ人東方移送作戦を部分的に開始する必要性に迫られ、一部強行されるまでになる。四一年九月から一二月、第三帝国最初の「冬の危機」を迎えるなかで、ドイツ占領下全域の状態と関連してユダヤ人の置かれた状況が根本的に変化する。

1．ヒトラーの「絶滅戦争」は何を意味するか

ヒトラーの対ソ戦争をほかの諸戦争と対比し、また西欧における戦争との違いを特徴づける概念として、ヒルグルーバーが用いて以来の「絶滅戦争」なる表現がよく用いられている。この概念はソ連崩壊後の九〇年代、国防軍の犯罪を立証しようとする資料展示とそこから喚起された論争以来、広く定着してきたように思われる。

ヒトラーは『わが闘争』や数々の演説のいろいろの文脈で「絶滅」とか「絶滅戦争」を使っている。しかし、この概念の意味合い、具体的に何を意味しているか、その内容に関しては注意が必要である。たとえば、『わが闘争』第二巻第一三章の「日本とユダヤ人」を見てみよう。彼は、イギリスのユダヤ人新聞が、日本に対する戦争を諸民族に扇動し、「民主主義の宣言と日本軍国主義・天皇制の打倒の鬨の声で絶滅戦争を準備している」と。これは反ユダヤ主義の文脈でイギリスと日本の対立関係を解釈したものである。だが、この場合の「絶滅戦争」とは何を意味するのであろうか。少

なくとも、絶滅戦争を行う主体をヒトラーはこの文脈ではイギリスだとしている。イギリスに対する非難の概念として使い、自らの行う戦争を絶滅戦争だとは主張していない。

【「世界観戦争」と「絶滅戦争」はどう関係するのか】

最近の大木毅の独ソ戦に関する啓蒙書も副題に「絶滅戦争」の概念を採用している（大木 2019）。しかし、「絶滅戦争」とは何をどうすることなのか。この表現はヒトラー第三帝国に対する批判の見地からの規定ではないか。独ソ戦と第二次世界大戦の結末を知っているものが、ヒトラーと第三帝国首脳部の目標、意図・経過・結末を混同してはいないか。大木は、独ソ戦の史上最大の惨禍をもたらしたのは何かと問う。「総統アドルフ・ヒトラー以下、ドイツ側の指導部が、対ソ戦を、人種的に優れたゲルマン民族が『劣等人種』スラヴ人を奴隷化するための戦争、ナチズムと『ユダヤ的ボルシェヴィズム』との闘争と規定したことが、重要な動因であった」と。しかし、そこから次の文章に進むのは、飛躍がありはしないか。彼らが独ソ戦を「世界観戦争」であるとみなし、その遂行は仮借なきものでなければならないとしたからだと。その証拠として、一九四一年三月三〇日のドイツ国防軍高級将校たちを前にしたヒトラーの演説（VEJ 7/2）を引用している。結論として、「ヒトラーにとって、世界観戦争とは、『みな殺しの闘争』、すなわち、絶滅戦争に他ならなかった」と（同 iv-v）。

「世界観戦争」と「みな殺し」、「絶滅」とが、どうして結びつくのか。この直結の仕方は、提示史料の読み方、ヒトラー・ナチ国家指導部の考え方の把握において問題がないであろうか。その直結の仕方の歴史理解の背後には、独ソ戦、ひいてはソ連に対する理解の問題、ソ連を制圧しようとしたヒトラー・ナチ国家指導部に関する理解のゆがみがありはしないか。ヒトラーの言説を丁寧に読めば、対象無限定の「みな殺し」などを主張してはいない。ヒトラー発言のそのような読み方は、ヒトラーの「狂人視」(イエッケル 1991日本語版序文)とでもいうべきものにつながる可能性がある。

彼において「みな殺し」の対象は、この時点の言説を吟味すればきわめて具体的である。それは、「反社会的犯罪者に等しいボリシェヴィズム」である。「未来への途方もない脅威」となる共産主義、「ユダヤ的ボルシェヴィズム」、その担い手・共産主義者である。こうした世界観の指導者と組織がソ連の国家を握っている。それがロシア・ソ連を支配している。それを除去してしまえば、スラヴ人を奴隷化できるという論理的関連になっている。逆に、共産主義者を「みな殺し」にしておかなければ、「三〇年以内に再び共産主義という敵と対峙することになる」と。すなわち、世界観としてのヒトラー・ナチズムの核心をなすのは、敵「ユダヤ的ボルシェヴィズム」とその担い手の殲滅であった。そして、そのことによってソ連の諸民族の奴隷化を実現することであった。

ヒトラー・ナチズム・第三帝国の東方征服地におけるスラヴ系大衆の奴隷化という点に限って言えば、実は八〇年代後半の歴史家論争(ヴィッパーマン 1998)の火付け人ノルテがすでに的確に指摘していた。すなわち、彼によれば、第二次世界大戦におけるドイツの戦争指導が三段階に分かれる。第一段階、ヴェルサイユ体制以前の旧ドイツ領およびハプスブルク帝国内のドイツ人地域の「再編入」のための「国民的戦争」、第二段階、敵の軍事的制圧のための「伝統的様式」での「ヨーロッパの通常の戦争」、そして第三段階が、ヒトラーに「固有の」、「人種イデオロギーに基づく征服・絶滅戦争」である。この戦争では、他国領土の軍事的な占領は当地のそれまでの「指導層の根絶」と占領地大衆への大打撃と奴隷化を意味したと（ノルテ『ファシズムの時代』）。このように根絶対象を限定するのは、ヒトラーの考えと行動を正確に把握しているからだといえる。

しかし、ノルテの言説にも注意が必要である。彼はここでは、ポーランドとソ連に共通のこと、すなわち、「指導者層の根絶」ということしか指摘していないのである。だが、ポーランドとソ連とでは、明確に「指導者層」の内実・政治的性格が違う。ヒトラーはその違いを明確に認識し規定していた。ソ連の場合は、殲滅対象は「ユダヤ的ボルシェヴィズム」である。すなわち共産主義者がヒトラーによる根絶ないし絶滅の対象である。ノルテが、ヒトラーの明確に限定している対象に正確に言及しないのはなぜか。彼が冷戦期西側イデオロギーに依拠しているからである。八〇年代半ば以降の歴史家論争で、スターリン体制をヒトラー体制に先行する犯罪体制と規定するノルテの立場が、すでにここでも露呈している。ノルテの立場は、ヒトラーがスターリンよりも先に攻撃作戦を確定していたこと、独ソ戦が第三帝国の先制攻撃・攻撃戦争・侵略戦争だったことをカムフラージュすることになっている。また、ヒトラーがソ連攻撃に先立って、どのように対象限定を行ったかに注目しないことで、ヒトラー狂人視に与し、スターリンのドイツに対する先制攻撃論(ドイツ防衛戦争の議論)に譲歩する態度を表明しているといわなければならない。

すでに前章でみたようにヒトラー・第三帝国がポーランドを攻撃した際にも、ポーランド国家の担い手・指導者層・知識階級が殲滅ターゲットであった。それによって、ポーランド人大衆を労働奴隷化する、という目標が実現するとみていた。ポーランドとロシア・ソ連との違いは何か。ポーランド共和国は、百数十年間、隣接強国(ロシア・ツァーリズム、プロイセン・ドイツ、オーストリア・ハプスブルク)による分割支配を受け、民族の統一・独立のナショナリズムは長く抑圧されてきた。ポーランドにおける独露墺による分割支配・抑圧からの解放のナショナリズムとエネルギーは、第一次世界大戦の戦勝列強の支援のもとで初めて実現され独立と統一を達成できた。そのポーランド・ナショナリズム、新生共和国の強い国民主義・国家主義は明確であった。

しかも、ポーランドにも反ユダヤ主義に長い伝統があった。ユダヤ人追放の主張にも強いものがあった。したがって、ヒトラー第三帝国がポーランドを支配するには、一方で、強固なポーランドの民族主義・ナショナリズム、その担い手・指導者層を殲滅のターゲットにし、他方で、社会のすそ野に広がり危機のなかで急進化していた反ユダヤ主義——マイノリティ・ユダヤ人を迫害・追放する政策方向——を、ナチス・ドイツの占領支配の武器として、すなわち二つのヴェクトルと圧力を重ね合わせて支配体制構築に使うことが必要であり、それを実践した。

これと違って、ロシア・ソ連の場合は、ヒトラー・ナチスがユダヤ-ボルシェヴィズムとしてユダヤ人とボリシェヴィキとを一体化してとらえることにより、最初からユダヤ人に対する攻撃は、国家権力を握りヒトラー・第三帝国の侵略に抵抗・反撃するボルシェヴィズム、共産主義者に対する攻撃と緊密に結びついていた。したがって、スターリン体制側からの反撃（正規軍とゲリラ・パルチザン、「祖国解放」の民衆的支援者・支持基盤）の強大化に応じて、ユダヤ人大衆殺戮へのヴェクトルが苛烈化するという連関になっている。

【「ユダヤ人絶滅政策」の概念を無限定に使えるか】

「絶滅戦争」の概念と同様に、ヒトラー・ナチス・ナチズムの「ユダヤ人絶滅政策」というこれまた非常に広く用いられる概念も、その意味内容に関しては、歴史のダイナミズムを正確に把握するために精査と限定が必要に思われる。シュペーアが「ヒトラーの戦争目的：ユダヤ人抹殺」（Speer 1981）というとき、その言説は、通俗的歴史理解を利用した戦後の彼の自己弁護の言説（東方大帝国建設の戦争に軍需大臣として主体的にかかわった責任の回避）の延長線上にある（Zilbert 1981）。

そもそも、ヒトラー・ナチスに最初から「ユダヤ人絶滅政策」があったのか。この概念は、約六〇〇万人のユダヤ人の犠牲を第二次世界大戦終結後に知ったことから、すなわち、悲劇の規模と結果を知った上での概念ではないか。本書の検証によれば、最終的結末は、ヒトラー・ナチスの民族帝国主義・人種主義的帝国主義の戦争政策が敗退する過程で引き起こしたユダヤ人迫害・殺戮が累積していった結果であった。

結果と意図を同一視していいのか。第二次世界大戦後の知見から見る人の多くには、あたかも「ユダヤ人絶滅政策」が初めからあったように見える。ラウルヒルバーグの古典的研究（1997）も「ユダヤ人絶滅という目標を当然のこととして前提にしている」（訳者解説、下、422）。六〇〇万人の犠牲という結果を知ったうえで、ヒトラー・第三帝国によって最初から意図され計画・構想されたという歴史意識のもとに、編み出された概念ではないか。これはいわゆる意図派の見方である。意図派の代表の一人イエッケルは、「なかでも、ヒトラーが「一九二〇年代にすでに、後年遂行したことの基本的構想を計画していた」とし、「領土の征服とユダヤ人の除去という、彼の二つの目標は明確に計画されていた」と。この見方を否定するのが、機能派である。機能派の研究者は、ドイツ内外の政治的・経済的・軍事的・心理的等諸要因の組み合わさった作用・働きの結果とみる。そして、これが歴史研究の到達点であり、本書の立場である。

日本における機能派の代表的研究者は研究史整理において「機能派が勝利した」とのスタンスをとっている（栗原 1997）。しかし、古い観念はまだいろいろの機会に再登場する。「ヒトラー絶滅命令」をめぐる論争において、栗原は四一年七月末〜八月初旬説をとる。大木（2019）も、一九四一年七月三一日のゲーリング令をもって、ハイドリヒを無限定で「絶滅政策の総責任者にした」（同108）などと断じ、研究史の到達点を無視している。それらに対して本書の立場は、ヨーロッパ・ユダヤ人の移送政策から絶滅政策への転換の時期を四一年一二月対米宣戦布告・世界戦争への突入に見る。一二月説は、独ソ戦、その後方地域のソ連・ユダヤ人殺戮の過激化、それと全ヨーロッパ的規模でのユダヤ人排斥圧力と殺戮作戦への変化とを地域的段階的に区別する。ハイドリヒがヨーロッパ・ユダヤ人殺戮計画の総責任者になったのは、四二年一月二〇日のヴァンゼー会議開催においてである。

ホロコースト概説書として定評のある芝健介［2008b］は、全体を貫く副題として「ユダヤ人大量殺戮」を用いている。無限定の「絶滅政策」という概念を用いていない。「ヒトラー絶滅命令」をめぐる欧米と日本での論争を踏まえて機能派の観点を貫いているとみられる。四一年七月末から八月初旬の「年齢や性の差異による無差別なユダヤ人ジェノサイドとしてホロコーストの本格的始動」を「ソ連ユダヤ人の絶滅」と限定（同111）しているからである。

しかし、ヨーロッパ・ユダヤ人の移送政策から絶滅政策への大々的転換点をいつとみるかに関しては、すなわちポーランド総督府における「絶滅収容所」建設とそこにおける大量殺戮の実行（ただし外面的対外的な用語としては「移送」「疎開」が使われ、移送ユダヤ人の一部の労働投入も行われる）への転換点をいつとみるのか。その論理と力学に関しては、本書のスタンスとの間に違いがある。転換点を四一年一二月とみる筆者の見方と違って、「一九四二年以降、独ソ戦が混迷を深めていくと、今度はユダヤ系ポーランド人の殺戮が日程にのぼってくる」（まえがき、iii）ととらえている。そもそも、四二年以降、「独ソ戦は混迷を深め」たのであろうか。この大局的把握が問題となる。

ヨーロッパ・ユダヤ人の運命に関する重大な世界史的転換は四一年一二月であった。日本帝国主義（石井 2012, 原 2013）の真珠湾攻撃、これと呼応したヒトラーの四一年一二月一一日対米宣戦布告、対する四二年一月一日の二六か国連合国結成は、枢軸と連合国のグローバルな対決という根本軸をはっきりさせた。まさに、ヒトラーが三九年一月の国会演説以来、四〇年一月三〇、四一年一月三〇日の国会演説で「予言」してきたことが現実になった。すなわち「世界戦争に突入したならば、ヨーロッパのユダヤ人の絶滅だ」という枠組みがここに出現した。独ソ戦だけではなく世界戦争への突入こそ、政策転換の決定的要因であった。

しかも、四一年一二月の独ソ戦の前線は、ソ連軍の反撃の高まりにより後退・敗北への転換点であった。ドイツ軍占領地が縮小していくヴェクトル群の大局的方向性はその後一貫していた。したがって、ポーランド・ユダヤ人の運命（大量殺戮という方向性）が四二年以降にやっと「日程にのぼる」のではない。対米宣戦布告で世界大戦に突入し、一二月一二日党幹部に対するヒトラー演説、一二月中旬総督府閣議での後述の総督フランクの発言、同じく後述の四二年一月ヴァンゼー会議における総督府次官ビューラーの発言、その会議録への明確な記述、四二年一月三〇日のヒトラー国会演説などは、四一年一二月が単にポーランドのではなくヨーロッパ規模でのユダヤ人大量殺戮への転換の画期を証拠づけていると見るべきであろう。

2．独ソ戦初期のユダヤ人の犠牲――概観

ソ連に対する奇襲攻撃は一九四一年六月二二日早朝、始まった。ドイツ大軍三五〇万余による赤軍四五〇万余の撃滅こそは、ヒトラー・バルバロッサ作戦指令の第一の課題であった。現代的武器を装備した両軍一〇〇〇万人近い兵士の激突は世界史上前代未聞であった。それがもたらす人的物的破壊・犠牲は、想像を絶する規模にのぼった。

ヒトラーは対米宣戦布告国会演説（一二月一一日）でドイツ側の犠牲にも言及した。ドイツの戦死者一六万余、負傷者五七万余、行方不明三万三千余と。しかし、彼が強調したのは、そのショックを打ち消す大々的戦果であった。戦時捕虜だけで一二月一日までに三八〇万余を手に入れたと（Domarus 1973:1799）。

ヒムラーと親衛隊管理下に移された戦時捕虜の大群はどうなったのか。東部占領地域大臣ローゼンベルクのカイテル宛書簡によれば、四二年二月時点で、「三六〇万人のうち労働可能なものは数十万にすぎず、大部分が、餓死、ないし悪天候により衰弱死。さらに何万人かはチフスにも」と。

数か月でソ連を制圧するというバルバロッサ作戦では、捕虜への食料供給・宿泊などまったく考慮外であった。それどころか、捕虜収容所付近の住民が食料を提供しようとしても、収容所司令官はそれを禁止した。むしろ餓死するに任せた。連行中も周辺住民が食料を与えようとするのを許さなかった。雨や雪が降っても、野外に放置した（IMG, XXV/PS-081）。

【「抑圧者」ユダヤ-ボルシェヴィストの除去とユダヤ人大衆の抹殺】

しかし、対ソ戦は単に「武器の戦い以上のもの」であった。戦争を終結させるためには、広大な空間で「敵の国防軍を打破するだけでは不十分」であった。ソ連国家体制の担い手、「ユダヤ-ボルシェヴィスト」のインテリ階級は人民のこれまでの「抑圧者として除去」されなければならなかった。ブルジョア的貴族的旧インテリ階級も、亡命者として存続している限り、同様に排除されなければならなかった。

占領下ソ連の「ほとんどすべての人」に暴力が向けられた。しかし、ドイツ占領者が「ユダヤ人ほど体系的かつ無慈悲に迫害した住民グループ」は他にいなかった。敵の指導部・主体的勢力とユダヤ人がナチズムにおいて固く結びつけられていたからである。

ドイツ指導部は、攻撃開始の数か月前から「ユダヤ-ボルシェヴィスト指導部」の殺害を準備した。四一年六月の進駐開始直後からユダヤ人大衆を差別して貶め、諸権利を剥奪し、財産を略奪した。

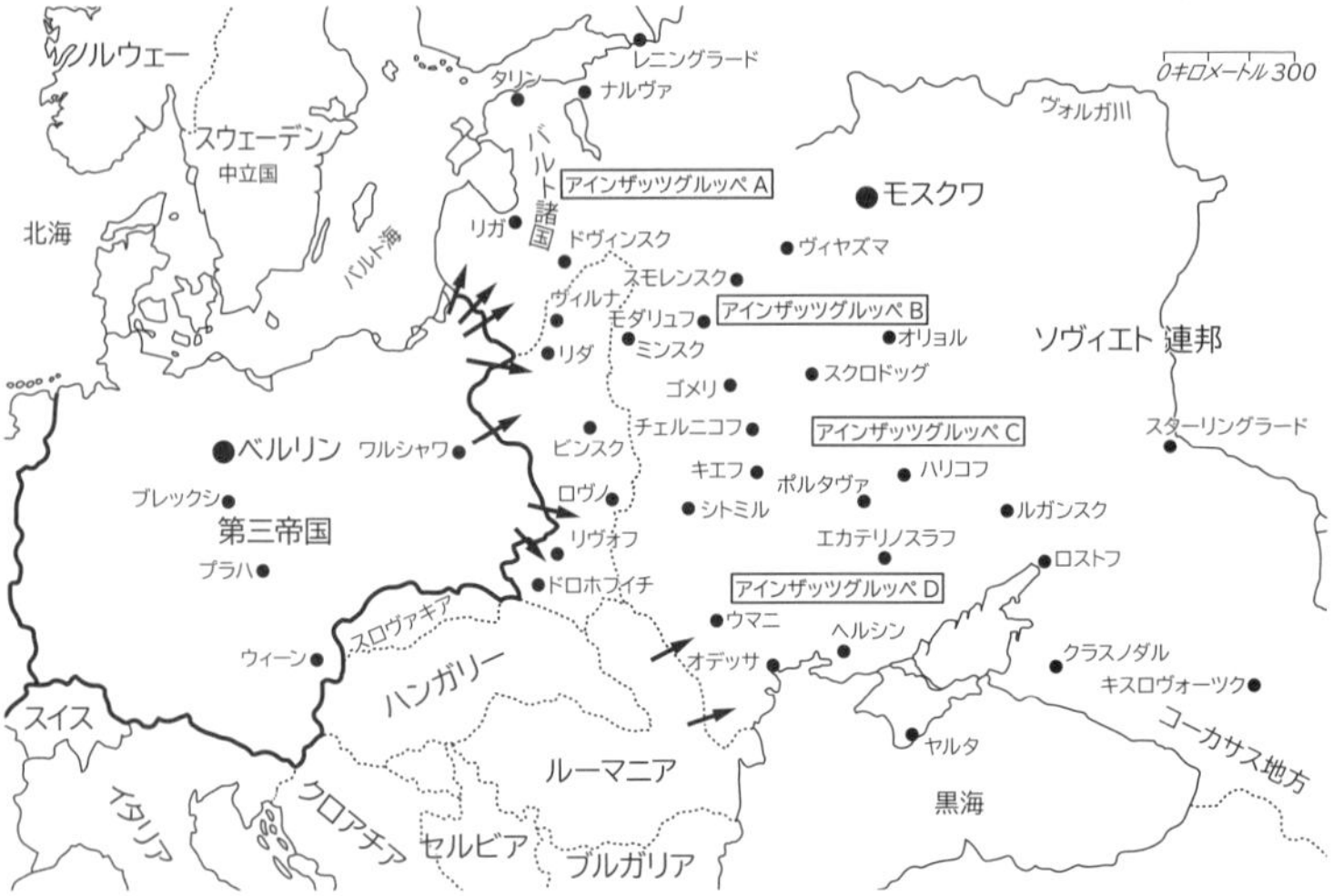

出所：ギルバート［1995］71.

地図　アインザッツグルッペ A, B, C, D 出撃地域

最後にはアインザッツグルッペが、国防軍の一部や地域の支援者の援助を得て次第に全面的に、陸軍後方地域においてユダヤ人殺害作戦を展開していった (NMT, IV)。最初は、ユダヤ人の指導者層、次いですべてのユダヤ人男性、さらに前線がソ連領深くに広がるに従いすべての夫人や子供を含めた全ユダヤ人共同体の殺戮へと突き進んだ。八月から一〇月、テロルからユダヤ人の民族的殺戮へと決定的な一歩を踏み出した。この最初の殺戮の大波は、軍政下の地域においても、すでに民政統治下におかれていたバルト諸国にも、さらにはルーマニアが占領していたウクライナのオデッサなどの地域 (トランスニストリア) にも押し寄せた (VEJ 7:13)。

ドイツ軍侵攻最初の半年だけで、ドイツ軍政下におかれた白ロシア、ロシア、ウクライナで五〇万以上のユダヤ人が殺害された。一九四二年夏、ドイツ軍と親衛隊・警察の殺戮部隊がスターリングラードと北コーカサスに進撃するとき、約五万人のユダヤ人を犠牲にした。バルト諸国では占領者とその現地協力者が四二年初めまでに約二三万人のユダヤ人を殺害した。この時点でリトアニアに約四万四〇〇〇人、ラトヴィアにぎりぎり七〇〇〇人のユダヤ人が生きていた。しかし、エストニアにはすでに一名もいなかった。リトアニアとラトヴィアのほとんどのユダヤ人も、四三年秋に親衛隊がゲットーを解体しはじめると殺害された。戦時中全体で、バルト諸国では少なくとも二七万人、白ロシアで約五〇万人、ウクライナで約一五〇万人(そのうち五七万人は四一年八月から総督府に編入された東ガリツィアのユダヤ人)、ロシアで約八万人のユダヤ人が犠牲となった。ベッサラビアと北ブコヴィナの一〇万四〇〇〇人以上のユダヤ人も。すべてを合わせると、四一年六月二二日にソ連領内で生活していたかあるいは占領された東部地域に連行された少なくとも二五〇万のユダヤ人が犠牲となった(VEJ 7:14)。

3. 歴史的前提──ロシア史とソ連時代のユダヤ人

一八世紀にツァーリズムがポーランド分割を行って領土を西方に広げたとき以来、ロシア帝国内にユダヤ人住民が増えた。ロシア帝国一八九七年国勢調査によれば当時総数五二〇万人のユダヤ人の九四％は、かつてはポーランド領に属していた地域に住んでいた。一九世紀前半の改革の時代、豊かなユダヤ人がモスクワやペテルスブルクに住むことを許された。しかし、改革派ツァーリは、革命的潮流に対する恐怖から自由主義的諸措置を撤回した。九一年から九二年には何千人ものユダヤ人手工業者がモスクワとペテルスブルクから追放された。九八年にロシア帝国のなかでユダヤ人の平均二〇％が救貧制度に依存していた。リトアニアの首都ヴィルナでは救貧制度依存者の割合が三七％にも達していた（VEJ 7:15）。

多くのユダヤ人は貧しかった。一九〇〇年頃、彼らの約六〇％が機械制大工業以前の伝統的な手工業や小売り商を営んでいた。しかし、この事情は、ロシアの反ユダヤ主義者たちが資本主義的世俗的な近代化を伝統的なロシア社会に対する「ユダヤの危険」と描き出すことを妨げなかった。「ロシアで不断にわれわれの伝統的共同体構造を剥奪するブルジョア的構造のもとでは、ユダヤ人が主人になりうる」などと。ポグロムと差別の継続、経済的停滞などにより、数多くのユダヤ人が西方へ、とくにＵＳＡに移住した。一八八〇年から一九一四年に約三〇〇万のユダヤ人がロシア帝国を後にした。ほかの多くのものは中部ロシアの諸大都市へ——違法ではあったが黙認されて——移り住んだ（VEJ 7:16）。

【第一次世界大戦からスターリン体制下のユダヤ人】

第一次世界大戦が始まると、ロシア帝国指導部で反ユダヤ主義者が優勢になった。彼らは、ユダヤ人を外国列強の「潜在的スパイ」と見なした。中欧諸国が一九一五年ロシア軍への攻撃を開始したとき、ツァーリズム官憲は約五〇万人のユダヤ人を「容認できない分子」として西部地域から東方へ追放した。

一九一七年二月革命でロシア帝国のユダヤ人には新しい時代が到来した。すでに三月には臨時ケレンスキー政府はすべての反ユダヤ的指令（その数は約一四〇にも達していた）を破棄した。それによって、ロシア帝国のユダヤ人は初めて完全に同権の市民になった。けれどもボリシェヴィキの権力掌握後に勃発し二一年まで続いたロシアの内戦では、ユダヤ人は革命反革命の闘いの狭間に巻き込まれた。二〇年のポーランドとソ連の戦争でも、たくさんのユダヤ人が犠牲になった。解放の夢は、暴力の悪夢に変わった。反ボリシェヴィキの部隊、あるいはポーランドの部隊や農民軍が引き起こした何百ものポグロムや殺戮で、約五万人のユダヤ人が死んだ（VEJ 7:16-17）。

この状況で多くのユダヤ人が、反ユダヤ主義との闘いを旗に掲げるボリシェヴィキに希望を託すようになった。反対に、反ユダヤ主義者はそこにユダヤ人がとくに共産主義に親和性があるという証拠を見てとった。彼らはボリシェヴィキ指導層に占めるユダヤ人の割合をあげつらうようになった。事実、すでに一九〇〇年以前に労働者知識人の同化ユダヤ人は差別からの解放闘争の支持者を求めて労働運動に接近した。一八九七年創立のリトアニア、ポーランド、ロシアの全労働者同盟（略称ブント）は、何年間かロシア社会民主主義の組織的バックボーンとなった。労働運動が分裂したとき、若干のユダヤ人活動家はボリシェヴィキ党にも参加した。しかしながら、一九二二年、党員二万四〇〇〇人のなかでユダヤ人は九五八人――四％――に過ぎなかった。三九年でも党や国家のエリートに属するものは、ソ連の国勢調査によれば、ユダヤ人就業者のわずかに〇・七％に過ぎなかった。実際にはユダヤ人住民の圧倒的多数は、「革命の敗者」であった。とくに、正統派ユダヤ人、小商人・手工業者は共産主義の新しい人間の理想的イメージには適合しなかった。ボリシェヴィキが一九二八年の穀物調達危機と飢餓の責任を投機者なるものに帰したとき、ユダヤ人商人が階級敵なるものとして国家的追跡者に狙いを定められた（VEJ 7:17）。

ソ連史において二七～二八年の冬はネップの一般的危機を告げる「穀物危機」であった。それは「第二革命」とも称される農業生産構造の「集団化」にむけての大転換をもたらした。ユダヤ人商人の投機的活動があったとしても、それは社会の単なる部分的周辺的現象であるにすぎなかった。広大な遅れた農村を抱え周囲の諸国家諸民族と対峙しつつ急速な工業化を達成しようとするソ連の全社会的原因こそが危機の根底ないし背景にあった（奥田 1990, 1996）。帰結として、ヒトラー第三帝国の罪を相対化する見地（冷戦対抗史観）からは「ヒトラーのホロコーストを上回るスターリンのウクライナ農民大虐殺」と規定される事態が発生した（コンクエスト 2007）。しかし、複雑多岐にわたるスターリン支配下ソ連社会の問題群が単純化され、穀物調達危機やそれに伴う投機の「罪」が、マイノリティ・ユダヤ人に還元され、押し付けられた。ここには、ヒトラー・ナチズムと同じ反ユダヤ主義のイデオロギー的回路があった。

ボリシェヴィキの民族・宗教政策も、ソ連のほかの民族的宗教的マイノリティに対すると同様、ユダヤ人に対しても両義的であった。ボリシェヴィキはさしあたり、諸民族の「民族自決」への前進を支持した。部分的には最初そのイニシアティヴをとった。しかし、「民族自決」の要求はまもなく危険な民族主義的反動の潜在的避難所と見なされた。ボリシェヴィキは、宗教から切断されたユダヤ人アイデンティティを創出しようとした。したがって一方では彼らはイディッシュ語の文学雑誌を支援し、国立ユダヤ劇場を創設した。しかし他方では、シナゴーグを閉鎖した。事実、一九一七年には大幅に隔離されていたユダヤ人共同体が、両大戦間期に決定的に世俗化プロセスに巻き込まれ、広範にソヴィエト社会に統合された。とくに若くて教育の行き届いたユダヤ人は二〇年以降、大都市に流れ込んだ。三九年初めには全ソ連ユダヤ人の約三分の一は、五つの大都市（キエフ、ハリコフ、オデッサ、レニングラード、モスクワ）で生活していた。もともとの定住地域の伝統的なシュテートゥル（集住地区）でも多くのユダヤ人が出自との文化的結びつきを解消した。当時、ロシアのユダヤ人のわずかに二六・四％しか、イディッシュ語を母語として挙げなかった（VEJ 7:17-18）。

だがスターリン取り巻きのボリシェヴィキ指導部は、民族的アイデンティティと社会主義的アイデンティティを同時に創出するという彼らの実験が、ユダヤ人の場合にも失敗したと見て取った。一九三七年、ソ連の独裁者とその追随者はいたるところに敵の存在を確信した。ボリシェヴィキはユダヤ人の施設を閉鎖し、ロシア語の施設に転換した。ほとんどのユダヤ教の学識者が逮捕された。第二次世界大戦が始まる前の何年か、ユダヤ人はポーランド人やドイツ人と並んでソ連の独裁者が特別の不信感をもって迫害するマイノリティとなった。その政策の反ユダヤ的諸特徴は、「粛清」が最高の政治レベルを捉えたとき、明白になった。とくに外交分野で、ついで内務人民委員部（ＮＫＶＤ）やその下部の秘密情報機関でも、この迫害がユダヤ人を不釣り合いに高い割合で犠牲にした（VEJ 7:18）。

【独ソ不可侵体制下のユダヤ人――一九三九-四一年ソ連併合地域】

第二次世界大戦前夜、ソ連には約三〇〇万のユダヤ人がいた。一九三九年五月以降、ソ連はノモンハン事件で関東軍に壊滅的打撃を与えた。八月二三日独ソ不可侵条約秘密協定後、対日勝利を確定し、九月一六日停戦。翌日「分け前」のポーランド共和国領土東部に進駐し、併合した。さらに、北ブコヴィナとベッサラビア（四〇年六月）、バルト諸国（四〇年八月）を併合した。これによりさらに一八六万人のユダヤ人が加わった。その上、三九年にドイツが占領したポーランド西部からのユダヤ人難民が二〇万人以上いた。総計約五〇〇万人（VEJ 7:18）。

第三帝国のポーランド侵攻後の反ユダヤ主義迫害の最初の波を生き延びた難民は、赤軍到来によってさしあたりはほっとした。同じことは、ポーランド共和国で社会的に差別されていた東部ポーランドのユダヤ人の一部、とくに一九三五年からの政府の反ユダヤ主義政策で苦しんでいたユダヤ人についても当てはまった。彼らに支配的だったのは、ドイツ人に対する不安であった。ユダヤ人は「ドイツの悪夢からの救済」でほっとした。

しかしながら、逆に、ソ連に併合された地域のポーランド人、ウクライナ人、バルト人、ルーマニア人には、新しい体制がすぐに「ユダヤ的」だとみなされた。たとえば、ユダヤ人は東ガリツィアでソ連の行政人員の約一三%しか占めておらず、人口比ではごくわずかしか不均衡でなかった。しかし、この地域がポーランドに属していた時には、一人のユダヤ人官吏もいなかった。この差がソ連を「ユダヤ的」とみなす感情やレッテル張りの具体的契機とされた。

ボリシェヴィキの見地からするとユダヤ人は地域の自治を構築するためにはさしあたり理想的な候補者であった。一方では平均以上に教育を受けていたからであり、他方では、とくにウクライナ人やポーランド人と違って、自分たち独自の国家に関してはほとんど野心がなかったからである。しかし、彼らの政治的上昇可能性はもちろん狭い限界のなかにあった。東ポーランドでは、ソ連が地域のユダヤ人やポーランド人のマイノリティに属する市長や警察隊長をすぐに「東方出身の」ウクライナ人や白ロシア人に入れ替えた（VEJ 7:19）。

その上、ほとんどのユダヤ人は新しい主人の厳しい手をすぐに感じた。工業と行政では新しいキャリアの可能性が出てきた。しかし、新体制の経済的抑圧はユダヤ人にとくに激しかった。ユダヤ人住民の大部分は零細自営業者だった。ほとんどは手工業者や小商人であった。彼らは一般的には、新しく導入された税金や所有権の制限を埋め合わせうるような予備資金はなかった。多くのユダヤ人はドイツが占領したポーランド地域に逃げだした。「ロシア人によって餓死させられるよりは、ドイツ人に搾取される方がいい」。これは、一九四〇年初めに二人のユダヤ人難民がリトアニアのカウナスのアメリカ大使館で吐露したことだった（VEJ 7:19）。

さらに新しい権力者は併合地域のそれまでの社会的政治的生活を完全に転換させた。一歩一歩ほとんどすべてのユダヤ人の組織や施設を解体した。NKVD逮捕者リストには、ポーランド人、ウクライナ人、バルト人と並んでユダヤ人の宗教と世俗の諸政党の活動家が載っていた。ボリシェヴィキは一九四〇年初めから四一年六月までに最終的に三〇万人以上を、併合したポーランド、バルト、ルーマニアの諸地域からソ連東方・北方に追放した。そのなかには数多くのユダヤ人も含まれていた。数千人の「社会的に敵対的な諸分子」（すなわちとくに自営業者や反対派）のほかに、ソ連国籍を取得しようとしなかった約七万六〇〇〇のユダヤ人難民がいた。ボリシェヴィキは、国籍非取得を非忠誠行為とみなした（VEJ 7:20）。

【歴史の皮肉】

ところが、ここに歴史の皮肉があった。こうしたソ連の暴力措置が結果的には多くの難民の命を救ったのだ。確かに数多くの追放者が輸送途中で、あるいは「特別入植地」で寒さや飢餓、疾病で死んだ。しかし、ソ連併合地から独ソ境界のブーク川を越えて西のドイツ支配地域に帰還したポーランド・ユダヤ人のうちで、生き延びたものはほとんどいなかった。モスクワの指導部はポーランドのドイツ占領地域におけるユダヤ人迫害について知っていた。秘密警察の一二ページの報告書は、すでに一九三九年末にドイツ当局の反ユダヤ措置の数々（ユダヤの腕章義務付け、追放、射殺など）の情報を記録していた。だが、政治局はこうした情報に鍵をかけていた。三九年八月モロトフが独ソ不可侵条約に署名して以降、ソ連検閲当局はナチ体制に対する批判的報告を、したがって反ユダヤ的政策についての報告も抑圧した（VEJ 7:20）。

もちろんそれを完全に秘密にはできなかった。多数の西部ポーランドからの難民が、ドイツの迫害について報じていた。しかし、その情報はごく小さな範囲にしか広まらなかった。ブーク川東方のユダヤ人にはポーランドにおけるドイツの迫害政策を見抜くことが拒まれたままだった。そうでないものも、噂として広まった犯罪をドイツ人が実際に行っているとは想像もできなかった。あるいは、それを孤立した逸脱と見なした。さらに多くのものには、第一次世界大戦期のドイツ人が比較的「よく組織された規律のある国民」として記憶に残っていた。反ユダヤ主義の犯罪の情報を信じたものでさえ、ドイツの政策が民族殺戮を目指すなど可能とは思えなかった（VEJ 7:20-21）。

だがソ連のユダヤ人の多くが、ドイツの危険に脅かされていることを予感していた。そのことは、少なくともドイツのソ連への奇襲開始後、ソ連前線の後背地に流れ込んだ一〇〇〇万以上の難民や疎開者に占めるユダヤ人の不釣り合いに高い割合が示していた。一九四一年一二月一日までにその割合は難民の少なくとも二六％に上っていた。ただし、ソ連の難民のうち民族として確認されたのは二四〇万人に過ぎなかった（ユダヤ人はソ連では民族として認知され、その身分証明書に記載されていた）。個々の地域ではもっと正確な数値があった。そして、その数値はもっと高い割合を示していた。たとえば、北コーカサスのクラスノダール地域では四一年一〇月一日、総数二一万八〇〇〇人の難民のうち七三％がユダヤ人であった。難民に占めるユダヤ人の高い割合は、ソ連指導部が明らかに危険に脅かされている人間集団を安全なところに特別に匿おうと努力したことを意味しない。ドイツの奇襲攻撃の最初のショックの後、かなり秩序だった疎開が始まった時でさえ、多くのユダヤ人は取り残された。鉄道車両の過半数は前線に近い地域ではなく、モスクワやレニングラードに投入され、そこの住民を国の東部地域へ運ぶために使われた。さらに、最初は軍需経営の熟練労働者や党と国家の役人が家族とともに疎開されるべきものとされた。しかし、ソ連西部地域では、ごくわずかのユダヤ人が、金属工業で働き、党・政府の役職を占めたに過ぎなかった。その他のユダヤ人は、戦争経済に不要と見なされた（VEJ 7:21）。

したがってほとんどのユダヤ人は自分の力で逃げなければならなかった。多くのものにはその力も、資金も食料もなかった。ある難民から別の難民が家財道具を盗んで逃亡するといった事態も生じた(VEJ 7/10)。その上、戦争最初の局面でNKVDの国境部隊は、併合地住民に旧ソ連地域への道を閉ざした。西部地域からの潜在的サボタージュ者に対して「地元住民を守るため」であった。ソ連が西部で併合した地域に住む約一七〇万のユダヤ人のうち、ドイツ人からの逃亡に成功したのはせいぜい一〇万人であった。残ったもののうちごくわずかのみが、戦争を生き延びた。他方、旧ソ連地域のユダヤ人はより早く危機を脱することができた。国防軍が一九四一年一〇月中頃に攻撃を広範囲で停止するまでに、ドイツ占領地域から、総数で約九〇万人が逃げ出した。それはその地域にもともと住んでいたユダヤ住民のおよそ五五%であった。さらに東の地域では、ユダヤ人のもっと多くの割合が逃げることに成功した。ただ、そこに住んでいたユダヤ人の数ははるかに少なかった。難民の一部は国防軍が四二年夏、南ロシア、コーカサスに進撃する際に、再び捕捉されてしまった。ドイツ占領地域で四二年末までにソ連、バルト諸国、ルーマニア、ポーランドのユダヤ人約二五〇〜二六〇万人がドイツとその同盟者の暴力の被害者となった(VEJ 7:21-22)。

4. ソ連征服戦争の準備とユダヤ人の位置づけ

【戦争の目標と経過概略】

ソ連に対する戦争は『わが闘争』が示すように、一九二〇年代以来ヒトラーの中心的政治目標であった（永岑 1982）。彼は単に共産主義体制を破壊してこの国を収奪するだけではなく、ドイツ人の「生存圏」を獲得しようとした。彼が四〇年夏に対ソ攻撃を最初に具体的に熟慮したとき、その動機はさしあたり目下の戦況によるものであった。電撃戦で西部ヨーロッパを占領下に置いたとはいえ、対英戦争ではまだ何の勝利の見通しもなかった。そこで、ヒトラーは赤軍がスターリン粛清で弱体化しているとみてソ連を奇襲攻撃で排除してしまおうと考えた。さらに彼はUSAが戦争に介入しうるよりも前に敵を片付けてしまうことを欲した。しかし、ポーランド以上にソ連の国家と指導層の主体的力量とその抵抗が強力なことははっきりしていた。このソ連に対する進撃こそは、ソ連住民に対する犯罪の過酷さと対応していた。ヒトラーは総統官邸で四一年三月三〇日、ソ連攻撃軍の司令官たちに攻撃ガイドラインを伝達した。参謀総長ハルダーの記録によれば、「戦いは西方における戦いとは非常に違う」と。目標は、「ユダヤ-ボルシェヴィズム」の破壊、植民地獲得、そしてスラヴ民族の征服であった。征服した領域は、ドイツに原料と食料の無尽蔵の貯蔵庫を獲得させるべきものとされた（VEJ 7:22）。

西部ヨーロッパにおける電撃戦勝利に幻惑された数多くの官僚や軍人の性急な支持を受けて、ヒトラーと心服者たちは対ソ奇襲攻撃の数か月前から戦争で引き起こされる無法な諸事件を抑制し民間人を保護するためのすべての規則を体系的に無視した。一九四一年五月二日の次官会議は、「戦争は、第三年度に全国防軍がロシアの食料で養われる場合にのみ、継続できる」とした。そのためには北部ロシアやソ連の諸大都市をウクライナ穀倉地帯から切り離す必要があった。もしそれが実現すれば、「疑いもなく何千万人か餓死するであろう」と見た（IMG, XXXI/PS-2718）。同様に、食料農業省次官ヘルベルト・バッケは、占領地のドイツ人農業指導者に奇襲攻撃直前、「一二か条の命令」を与えた。そのなかで「ロシア人」について、「胃は伸縮性があり、したがって誤った同情をしてはならない」と。この戦争でソ連側は総数で二〇〇〇万人が命を失ったとされてきたが、民間人の犠牲者数について論争がある。最近では多くの算定が総犠牲者数二七〇〇万としている（VEJ 7:23）。

確かにソ連軍はドイツの攻撃でいたるところで不意を突かれた。しかし、国防軍の「電撃戦」はすでに最初の局面で挫折した。ヒトラーや彼の将軍たちは赤軍の崩壊を確信していた。しかし、それは起きなかった。ドイツ戦車軍団はソ連の前線を多くの場所で切り裂き、いくつかの包囲戦でそれぞれ何十万の捕虜を手に入れた。だが、ソ連の抵抗はドイツ指導部が期待したよりも頑強であった。ヒトラーは一九四一年七月、赤軍はほとんど敗北したのも同然と思った。しかし実際には、国防軍は早くもこの時期、四二〜四三年のスターリングラード攻防戦で初めて上回ることになるほどの損害を被っていた。東部戦線の六か月間に約三〇万人の国防軍兵士が死亡し、六〇万人以上が負傷で抜け落ちた（VEJ 7:23）。

したがって、一九四一年九月一九日のキエフ占領で、包囲戦の戦争の最初の局面が終わったとき、ドイツ軍はもはや人的予備がなくなっていた。その上、弾薬、燃料、糧食も不足した。にもかかわらず、一〇月二日、モスクワ攻撃を前にしたヒトラーの東部前線兵士への檄は、クレムリンの権力者の意図がドイツだけでなく全ヨーロッパを絶滅しようとしているとし、「今年最後の大きな決戦」で、単に勝利だけでなく平和のための最も重要な前提条件を勝ち取れと命じた。彼は冬の到来前のソ連首都征服に固執した（VEJ 7/91）。しかし、ソ連軍指導部はこの間にモスクワ前面の防衛陣地を強化し部隊増強に成功していた。それどころか一二月五日には赤軍は、ノモンハン勝利・停戦の成果として、日本軍の南部仏印進駐・米英との軍事対決への突入をみて、シベリアから引き抜くことが可能になった三〇個師団の精鋭部隊をモスクワ戦線に投入した。赤軍は反撃に転じ、ドイツ前線を打ち破ることができた。ただ、さらなる進撃のためにはこの時点では赤軍には必要な予備が欠如していた（VEJ 7:24）。

一九四一年の年の瀬から四二年初め、ぬかるみと雪が戦争を決定したのではなく、むしろ諸資源を動員する敵国ソ連の能力が戦局を左右することが示された。この点でソ連は有利であった。モスクワ指導部はソ連工業の一部を国土の東部に疎開させていた。そこにはすでに新しい工業中心地が存在した。さらに、赤軍は四二年から戦時物資をUSAから獲得した。にもかかわらず、ヒトラーと国防軍指導部はドイツが原料基盤を獲得すれば戦争に勝てるとの幻想にとらわれたままであった。ドイツの四二年夏の攻撃はコーカサスの油田地帯の征服を目指した。スターリンはモスクワに対する攻撃継続を予期していた。この想定の違いから、ヒトラーの「ブルー作戦」ではさしあたり攻撃側が成功した。国防軍はドン川を越えて南に進撃した。しかしながら、カスピ海油田地帯は射程外にとどまった。しかも、グローズヌイとマイコープ周辺の運搬設備をソ連は撤退前に破壊していた。攻撃の第二の目標、スターリングラード占領によるヴォルガのブロックも、同様に失敗に終わった。赤軍がこの都市を死守した。その逆に、ドイツ第六軍と同盟軍は総数三〇万の兵士とともにスターリングラードに包囲された。国防軍は四二年から四三年にかけての冬、壊滅的敗北を喫した。七二日間の攻囲で少なくとも一六万四〇〇〇人のドイツ人と同盟国人が戦死し、約四万人の負傷者が脱出した。一〇万八〇〇〇人の兵士が捕虜となった。うち帰還したのは最終的に六〇〇〇人であった。ただし、約五〇〇万人の死者を伴うソ連の軍事的損害は、明らかにドイツよりも過酷だった（VEJ 7:24）。

第六軍に対する勝利と一九四三年七月クルスクでの国防軍攻勢を挫折させた後、東部戦線での軍事的イニシアティヴは、広範に赤軍に移った。赤軍は四三年八月いくつかの前線地区で反撃を開始し、ドイツ軍部隊を一〇〇キロ後退させた。ソ連パルチザンは、この時点ですでにドイツ陸軍後方地域と民政統治下の東部地域の広い範囲を支配していた。いくつかの場所ではドイツ支配区域が比較的大きな町とその周辺に制限された。そのことがさらに国防軍の補給を困難にし、兵力を縛った。四四年夏のソ連の攻勢の強襲のもとで、ついに中央軍集団が白ロシアで崩壊した。赤軍はその間に南ではドナウまで突き進んだ。これにより、ドイツと同盟国は、三九年の独ソの暫定的国境線の後ろまで追い立てられた。ただ北部ラトヴィア、北部軍集団の三〇個師団が「クールラント軍」として終戦まで持ちこたえた。北部軍集団は二年以上をかけてレニングラードを兵糧攻めにした。しかし、四四年初めにはバルト諸国に撤退しなければならなかった（VEJ 7:24）。

【ソ連征服の諸準備と大量殺害への諸契機】

この過程の最も重要な人物は、ヒトラーのほかに、ゲーリングとヒムラー、そしてバルト・ドイツ人のアルフレート・ローゼンベルクであった。ゲーリングは四カ年計画全権として経済・食料関係の省に彼の権限を拡大した（IMG, XXVII/PS-1157）。一九四〇年夏からこれらの官庁の次官（とくにパウル・ケルナーとバッケ）は独自に設立された東部防衛経済参謀部で征服すべきソ連地域の搾取を計画した。それに対応した指針は、いわゆる「緑ファイル」にまとめられ、四一年六月一六日に発効した(IMG, I:317)。六月二〇日、ローゼンベルクは東方問題専門家会議で長時間の演説をした。南ロシアと北部コーカサスの産物をドイツ民族の食料供給のために使用すること、「この余剰地域でロシア民族を養う義務はなく、いかなる感情も超越した厳しい必然性」が必要だと強調した(IMG, XXVI/PS-1058)。この企ては、ソ連の諸大都市と北部諸地域を兵糧攻めするものであった。しかし、間接的にはユダヤ人に対しても向けられていた。ベルリンではダーレムの人口研究者の諸研究によってソ連のほとんどのユダヤ人が都市で生活していることが正確に知られていた。したがって、ユダヤ人が餓死することを予定していたのだ(VEJ 7:25)。

ヒムラーはポーランド征圧後、植民問題での指令権限を獲得し、ドイツ民族性強化全権として、すでに見たように併合地域のドイツ化・ゲルマン化とポーランド人やユダヤ人の追放などの諸措置を推進していた。対ソ戦争は、彼にはるかに大規模な構想を抱かせた。四一年六月末、ヒムラーはライヒ(帝国)保安本部の専門家で農業科学者コンラート・マイヤーに、すでに四〇年に練り上げられていた「東方移民」諸計画を具体化して、ウラルまで達する「植民架橋」案を起草するよう委託した。この新しい東部総合計画(ゲネラールプラン・オスト)は、三一〇〇万のスラヴ人のシベリアへの「移住」を予定した。その上、五〇〇万から六〇〇万のユダヤ人の「退去」が計算に入れられていた。その数は、ポーランドとソ連の当時のユダヤ人の人口にほぼ照応していた(VEJ 7:25)。

【戦争法規無視とコミッサール命令】

ヒトラーは、先述の四一年三月三〇日の二時間半の長時間の軍最高幹部たちに対するスピーチで、ロシアに対するわれわれの課題は、ソ連の「軍の壊滅」であり、「国家の解体」であるとした。その闘いは、「ボリシェヴィキのコミッサールと共産主義のインテリ階級の絶滅」であった。さらには、新しいインテリ階級が形成されるのを阻止することであった。軍隊は何が重要かを知らなければならず、コミッサールとGPU（国家政治保安部）連中は犯罪者であった。そのようなものとして処理しなければならなかった。こうした文脈で、闘いは西方における戦いとは「非常に違ったものとなる」のだった。東方では、「非情さこそが将来のために優しい」ことなのだ（Domarus 1973:1681-1682）。

ヒトラーは将軍たちにロシア人に対する野蛮な行動を正当化する論拠として、ロシアがハーグ陸戦協定に「参加していない」ことを挙げた。ドマルスによれば、それは明らかな嘘であった。ロシアはハーグ陸戦協定等に拘束されることを認めたジュネーブ協定の諸規定を持っていた。しかし、ヒトラーと将軍たちはそれを無視し、ソ連兵士を捕虜にする際、あるいは捕虜にした後、大量虐殺することを妨げなかった。軍の大学にはジュネーブ協定や捕虜取り扱いに関する教科がなかった。将軍たちは根本的な国際法問題について教育を受けていなかった（Domarus 1973:1683）。

ドイツ指導部はこうして対ソ戦のために戦争法規が兵士に課していたすべての制限を撤廃した。国防軍の裁判は、第一に部隊規律の維持に資すべきものであった。東部作戦地域の広大さ、規律維持に当てられる人員の少なさなどから、裁判はこの主要任務に限定すべきだとされた。「敵の民間人の犯罪行為」の取り扱いにおいては、戦時裁判と即決軍法会議の「対象外」とした。敵義勇兵は部隊により戦闘中ないし逃亡中、「仮借なく片付け」、国防軍の軍人軍属に対する民間人のその他の犯罪は、部隊によりその場で最も厳しい手段で攻撃者の殲滅に至るまで鎮圧するものとした。

一九四一年五月、国防軍最高司令部長官（OKW）ヴィルヘルム・カイテルは「ボリシエヴィキの扇動者と義勇兵、サボタージュ者、ユダヤ人に対する仮借ないエネルギッシュな断固たる措置」を兵士に求めた。その指針の冒頭で、「ボルシエヴィズムは国民社会主義ドイツ民族の不倶戴天の敵だ。この破壊的世界観とその担い手に対しドイツの闘いが向けられているのだ」とした。これが、「世界観戦争」の意味であった。赤軍の「陰険な戦い方が予測され」、そのすべての構成員――捕虜も――に対して、「最大限の冷厳な態度と最も鋭い注意深さ」が求められた。部隊を捕虜にした場合には、その指導者を直ちに部隊から隔離しなければならないとした。ドイツ兵士はソ連では「統一的住民」に対峙しているのではなかった。ソ連は多数のスラヴ、コーカサス、アジアの諸民族を含んでおり、「ボリシエヴィキの権力者の暴力でまとめられている」に過ぎなかった。しかも、ソ連ではユダヤの宗教・民族が「強く代表されている」。ロシアの住民の大多数、とくに、ボリシエヴィキ体制によって貧窮化した農村住民は、ボルシエヴィズムに対し内心では拒絶の態度なのだ。非ボルシエヴィズムのロシア人のなかでは、民族意識が深い宗教的感情と結びついている。ボルシェヴィズムからの解放についての喜びと感謝は、しばしば教会との結びつきなどに表現されている。礼拝や聖体行列などは妨げられ、脅かされてはならないとした（VEJ 7/3）。ソ連占領地における民衆統合＝指導者なき民衆創出の基本方針がここにも貫徹していた。これを受けて、六月初めには、赤軍の軍事コミッサールと政治委員を直接前線で射殺する命令、いわゆるコミッサール命令が出された。この命令は実際の適用においては、赤軍の「ユダヤ人将校」、さらには赤軍のすべてのユダヤ人への攻撃に活用された（VEJ 7:27）。

5．奇襲攻撃・軍後方地域拡大・激戦化と焦眉の治安確立課題

【軍後方地域におけるアインザッツグルッペ】

カイテルの先述の命令（IMG, XX:686）が示すように、ドイツ国防軍には広大な占領地の治安平定に割きうる人員が少なかったがゆえに、苛烈極まるやり方が必然化した。さらに、戦闘による現地の破壊状態との相関で武力行使が過激化した。国防軍と密接に協力しつつ行動したのがアインザッツグルッペであった（第5章付図参照）。この特別治安部隊は正規軍同士の激戦により地域の政治秩序・経済秩序などが破壊されたあとに進駐した。軍後方地域の治安を迅速に確立する使命を持った武力組織であり、各地で「処刑を担当」した。

ヒムラーとハイドリヒはこのような部隊をすでにチェコスロヴァキアの段階的占領やポーランド攻撃の際に編成していた。この部隊が今度も国防軍に付き従って進駐した。そして占領地域でOKW指針が規定しているように、二つの対抗的体制の最終的闘いから生じる「総統の特別使命」を遂行した。ハイドリヒはアインザッツグルッペが完全にフリーハンドを持つことを重視した。それゆえ、彼は一九四一年三月末、アインザッツグルッペが軍事地域で「自己の責任で民間住民に対する執行措置を遂行してもいい」という合意を取り付けていた（VEJ 7:27）。

A、B、C、Dの四つのアインザッツグルッペは、治安警察と保安部から隊員をリクルートした。そして、武装親衛隊と秩序警察（制服警察、緑色警察）によって補強された（VEJ 7/15）。アインザッツグルッペは、アインザッツ・コマンド（EK）と特別コマンド（SK）に分けられ、それらはそれぞれ約七〇ないし一二〇名からなっていた。さらに四一年夏からは二〇ないし三〇名の小部隊に分けられた。アインザッツコマンドは陸軍後方地域で作戦行動をとり、特別コマンドは前線直後に投入された。

アインザッツグルッペの隊長たちは第三帝国のエリートに属していた。アインザッツグルッペAを率いたシュターレッカー博士は、すでに一九三八・三九年にチェコスロヴァキア進駐の際にアインザッツグルッペを指揮し、三九・四〇年にはプラハ、次いでノルウェーで治安警察司令官であった。Bの隊長は刑事警察長官ネーベ、Cの隊長はプラハの元保安部長ラッシュ、Dは国内保安部長オーレンドルフであった。アインザッツコマンドと特別コマンドの隊長たちも平均以上に高学歴であった。Aのなかには一七人のコマンド隊長のうち一一人が法学部出身で、そのうち九人が博士号保持者であった。東部占領地域への出動は、彼らにとって自分のキャリアを引き上げるための歓迎すべきチャンスであった（NMT, IV; VEJ 7:28; 大野 2001）。

アインザッツグルッペは、総数三〇〇〇人弱であった。ヒムラーはそれではあまりにも少なすぎるとみた。そこで、すでに一九三九年に編成していた警察大隊を活用することにした（ブラウニング 1997）。それは数百人規模の部隊で、一部は現役警察官、一部は予備警察官から編成された。そのなかの相当数が第一次世界大戦で出動した者たちであった。四一年六月、総勢約四五〇〇人の九つの警察大隊が編成された。さらにヒムラーは、武装親衛隊のいくつかの部隊も動員した。四一年七月末、ヒムラーはドイツ軍後背地において何千人かの地元警察官を投入することも決めた。これらさまざまな部隊の中央指導部は三人の高級親衛隊・警察指導者の任務となった。彼らは最初、陸軍後方地域司令官の、後に民政当局それぞれの帝国委員《ライヒスコミッサール》の下に置かれた（VEJ 7:28-29）。

【開戦直前の作戦確認】

奇襲攻撃前の週、ハイドリヒと秩序警察長クルト・ダリューゲは何度も会ってアインザッツグルッペの任務を確認した。一九四一年七月二日の高級親衛隊・警察指導者宛書簡でハイドリヒは、殺害すべき集団をリストアップした。すなわち、対象は、ソ連の党と国家の指導的役員、中間的役員と同様にすべての「ラディカルな諸分子（サボタージュ犯人、宣伝家、ゲリラ兵、暗殺者、扇動者等）」、さらには「党と国家の地位にあるユダヤ人」であった。処刑対象から、「今後の治安警察的諸措置あるいは占領地の経済的再建のためにとくに重要な情報を政治的経済的観点で提供できる」人物を除外するように命じた。考慮を払うべきは、経済・労働組合・商業の委員が「残りくまなく処刑されてはならない」ということだった。もしそんなことをすれば、情報を提供する適切な人員がもはや存在しなくなってしまうからだった（VEJ 7/15）。対象が限定されたようにも見えるが、「ラディカルな諸分子」の範囲を事態の推移に合わせて拡大し殺戮していくことは可能であった。むしろそれが必然となって、ユダヤ人殺戮拡大において現実化した（VEJ 7:29）。

全出動の「当面の目標は政治的な、すなわち第一に新しく占領した地域の治安警察的平定」であった。そして、「最終目標は経済的平定」であった。執行すべき全措置は、最終的には最終目標――そこに重点が置かれるべきだが――に合わせなければならなかった。しかし、この国で何十年にわたって続いてきた「ボリシェヴィキの造形」に鑑みれば、最も包括的な領域で仮借なき過酷さでもって遂行されなければならなかった。しかも、その場合においても、個々の民族（とくにバルト人、ルテニア人、ウクライナ人、グルジア人、アルメニア人、アゼルバイジャン人など）の間の違いを根底において可能な限り目標設定で活用しなければならないのであった（VEJ 7/15）。

こうした発想、すなわち諸民族を階層的に区別・分断し、それら全体を上から支配する権力構造の構想は、すでに何度か言及したが、まさにヒムラー秘密覚書（一九四〇年春）に示された発想そのままであった。諸民族の階層構造のなかで最底辺に置かれたのがユダヤ人・ユダヤ民族であった。

こうした目標が必要とする限り、すなわち目標実現を阻害する新占領地における抵抗や不穏状態が発生する限り、統合対象外の諸分子を徹底的に鎮圧することになった。その論理に応じて諸民族の最底辺に位置づけられパーリアとされたユダヤ人大衆への殺戮拡大が必然化した。「政治的平定は経済的平定の最初の前提」であった以上、ソ連征服による東方大帝国建設とそこにおける経済的平定を最終目的として追求するには、なんとしてでも「政治的平定」を実現する必要があった（VEJ 7/15）。

逆に、少しでも占領に協力する分子は最大限に活用する。占領地の「反共産主義的反ユダヤ主義的グループの自浄的試み」は決して妨げられてはならなかった。逆に、そうした試みを「痕跡なく」促進しなければならなかった。それは、後にその地の「自衛グループ」をドイツ側からの諸要求に応じさせ、政治的統合に活用するためであった。四一年六月二九日のハイドリヒのアインザッツグルッペに対する要求は、占領地域でユダヤ人に対する現地住民のポグロムを引き起こさせるようにせよというものであった。医者やその他の医療関係者も注意深く扱えと命じた。農村では住民約一万人に医者一人なので、発生する可能性のある伝染病の際に多くの医者を射殺してしまっていたら、「埋めることのできない空白」が発生してしまうからであった。伝染病は、占領者ドイツ人にも襲い掛かるものだった。大衆に影響力のある正教会の努力に対しても、何も企ててはならなかった。その逆に、正教会をできるだけ奨励すべきだとした。その建前は、「教会と国家の分離」であった。宗教の小宗派の形成にも何も異議を唱えるべきではなかった（VEJ 7/11）。

【ユダヤ人殺害拡大——兵役能力のある男子から婦女子へ】

こうした基本方針のもと、奇襲攻撃開始から六週間、アインザッツコマンドは地域民兵にポグロムを密かにけしかけた。そして兵役能力のある男子ユダヤ人を捕まえ射殺していった。四一年八月からユダヤ人の婦女子に殺害を拡大した。ついには大量射殺で全ユダヤ人共同体を葬り去った。これによってユダヤ民族集団の殺戮への敷居が乗り越えられた。これと並行して、似たような口実で、ドイツ民政統治下の占領官吏たちもユダヤ人を無差別に、また大量に殺害しはじめた。ただ、民政統治下ではなお数か月は大量殺害が時折ストップされた。ユダヤ人の一部を労働力として使うためであった（VEJ 7:29）。

ほとんどが侵攻数週間のうちに引き起こされた反ユダヤ・ポグロムは、以前の東ポーランドとルーマニアの地域、ならびにリトアニアとラトヴィアにおいてであった。そこで重要な役割を演じたのは、当該地域の民族主義的で反共産主義的な組織であった。それらはドイツに亡命していたか地下で出動を準備していた。最も影響力のあったのはリトアニアの行動主義戦線、リトアニア鉄狼団およびウクライナ民族主義団（ＯＵＮ）であった（VEJ 7:30）。

とくに急進的だったのはウクライナ民族主義者シュテファン・バンデラの信奉者であった。彼らはＯＵＮ内部に分派を作っていた。独ソ戦開始直後、その指導部はユダヤ人をそのほかの住民から隔離することを要求した。また、民族市民軍（フォルクスミリーツ）を創出し、国家所有の保護、泥棒略奪者からの営業の保護、そして「ドイツ軍部隊の支援」などを呼びかけた。食料の闇商売の阻止、その無視の場合の思い切った処罰の要求を掲げた後、ユダヤ人の把捉と「アーリア住民からの隔離」、肉体労働への動員を主張した（VEJ 7/12）。それが、レンベルクやタルノポルなどでの殺害犠牲者何千人ものポグロムに帰結した。旧ポーランドのヴォリューニエンでは少なくとも二〇か所でそのようなポグロムが発生した。リトアニアでも、民族主義民兵が反ユダヤ主義の民衆に支援されて最初の数週間に多数のユダヤ人を犠牲にした。多くの研究者がこのような暴力沙汰をソ連の秘密警察の犯罪に対する反動だったと解釈している。ソ連秘密警察は赤軍撤退直前に急いで政治犯を射殺した、と。しかし、ハイドリヒの命令文書が示すように、ドイツ側が開戦前から周到に準備していたことははっきりしていた（VEJ 7:31）。

数々の反ユダヤ主義の檄を飛ばし、ソヴィエトの住民にユダヤ人殺戮を促すビラを撒いていた。「ロシア農民よ！　ロシア労働者よ！　誰が年がら年中諸君をとりわけ苦しめてきたのか？　誰が、諸君がまだ持っていた最後のものを諸君から奪いとったのか？　それはユダヤ人だ！　ユダヤ人が過去何年かのロシアの不幸のすべてをもたらしたのだ。ユダヤ人はそれを全世界でやろうとしている。しかし、アドルフ・ヒトラー、大ドイツの偉大な指導者がただ一人このユダヤ人の意図を見抜き、ユダヤ人をドイツから追放した。ドイツには一人のユダヤ人もいない。だからドイツでは大衆への詐欺も大衆の搾取も存在しない。ユダヤ人政治指導者が今や諸君をドイツに対して扇動しているのだ。……ドイツ兵士がこの国を征服すれば、ドイツ兵士はユダヤ人が搾取し続けることを許さない。ユダヤ人が諸君にいうことを信用するな。……ユダヤ人打倒！ ユダヤ人をロシアから追放せよ。……ユダヤ人ポグロムに立ち上がれ！」などと（VEJ 7/17）。ロシア人をドイツ支配下に統合する武器としての反ユダヤ宣伝であることが明確である。

【ユダヤ人無差別殺戮への諸契機】

ハイドリヒがアインザッツグルッペ司令官に与えた先述の一九四一年六月半ばの口頭命令の執行は、六月二七日と七月二日の文書命令を越えていった。アインザッツグルッペAの隊長シュターレッカーは、「根本的な、文書では詳しく述べられない上からの命令」を掲げて、八月初めに「東方地域で与えられたユダヤ人問題清算の新しい可能性」を仮借なく利用しつくすことを要求した。彼によれば、ポーランド総督府ではユダヤ人をそれまでの住宅と仕事場にそのままにしておいても深刻な政治危機の源泉が発生することはなかった。それに対して、オストラント（バルト三国と白ロシア）では定住していたユダヤ人や赤色権力者によって連れてこられたユダヤ人が、「ボリシェヴィキ理念の決定的な担い手」であった。ユダヤ人は「際立った共産主義活動家」であった。これまでの経験から、東方地域の軍事占領が終わった後もかなり長い間「騒乱の震源地」が生まれることが「確実に結論できる」。その扇動やサボタージュ、テロの責任は、これまでの粛清で捕まらなかった共産主義者だけではない。むしろ、まさにユダヤ人こそが、騒乱を引き起こすあらゆる可能性を利用しつくしているのだ。それゆえ、無条件に必要な東方地域の「迅速な解放」が、可及的速やかに、再建作業妨害の発生のすべての可能性を排除することを求めている、と（VEJ 7/181）。占領者・差別抑圧者に対する抵抗・反撃を逆に殺戮拡大の論理とし、ユダヤ人をその文脈に位置づける道筋がここにはっきり出ている。

【アインザッツグルッペAの報告：活動全体の「すぐれた」総括】

レニングラードを目指す北部軍集団の後についてロシア北部とバルト諸国地域に進駐したアインザッツグルッペAは、一九四一年一〇月三一日までの全活動報告書を本文一四三ページ、付属資料一八点にまとめて提出した（IMG, XXXVII/L-180）。活動・実績と報告の両面で詳細かつ「すぐれていた」文書は、国防軍と親衛隊・警察の密接な協力関係を証拠づけている。したがって、重要文書として、ニュルンベルク裁判（主要戦犯）記録索引（IMG, XXIII:488）によれば二六か所で引用されている。

そこで、以下ではこの文書を詳しく見ておこう。

軍との事前協定事項は綿密で、軍との連携は「初めから、全般的に良好」であった。また、「非常に密接で、心のこもった」ものであった。分業関係は軍事的展開に影響された。進撃のあまりの速度に軍の後方地域の諸設備が遅れを取った。そこで当初協定では想定していなかった治安政策的仕事も処理する必要に迫られた。他方で共産主義者の破壊活動とパルチザンの闘いが地域によっては戦闘地域に「最も強く」影響を及ぼした。また、治安警察的諸課題の遂行のために、比較的大きな諸都市に軍と一緒に進出しなければならなかった。それどころか、リバウ、リガ、レヴァル、それにペテルスブルク近郊諸都市の場合は、最初の軍部隊と一緒に進駐した。とくにここでは共産党役員や共産主義者の資料を把捉しなければならなかった。バルト諸国では軍隊の数的不足を補うため、進駐直後から「信頼できる」——反ソ・反共産主義の——地域住民からなる義勇兵部隊を組織した。その成果として、たとえばリガでは一人のドイツ兵士も被害を受けなかった。ただ、ラトヴィア人部隊の場合、敗走ロシア人との戦いで死者や負傷者が出た。

同じように進駐後ただちに「かなりの困難のもとで」はあったが、地元の反ユダヤ主義勢力を促してユダヤ人に対するポグロムを起こさせた。戦闘終了後、住民が全般的に平穏を取り戻すと、「ポグロムの継続は耐え難いものとなった」。そこで、「命令に従い」、治安警察はあらゆる手段で断固として「ユダヤ人問題を解決する」ことを決定した。しかし、ドイツ人のなかにも大騒ぎを引き起こすに違いないような「異常な過酷な諸措置は直ちには望ましくない」との態度があった。外に対して示さなければならないのは、地元住民自身が「長年のユダヤ人による抑圧に対する自然な反応」として、また独ソ不可侵条約の秘密勢力圏に基づくソ連進駐下の「ボリシェヴィキの強制支配」で「最もひどいこと」を体験したことからくる「共産主義者のテロに対する自然な反応」として、最初の措置を自分から執ったということであった。

前線の急速な移動、軍後方地域から民政地域への統治形態の変化は「あまりも頻繁で、急速」だった。治安警察ではそうした変化のマイナス面を抑制するため、同じ指揮官が同じ場所にとどまるようにしなければならなかった。治安警察は、事実と人間に関する知識を有する一定の恒常性を持った組織としてほかの統治機関よりも「基本的優位性」を持つと自認していた。その見地から、政治的経済的文化的問題も「操作しようと試みた」。

【治安平定の主要課題と共産主義者・ユダヤ人の処刑】

全出動地域における治安警察の仕事で前面にあったのは、共産主義者やユダヤ人との戦いであった。ソ連軍とともにソ連官吏と共産党のソ連役員は逃亡した。だが、バルト諸国の住民のなかには、赤軍撤退後も残っている共産主義分子は「除去されなければならない」との認識があった。この住民部分の基本的態度が治安警察の粛清作業を「根本的に容易にした」。この粛清には、リトアニアでは反ソ・パルチザン、ラトヴィアとエストニアでは自営団が協力した。

特別コマンドは共産党とその付属諸組織の最も重要な建物、共産主義出版物の編集室、職業団体の事務所、逃亡共産党員幹部の住宅などを占拠した。捜索を行って、資料を没収した。こうした作業には国防軍防諜部の捜索隊が来る前に着手した。家宅捜索のほかに、残存共産党役員や熱心な支持者、それに赤軍兵士の体系的な追跡も行った。大きな諸都市ではコマンドの全出動可能隊員を動員し、全自営団組織を使い、秩序警察の支援も得て大捜索作戦を展開し、多数を逮捕した。都市での最も緊急の諸任務を遂行した後、小さな部分コマンドによって農村部の粛清も実行した。ここでも自営団から「価値ある協力」を得た。

治安警察の粛清活動は、「根本的命令に従いユダヤ人の可能な限りの除去」を目標とした。そこで特別コマンドは、リトアニアの反ソ・パルチザン、ラトヴィアの補助警察など、選び抜かれた勢力を伴って諸都市と農村で「大規模な処刑を実行」した。処刑コマンドにリトアニアやラトヴィアの勢力を割り当てるにあたっては、家族や親類がロシア人によって殺害されたり連行されたりした男子がとくに選抜された。とくに鋭く包括的な鎮圧処置がリトアニアで執られた。場所によって、とくにカウエン（都市カウナスのドイツ名）で、「ユダヤ人が武装」し、ゲリラ戦に加わり、放火を行ったからであった。リトアニアのユダヤ人はとくに積極的なやり方で「ソヴィエトと手に手を取って」活動していた。リトアニアで抹殺したユダヤ人の総数は、七万一一〇五人に上った。ポグロムではカウエンで三八〇〇人、それより小さな町々で約一二〇〇人が「除去された」。ラトヴィアでもユダヤ人はドイツ国防軍の進駐後、サボタージュと放火に「参加した」。デュナブルクではユダヤ人によってその種のたくさんの放火が行われ、町の大部分が犠牲になった。発電所が放火で焼き尽くされた。対して、主としてユダヤ人が居住する通りは「無傷だった」。そして、ラトヴィアではこれまでに総数三万のユダヤ人が「処刑された」。五〇〇〇人がリガのポグロムで「無害化された」。エストニアには、東方進軍開始時点で四五〇〇人のユダヤ人が住んでいた。その多くは、赤軍撤退の際に逃亡した。残っていたのは約二〇〇〇人。レヴァル（首都タリン）だけでおおよそ一〇〇〇人であった。一六歳以上の全男子の逮捕は「終わった」。彼らは、医者および特別コマンドが任命したユダヤ人長老会議は別として、特別コマンドの統制下に自衛団によって「処刑された」。労働能力のあるレヴァルとペルナウに住む一六歳から六〇歳のユダヤ人女性は逮捕され、労働配置にまわされた。

【労働配置とゲットー化】

リトアニアとラトヴィアにおける最初のかなり大規模な処刑遂行の後、ユダヤ人の「余すところのない除去」は少なくとも現時点では実行できないことが明らかになった。これらの地域では手工業の大部分がユダヤ人の手中にあったからである。多くの職業（とくにガラス職人、ブリキ職人、暖炉取り付け職人、靴職人）がほとんどもっぱらユダヤ人によって行われていた。彼らは生活に必要な設備の修理や破壊された町の復興、そして戦争重要作業のために「目下は不可欠」だった。リトアニア人やラトヴィア人によってユダヤ人労働力を置き換えようとした。しかし、労働過程にあるユダヤ人のすべてを即座に交代させることは、とくに大きな諸都市では不可能だった。それに対し、労働局と協力して、もはや労働不能となったユダヤ人の把捉を行い、「小規模処刑」を行った。この関連で、ところにより、民政当局から「大規模な処刑」の遂行にはかなりの抵抗があったという。これに対しては、「根本的命令の遂行なのだ」と対応した。

出動最初の日々、処刑措置の組織化と遂行とならんですぐさまゲットーの創設に取り組んだ。とくにカウエン（カウナス）では、総人口一五万二四〇〇人中、ユダヤ人三万人が住んでいたので、緊急を要した。ユダヤ人の委員会から異議が唱えられたとき、これ以上のポグロムを防ぐためだと説明して納得させた。リガでは「モスクワ郊外」と称される地区をゲットーに割り当てた。そこはリガで最も劣悪な住宅地区であった。しかし、ユダヤ人のこの地区への割り当ては、かなり難しかった。そこにまだ住んでいたラトヴィア人をまずはほかに移住させなければならなかった。しかし、リガの住居事情は非常に窮屈だった。リガに残っていた総数約二万八〇〇〇人のうち、一〇月末日までに二万四〇〇〇人をゲットーに入れた。ほかの諸都市でもまだかなりの数のユダヤ人が残っているところでは、ゲットーを設置した。

【パルチザン鎮圧作戦の実際】

最初の何週間かのうちにソヴィエトはパルチザン連隊を編成した。その任務は、ドイツ前線背後の陸軍後方地域奥深くでサボタージュを行わせ、考えうるあらゆる仕方で襲撃やテロによる不穏状態を作りだすことだった。ドイツ前線を突破した部隊のほかに、残存していた共産主義者や潰走した赤軍兵士もパルチザングループを結成し、同じように行動していた。さらにいろいろな場所でパルチザンが落下傘兵として投入された。治安警察の出動コマンドと国防軍によって粛清すべき地域の個々の場所を体系的にしらみつぶしに捜索を行った。そこで得られた経験から、パルチザンとの戦いは情報基盤があってこそ成果を上げられるということだった。情報網の構築だけでは不十分で、コマンドに割り当てられた通訳隊を民間偵察者として投入した。必要な限りで、国防軍部隊と一緒にかなり大きな作戦を展開した。そこで大量の経験を収集した。

【中間総括——ユダヤ人と共産主義者の関係】

以上、アインザッツグルッペAの詳しい報告書からどのような活動を行っていたかを総合的に見てきた。途中、Bの担当地域だった白ロシアもAの担当地域になった。それを含め、一〇月三一日までの処刑数統計から担当地域全域の総括表（次頁表）を見ておこう。

さらにこれにポグロムによって「除去されたユダヤ人」五五〇〇人、旧ロシア地域で処刑されたユダヤ人、共産主義者およびパルチザン二〇〇〇人、精神病者殺害七四八人を加えると、一二万二四四五人。精神病者殺害は、ソ連軍撤退のとき精神病施設から「すべての食料在庫が奪われ」、監視人や介護人が「逃亡していた」ため、患者が脱出して、治安のために危険になったという理由であった。
これにさらに、開戦直後に国境地帯でティルジットの国家警察・保安部が抹殺した共産主義者とユダヤ人計五五〇二人を加えると、総数は、一三万五五六七人であった。

【パルチザン鎮圧戦と現地住民大衆の対応】

開戦後二週間もたたない頃すでに、ドイツ前線から陸軍後方地域で走行中の自動車や小さな隊列への襲撃、鉄道線路、道路、橋に対する妨害行為、電報電話設備や貯蔵庫などの破壊が日毎に増大した。こうした妨害行為の主謀者はドイツ前線の背後に投入された「赤のパルチザングループ」であった。その創出はスターリンが四一年七月三日から七日にかけて毎日繰り返した

アインザッツグルッペAの開戦から10月31日までの処刑数

	ユダヤ人	共産主義者	計
リトアニア	80,311	860	81,171
ラトヴィア	30,025	1,843	31,868
エストニア	474	6841	1,158
白ロシア	7,620	—	7,620
計	118,430	3,387	121,817

演説で呼びかけ、要求していた。

パルチザンの活動は、ポーランドや西部での野戦におけるゲリラ兵とは比べられなかった。そこでは、扇動された民間人のほとんど準備のない、部分的には即席の活動が問題だった。しかし、ソ連はパルチザングループを時間をかけて準備し、組織的に投入した。パルチザングループの編成はこの戦争の発明品ではなかった。むしろソ連の軍事文献はすでにかなり前からパルチザングループの組織と活動様式の価値を詳しく検討していた。

最初はパルチザンの人数、組織、戦争様式がほとんどわからなかった。体系的な鎮圧作戦は困難で、成果も乏しかった。襲撃と妨害行為の数は不断に増加した。人的物的に重要ではないといえない損害を被った。また、ドイツ前線の背後で相当な不穏状態が引き起こされた。そこでパルチザン鎮圧に体系的に着手した。国防軍との密接な協力とパルチザン鎮圧作戦で集めた経験の交換が時の経過とともに、赤色パルチザンの成立、組織、人数、装備と活動様式についての正確な知識をもたらした。活動をパルチザン出没地域での戦いに限定することはなかった。そして防衛活動強化と治安警察の活動の特別の可能性を有効にした。ロシア人投降者と戦時捕虜ならびに逮捕したパルチザンを綿密に取り調べ、資料・情報を集めた。

たとえば、パルチザンの成立と組織に関しては、ロシア人戦時捕虜、投降兵、逮捕したパルチザンの証言を得た。ペテルスブルクでは開戦以降、一〇のパルチザン連隊が編成された。ペテルスブルクの一〇の軍管区のそれぞれが、一〇〇〇人から成る一連隊を編成せよとの命令を受けていた。連隊はそれぞれ一〇〇人の大隊に分けられた。このパルチザン連隊への志願は自由意志であった。志願者の一部はソ連軍、一部はその他の義勇兵であった。そのほとんどが共産主義者であり、労働者として軍需工場で働いていたものだった。とくに志願者が多かったのはコムソモール（共産主義青年同盟）からであった。指導的地位は信頼できる共産主義者が占めていた。パルチザン部隊の第二の種類は、破壊されたロシア軍部隊のメンバーから結成された。打ち負かされた連隊の兵士は、彼らの司令官とコミッサールからパルチザングループと一緒になる命令を受け取った。第三のパルチザン部隊は共産主義者と赤色コミッサールから編成された。彼らは、ドイツ軍の急進撃のためロシア前線の後方に逃げる可能性を持たなかったものである。彼らはまず住まいを立ち退いたあと、居住地近くの森に集まり、パルチザングループを編成したが、その人数は非常にさまざまであった。いろいろな場所でソヴィエト・ロシアの落下傘兵が把捉された。彼らもパルチザンとして投入されたのであった。この場合、一部は赤軍兵士であり、一部は落下傘兵に自由意志で志願した市民の家族であった。しかし、一部は厳しい脅かしでこの部隊に入ったものであった。最後に、いわゆる破壊部隊があった。大きな諸都市、とくに工業施設のある諸都市ではソヴィエトによりドイツ軍の進駐前に破壊大隊が作られた。その主要任務はドイツ落下傘兵との戦いであった。そのほかに彼らは赤軍が撤退の際に破壊できなかったすべてのものを破壊する任務が与えられていた。

その装備と武器は隊編成の種類ごとに違っていた。たとえば、ペテルスブルクで編成されたパルチザン連隊の場合は、ソ連軍の完全なユニフォーム、ただし階級章なしであった。武器は小銃、部分的には約一四〇発の弾薬を備えたモダンな半自動銃、それに二〜三個の手榴弾とガソリン一瓶。他方で制服などはなく、さまざまな民間人の服装ばかりの部隊もあった。そのような部隊の場合、武器もほとんどが古いものだった。自動小銃や機関銃も、かつての戦闘から救い出されたものばかりであった。

そうした装備劣悪状態でも、パルチザンの戦いは次第にドイツ（軍・治安関係者・治安状態）に対しての打撃力を強めていった。ドイツ側の鎮圧作戦が「取るに足りない成果」しか上げられなかったのは、パルチザンが地理に詳しいことだけではなく、「とくに旧ロシア地域で住民から最強の支援を受けていた」からであった。住民のパルチザン支援は、ドイツ軍へのあらゆる支援を厳罰で処罰するとの赤軍撤退に際してのソ連側からの「脅かしの宣伝」、その効果とのせめぎあいのなかにあった。占領地域住民のそうしたパルチザン支援にくさびを打ち込み、抵抗勢力の分断を強化するためにも、ソ連指導部・パルチザン・共産主義者とユダヤ人を同一視するイデオロギーは機能を発揮した。前掲統計が示すユダヤ人殺戮の実際の拡大は、そのイデオロギー・政治観が大きな武器とされたことの証明である。なお、一九九一年ソ連崩壊によるアルヒーフ開示以降の調査で、ソ連指導部がユダヤ人迫害、大量殺害についていて情報をつかんでいたことが分かってきている。その情報源は主にNKVD情報提供者、ドイツ人戦時捕虜、ドイツの捕虜施設から逃亡した赤軍兵士、四二年以降はパルチザングループからであった。

小括

以上、ソ連短期征服の野望が挫折する過程とユダヤ人大量殺戮の関係を追跡した。この後、一九四一年一〇月から一二月のソ連における軍事情勢・治安情勢の変化、「冬の危機」に対応して、独ソ戦前線への死活的輸送路を抱える総督府で、どんな事態が発生していたのか。ソ連での苦境がドイツ占領下のポーランドとヨーロッパにおいてどんなことを引き起こしたか。これは拙著（1994, 2001, 2003）でも検討したことだが、次章において新史料集で再検証していくことにしたい。

第6章

〝ユダヤ人問題の最終解決〟

――世界大戦・総力戦とラインハルト作戦

はじめに

ハイドリヒが一九四一年六月から七月ラディカルな諸命令をアインザッツグルッペ（親衛隊・警察の特別出動部隊として陸軍後方地域の治安平定が任務）に発したことはすでにみた。だが、それはソ連ユダヤ人の包括的な上からの殺害命令ではなかった。そのような主張は戦後裁判（NMT, IV）においてアインザッツグルッペDの隊長オーレンドルフが「上からの命令にしたがっただけ」という自己弁護のために述べたことであった。アウシュヴィッツ収容所長ヘス（ヘス 1999）も帝国保安本部ユダヤ人課の「運び屋」アイヒマン（ラング 2017）も戦後裁判では、「上からの命令」という決まり文句で自己正当化を行った。しかし、ヘスもアイヒマン（シュタングネト 2021）も、第三帝国の絶大な権力の機構の中間管理職・幹部だったとき、主体的確信的な国民社会主義者であった。彼らは強烈なドイツ民族至上主義の担い手として親衛隊・警察機構で主体的能動的に行動した。

オーレンドルフは、一九四一年六月から一年間、アインザッツグルッペD隊長だった。熱狂的ナチスで、一番長く隊長を務めた。四二年六月までに黒海沿岸地域とクリミア半島で約九万人のユダヤ人を中心とするロシア民間人殺害の廉で四八年八月一〇日死刑判決を受け、五一年六月七日執行された。実際には単なる上からの包括的命令によるものではなく、戦況と現場治安情勢の闘いの力学と関連してアインザッツコマンドの隊長たちの行動余地は大きく、それを主体的に行使したのだった（VEJ 7:33）。結果、四一年一二月までにA、B、C、D（作戦地域は第5章付図参照）で約五〇万人を殺害した（NMT, IV）。さらに、四三年春までに一二五万人のユダヤ人と数十万人のソ連人を殺害した（Jäckel 1993:395）。

バルバロッサ作戦の挫折により、一九四一年九月までにユダヤ人の「東方への移送」、とくにソ連占領地への移送政策はまったく実行不可能になっていた。他方で、東部戦線における第三帝国ドイツの苦境はさまざまのルートでポーランドをはじめ西部占領地に漏れ出た。そうした軍事と政治情勢の悪化を受けて、ポーランド総督府のフランクを筆頭にドイツ（とくにベルリン大管区長ゲッベルス）、オーストリア、それにオランダ、フランスなど西部占領地域でユダヤ人排斥圧力が強まっていた。西ヨーロッパと北ヨーロッパのドイツ占領地における治安状態の悪化と治安当局者のユダヤ人追放要求（VEJ 5, 12）については四二年以降のアウシュヴィッツの史料（VEJ 16, 永岑［2021d］）で確認できる。ここではアウシュヴィッツ以前について、四二年のユダヤ人大量殺戮の主たる対象地域、ポーランド総督府に絞る（第6章付図参照）。

ヒトラー、ヒムラーは、四二年春までにソ連を圧服する方針のもと、戦時下に停止していたユダヤ人移送（東方移送）をドイツ本国と保護領からあくまでも部分的臨時的な措置として始めざるを得ない情勢に追い込まれた。四一年八月中旬ゲッベルスのベルリン・ユダヤ人追放要望など大管区長からの要請を受け、ヒムラーが受け取った「総統のご希望」が九月一八日、ハイドリヒなど幹部に伝えられた。九月下旬には臨時的移送開始方針が決定され、ハイドリヒに執行が託された（VEJ 3/223）。だが、一〇月に開始したごく小規模の臨時措置としての戦時下移送開始政策ですら困難なことがすぐに判明した。受け入れ予定地（ドイツに併合したポーランドの都市リッツマンシュタット）は、戦時の軍需生産に組み込まれたユダヤ人労働者の問題や住宅・食料の決定的不足などの難問群を抱えていた。親衛隊現場責任者からは受け入れ拒否の態度が示された。ユダヤ人排斥圧力と受け入れ不可能な現地事情とのはざまで、一二月初めから移動型ガス室（自動車排気ガス利用）によるユダヤ人殺戮がリッツマンシュタット郊外のクルムホーフ（ヘウムノ）で開始された（永岑 2003）。一二月二〇日、「二万人の労働していないユダヤ人」がゲットーから「追放」されるとユダヤ人評議会長老ルムコフスキーが公的演説で述べた（VEJ 10/53）。「追放」の内実は、郊外クルムホーフ（ヘウムノ）への「疎開」とそこでのガス自動車による「安楽死」殺害であった。

さらにその三か月後、一九四二年三月三日には、一万五〇〇〇人のユダヤ人がリッツマンシュタット（ウッチ）のゲットーから「追放」されることが告げられた（VEJ 10/78）。その三か月後、六月五日付の極秘報告書においてリッツマンシュタットに投入された三台のガス自動車で半年間に「九万七〇〇〇を加工」したことを報告した。その半年間の経験を踏まえ、ボックス型荷台に注入の排気ガス圧力過多による暴発を回避するためのスリット設置、また、死体荷下ろし作業簡単化のためのダンプ機械装置、走行中に排出される汚物が排気ガス吹き出し口に入らないような排出口の工夫など、七点に及ぶガス自動車「改良」を提案した（VEJ 10/112, 永岑 2007）。ガス自動車からの死体搬出、壕への死体埋葬や屋外焼却など、最も過酷な重労働は犠牲者ユダヤ人にやらせた。アウシュヴィッツ強制収容所司令官ルドルフ・ヘースも、四二年九月一六日にクルムホーフの絶滅施設を視察した（VEJ 10/151）。

この作戦全体に責任を負うヴァルテラント大管区長アルツゥール・グライザーは、一九四三年三月一九日付でヒムラーに対し、クルムホーフに投入された特別部隊（ランゲを隊長とする隊員八五名）に任務終了にあたって隊員の「立派な態度」に鑑みて褒賞を提案した。隊員たちはグライザーが招待した「戦友の夕べ」で自発的に一万五一五〇ライヒスマルクの献金さえした。一人当たり一八〇マルクであった。グライザーはそれを「殺害された民族ドイツ人の子供たちのために」、振り込んだ。隊員は「単に忠実かつ勇敢に彼らに与えられた困難な義務を断固として果たしただけではなく、それ以上に態度振る舞いにおいても最良の軍人らしさを示した」と。彼らにはウアラウプ（長期休暇）を与え、グライザーの大邸宅農場に招待し、その上、ウアラウプを「心地よいものにするための助成金」を出す許可も求めた（VEJ 10/195）。六月一六日、ポーゼンの秘密国家警察（ゲシュタポ）はクルムホーフ特別部隊の四人に戦功十字章の授与を申請した（VEJ 10/213）。

以上のような特殊自動車によるユダヤ人大量ガス殺は、抵抗運動などいろいろなルートで外部世界にも漏れ出し、一九四三年にはアメリカのユダヤ人組織の書籍にもその情報が書かれていた（VEJ 10/239）。

グライザーは一九四四年三月七日、ヴァルテラント大管区のユダヤ人の「ほぼ完ぺきな殺害」を報告した（VEJ 10/246）。八月にリッツマンシュタット・ゲットーが解体された後、残る数少ない囚人はアウシュヴィッツに移された（VEJ 10/266）。九月二七日のリッツマンシュタット刑事警察ゲットー担当官の報告によれば解体に際し何の騒動も起きなかった（VEJ 10/268）。

さて、前章で確認したように、一九四一年八月初めからソ連占領地においてはユダヤ人殺戮の無差別化が進行していた。しかし、その時点では、アインザッツグルッペAの隊長シュターレッカーは、ポーランド総督府はユダヤ人をそれまでの住宅と仕事場にそのままにしておいても「深刻な政治危機の源泉が発生することはなかった」と見ていた（VEJ 7/181）。ポーランドでは戦闘が短期間に終わり、民政統治に移行して一年一〇か月近く経っていた。ソ連におけるドイツ軍後方地域とはまったく違って、少なくとも外見的には総督府の治安状況は平穏であった。しかし、数か月後の四一年一二月ともなると、ポーランド総督府においても統治下ユダヤ人の追放圧力が極限状態にまで高まっていた。したがって、ドイツ本国やウィーン、さらにヨーロッパ西部占領地からのユダヤ人移送を受け入れる余地はまったくなくなっていた。それでは、この数か月間のうちにどんな事態が進行していたのであろうか。

1．独ソ戦下総督府ポーランドの全体状況

ナチス・ドイツが電撃的進撃に成功している緒戦段階の戦況を知った占領下ポーランドのユダヤ人は、第三帝国がヨーロッパで持続的な支配を樹立するだろうと感じた。彼らにとってこの見通しは破滅的であった。彼らの多くはすでにかなりの長期間占領権力によって創出されたたくさんのゲットーのなかに劣悪な条件で押し込まれていたからである。しかし、それでも、彼らのトータルな絶滅、ほぼ全員の殺害が忍び寄っているなどと予感したのはごくわずかだった（VEJ 9/13）。

【治安情勢悪化と親衛隊・警察の権限拡大】

独ソ不可侵条約でソ連統治下に置かれた東ガリツィアと全東部ポーランドは、ドイツの対ソ攻撃・占領後、総督府に併合された。総督府は拡大してクラカウ、ルブリン、ラドム、ワルシャワ、ガリツィアの四県となった。統治の頂点が総督フランク、その次官がビューラーであった。この次官が一九四二年一月二〇日のヴァンゼー会議で総督府を代表し発言することになった。

フランクはヒトラー直属であった。しかし、親衛隊と警察が彼の支配地域において時とともに権限を拡大した。治安情勢の悪化に伴い、現地の親衛隊・警察は指示をクラカウのフランクからでは

出所：ラカー編［2003］546.

地図　ポーランド

なく直接ベルリンの親衛隊全国指導者ヒムラーから受け取る度合いが高まった（VEJ 9/14）。

【総督統治下ユダヤ人の生活状態の極限的悪化】

いまや総督府のユダヤ人の状態は明らかにドイツのほかの占領地よりも劣悪になっていた。総督府では一九四一年八月初めまで、六月のソ連へのドイツの侵攻直後数週間に行われたような体系的な大量殺害はまだなかった。しかし、二年近くの占領下においてユダヤ人住民に対する完全な権利・所有の剥奪と隔離・孤立化が進んでいた。とくに低く評価された「東方ユダヤ人」に対して、ポーランドのドイツ行政当局は中央ヨーロッパや西ヨーロッパの占領地ユダヤ人よりもはるかに暴力的にふるまった。ポーランドでは占領直後の三九年一〇月にはゲットー――さしあたりワルシャワ県のいくつかの大都市において――が、設置された。四一年春にほかの県にも設置された。ワルシャワ県西部からはすべてのユダヤ人がワルシャワ・ゲットーに追放された。彼らは新参の被追放者としてもともとゲットーに住んでいたユダヤ人の多数よりも劣悪な条件に追い込まれた（VEJ 9/14）。

あまりにも狭い地域に押し込められた諸事情、とくに食料、燃料、医薬品の供給不足は、ここでは必然的に数多くのユダヤ人が体系的な大量殺害の開始前に死去するという結果をもたらした。一九四一年春から毎月何千人も、とくに最も弱い者、子供や老齢者が死亡した（VEJ 9:15）。

【独ソ戦勃発直後の希望とその消滅】

ドイツのソ連攻撃開始のニュースは、当初多くのユダヤ人に喜びとソ連のヒトラー–ドイツに対する勝利後の期待を用心深いながら引き起こした。クラカウ・ゲットーのある女性は「再び戦争（ロシアと）だ。みんな喜んでいる。隣人のペシミストさえも」と日記に記した。ゲットー住民はこの新しい展開の意味について議論した。期待先行で「ドイツ敗北の噂」が広まった。

だが、そのすぐ後、ゲットーに密輸で持ち込まれた新聞や外国包装傍受から、ドイツの東方への急激なとどまるところを知らない進軍を知った。もはや即座の解放など論外だった。ドイツが新しく占領した地域の親類や友人からは、残虐行為の最初の情報が入ってきた。だが、それはまだ総督府と関係があると感じられなかった。残虐行為の規模は彼らには信じられないことだった（VEJ 9:15）。

しかし、総督府でも次第に残虐行為が日常化してきた。四一年八月三〇日、ある強制労働者収容所で伝染病が発生した。囚人五一人が射殺された（VEJ 9/6）。ドイツ軍は電撃勝利の想定のもと冬季衣類の準備が不十分だった。ドイツ国民からの冬季衣類供出の大々的キャンペーンが張られた。当局はゲットー住民からさえなけなしの毛皮などを押収した。一二月二七日の「最後の警告」プラカードは、直ちに毛皮を供出しなければ「最大の生命の危険」があると脅かした。ドイツ官憲が特別の懲罰隊を編成した。「供出されない毛皮の捜索を行う。躊躇の一時間ごとにユダヤ人の生命が危険にさらされている」と（VEJ 9/28）。

【発疹チフス流行、徘徊・逃亡・衰弱、射殺】

総督府で発疹チフスが流行した。すると占領権力者は繰り返しユダヤ人を「伝染病保菌者」と断罪した。一九四一年一〇月一三日から一六日の総督府保健制度の検討会議は最重要議題として「伝染病との闘い」を挙げた。講演者の一人は、発疹チフスの発生地として「例外なくゲットーが確認された」とした。別の一人は、開戦前に一人のユダヤ人が二〇〇人の発疹チフスの感染源だったと発言。長文の議事録のいたるところでユダヤ人が発生源とされた。迫害とその被害者の健康状態悪化の相互関係を知悉していたはずのドイツ医療当局者が、会議の総括として伝染病の蔓延を阻止するためとして、ゲットーを遮断し逃亡者を死刑で罰することを主張した（VEJ 9/14）。一〇月一五日、総督フランクは、ユダヤ人が無許可でゲットーを出たら死刑で罰するとの通達を出した（VEJ 9/13）。直後、ドイツ特別裁判所が、ゲットー逃亡後に逮捕したユダヤ人に対し、即決裁判手続きで死刑の判決を下しはじめた。一一月一七日には八人が射殺された（VEJ 9/25）。

逮捕数が多くなった。ドイツ司法当局は負担過剰になっているとの苦情が山積みになった。総督府の秩序警察と治安警察は、定住地ないし指定居住地の外で捕まえたすべてのユダヤ人を裁判手続き抜きで射殺してもいいという命令を発した。一九四一年一一月二一日、総督府治安警察保安部司令官の極秘命令は、「ユダヤ人の徘徊による発疹チフスの流行」と題し、射殺を命じていた。

一〇月一五日通達で逮捕したユダヤ人を裁判処理に付すと、逮捕後数週間とは言わないまでも「少なくとも数日間」は監獄に入れておかなければならず、そこで「伝染病が広がることが判明した」と。ユダヤ人はあらゆる逃亡チャンスを利用しているので、高級親衛隊・警察指導者との了解の上、「最大限広範囲に火器を使用する」ことにした。徘徊ユダヤ人がもしごくわずかでも抵抗すれば、直ちに射殺することを命じた。この命令は、厳格に適用されなければならなかった。それによって、無許可でゲットーを離れて徘徊するユダヤ人による発疹チフス流行の危険が、「効果的にストップできる」と（VEJ 9/17）。

一九四一年夏、総督府に巨大なソ連戦時捕虜基幹収容所が設置された。ルブリン南東でウクライナ国境から近いヘウムやレンベルク（リヴィウ）、シェドルツェなど。強制収容所ルブリン＝マイダネクも当初は戦時捕虜収容所として計画された。これら収容所で伝染病が蔓延した。それがゲットーにも及ぶことを占領者は恐れた。四一年一〇月から四二年五月までに基幹収容所だけで約二七万人の赤軍兵士が栄養不良と病気で死亡した。その上、基幹収容所に指定された捕虜グループ、とくにユダヤ人の赤軍兵士と党活動家が将校たちから抜き出され、続いて射殺された。これは、総督府における最初の大量殺戮であった。それは、アインザッツグルッペが占領ソ連地域で犯した犯罪に、その次元において並ぶものであった。九月二一日から二八日までに第三〇六警察大隊は、白ロシアに近いビャワ・ポドラスカの基幹収容所で治安警察が選別した約五〇〇〇人のソ連戦時捕虜を射殺した（VEJ 9:16）。

2. 体系的大量殺害への道

親衛隊・警察の部隊はすでに対ソ攻撃直後の一九四一年六月末から、総督府東方の諸地域でユダヤ人住民に対する大量殺害を始めた。最初はほとんどもっぱら男性を殺害した。数週間後から一〇月初めまで、殺害部隊は以前のポーランド国境の東部地域で、四一年秋には占領された地域の全ユダヤ人住民の、すなわち婦女子と老人も含めて、殺害を行うようになった。東ガリツィアでは四一年七月、ドイツの親衛隊・警察の殺害部隊が約一万人のユダヤ人男性を殺害した。さらに何千人もがポグロムの犠牲となった。ポグロムのほとんどはドイツ側によって切っ掛けが作り出された。しかし、それは急進的民族主義のウクライナ人民兵によって実行された（VEJ 7/11）。

【ヒトラーの口約束と現実】

対ソ攻撃開始前、一九四一年三月、ヒトラーは総督フランクに総督府領内が「近いうちにユダヤ人から解放されることになろう」と保証した。フランクはドイツ併合地をはじめとする西方からのユダヤ人移送に対して、現在でも困難を極めており、これ以上受け入れ不可能だと訴え、むしろ総督府の負担軽減を求めた。それに対してヒトラーは抜本的負担軽減を、すなわちユダヤ人を総督府から除去することを保証したわけである。それは対ソ攻撃勝利を前提とした約束であった。ソ連を見下した傲慢な構想は、まずドイツ支配下のユダヤ人の一部ないし全部を新しく占領するソ連地域に強制移送する計画であった（VEJ 4/260）。

しかし、総督府に隣接する白ロシアやウクライナでも、総督府をはじめとする西方から追放されるユダヤ人を受け入れる可能性は短期間に失われた。ヒトラーの約束と違って、総督府自体、外部から、すなわちドイツ併合地以西からのユダヤ人の受け入れは不可能になっていた。フランクは総督府に白ロシア南部のプリピャチ湿地地帯を併合することを目論んだ。そこにユダヤ人を送り込もうと企てた。だが、それも頓挫した。バルバロッサ作戦が挫折し、ドイツ東方軍の損害は九月から一一月までに深刻なレベルに達していたから、それは当然のことだった。ハルダー日記（一九四一年九月一四日）によれば、六月二二日から九月一〇日までに「将校の負傷者一万一一二五人、戦死者四三九六人、行方不明三八七人、計一万五九〇八人、下士官・兵士の負傷者三二万八七一三人、戦死者九万三六二五人、行方不明二万一二六五人、計四四万三六〇三人であった。総損失数（病人を除く）は、四五万五一一人。これは東方陸軍三四〇万人の平均現員（現在兵力）の一三・五％に達するものであった。さらに二か月後の一一月一三日までに（ハルダー日記一一月一七日付）、総損失は、将校二万二八一三人、下士官・兵士六七万六九一三人、総数六九万九七二六人に上った。これは平均現員の二〇・五八%。

一九四一年六月、東ガリツィア(中心都市レンベルク=リヴォフ)には約五四万人のユダヤ人が住んでいた。ドイツのソ連侵攻後、彼らもほかの新占領地と同様の運命に陥った。すでに六月最後の日々、アインザッツグルッペは、「ユダヤ知識人」——市町村代表、教師、その他の国家官吏——の殺害を開始した。東ガリツィアが総督府に併合された(フランクからすれば大変な数のユダヤ人が総督府に追加された)あとも、ユダヤ人殺害は続けられた。一〇月初め、総督府に接する地域——今や民政統治下に置かれていた——、すなわち白ロシア西部とヴォリューニエンでも、広範囲にユダヤ人殺害が行われた。これらの殺害作戦は、一〇月初めのモスクワ攻撃との直接の関係にあった。ここでも、ソ連に対する速やかな勝利と占領の長期的安定化が期待されていたのである(VEJ 9:20)。

総督府の新ガリツィア地域でも、すでに一九四一年八月以来、ユダヤ人に対するさらなる措置が準備された。東方への移送が差し当たり想定できなかったので、ガリツィアにもゲットーを建設することにした。しかしながら、ハンガリー政府当局もハンガリーに併合したカルパト・ウクライナのユダヤ人をガリツィアに追放しはじめ、この地域のユダヤ人の数は増えていた。そこで、計画中のゲットーを拡大しないでいいように、ユダヤ人の数を殺害によって削減することとされた。ガリツィアの治安警察は、一〇月六日に小さな町ナドヴィールナで大量射殺を行った。一〇月一二日にはスタニスラーウ郊外で大虐殺を敢行した。朝ユダヤ人住民は集合せよとの指令を受け取った。そのとき、彼らは何が待ち受けているか知らなかった。ある回想では、「移住が言い渡されるのではないか」と。人々は数日間の食料を持ち、そのほかは持てるだけのものを携帯した。実際には彼らはユダヤ人墓地に連れていかれた。そこにはすでに大きな墓穴が準備されていた。約一万人から一万二〇〇〇人のユダヤ人（男性、婦女子）が殺害された。もともとはもっと数が多くなったはずだった。だが、治安警察は暗くなってきたので射殺を中断した。闇の助けで瀕死ではないものが墓穴から救い出され、ユダヤ人病院に運ばれた。そこでは筆舌に尽くしがたいカオスが支配していた。スタニスラーウの「血の日曜日」は、総督府における「最終解決」の開始を画した。この殺害作戦の後、生存者はゲットーに機能転化された狭いみじめな都市区画に引っ越さなければならなかった。彼らは狭い部屋に一〇人ほどになるまで詰め込まれた。彼らは、ほかの総督府の四つの県にそれ以前に造られていたゲットーと同様の破滅的生存条件で延命を図るしかなかった（VEJ 9:20-21）。

一九四一年一〇月一三日、すなわち、スタニスラーウ・ユダヤ人の大虐殺の直後、ヒムラー、ルブリン県親衛隊・警察指導者オディロ・グロボチュニク、その上司、高級親衛隊・警察指導者フリードリヒ・ヴィルヘルム・クリューガーがベルリンで会談した。グロボチュニクはこの当時ザモシチ郡への民族ドイツ人の入植を開始しようとしていた。彼は、「東方地域の安全のため総督府のユダヤ人とポーランド人の漸次的粛清」を行おうとした。この会合の四日後、当初は一〇月一七日に、ルブリン市から「労働不能ユダヤ人」を遠ざけること、ブーク川の向こうに移すことが計画された。しかし一三日の会議に同席したフランクは、東部占領地域相ローゼンベルクから近い将来ポーランド・ユダヤ人の占領ソ連地域、すなわちローゼンベルクの管轄下への強制移送を当てにすべきではないと釘を刺されていた。ここでも排斥圧力と受け入れ不可能・拒絶圧力がせめぎ合った。その帰結としてルブリンのユダヤ人の一部の殺害が計画されることになった。

その方法如何。ソ連に投入されたアインザッツグルッペの隊長たちからの報告では、何時間、何日間と続く殺害は射殺部隊のメンバーに心理的に非情な負担となっていた。射殺以外のやり方が求められた。

ドイツでは先立って、ヒトラーの署名（署名は三九年一〇月、日付は九月にさかのぼって）を得て何万人もの病人・障碍者がガス自動車やガス室で「安楽死」させられていた。四一年夏には「安楽死」ガス殺は、それを察知した家族・親類・世論の反対を受け一時的に停止されていた。この「安楽死」殺害専門家が総督府の絶滅収容所の建設に投入されることになった。一一月一日にベウジェツ収容所（後の表現ではいわゆる「絶滅収容所」、労働投入のために長期に収容するのではなく到着直後に殺害するための建物設備）の建設が始まった。翌日、グロボチュニクはルブリンの「ユダヤ人移住」計画を練った（VEJ 9:21-22）。いまやこの計画は「移住」ではなく殺害用建物設備における「安楽死」を意味した。

以上のような諸条件の累積の上に、軍事同盟国日本の真珠湾攻撃とそれに呼応した対米宣戦布告のヒトラー国会演説（一九四一年一二月一一日）があった。それは、「いわゆる全体主義諸国家に対する憎悪」を振りまくアメリカを筆頭とする民主主義への断罪が核心であった。米英はヒトラーの把握では、国際金融ユダヤ人の支配する国であった。三九年一月三〇日の国会演説における予言、もしも再び「ヨーロッパ内外の国際金融ユダヤ人が世界戦争を引き起こせば、ボルシェヴィズムの勝利、すなわち、ユダヤ人の勝利ではなくて、ヨーロッパ・ユダヤ人の絶滅だ」との予言の舞台が、遂に出現した。

しかし、モスクワ前面での敗退は「ボルシェヴィズムの勝利」を暗示するものであった。それだけに、支配下にあるユダヤ人に対する処置はさらに容赦なくなった。今や予言ではなく、実行が問題となった。事実、一二月一二日、ヒトラーは旧首相府内の私宅で東部戦線における危機的な軍事情勢と日本の対米戦争突入についてゲッベルスたちに長時間演説した。ゲッベルス日記（一三日付）によれば、その演説中ヒトラーは「ヨーロッパ・ユダヤ人の殺害を戦争中にも行うと予告」した。

ヒトラーの演説とそれに続く日々のヒトラーとヒムラーの会談、東部占領地域相ローゼンベルクや総督フランクとの会談は、占領ソ連地域の全ユダヤ人に対する根本的指針（ヒムラー業務日誌の一二月一八日メモでは「ユダヤ人問題、パルチザンとして根絶」）と総督府のこれに対応する基本方針の告知（後述の一二月一六日の閣議演説）に結果した。

3. 臨界状況の総督府と一九四一年一二月中旬の根本的転換

総督府の実態はこの時点でどうなっていたか。一九四一年一二月一六日の閣議議事録を見ておこう（VEJ 9/26）。この会議には、次官ビューラー、総督府治安警察保安部司令官シェーンガルトなどが出席していた。彼らが四二年一年間に約二〇〇万人のポーランド・ユダヤ人を殺戮（ラインハルト作戦）する推進者になった。グロボチュニクは総督府における直接の大量ガス殺担当の責任者となった。この作戦だけのために創設されることになるのが、ポーランド東部の三つの絶滅収容所（ベウジェツ、ソビボール、トレブリンカでエンジン排気ガス一酸化炭素による殺害）であった。この作戦中、一九四二年の間、アウシュヴィッツ郊外ビルケナウ収容所（アウシュヴィッツ第二）内には農家改造のガス室二棟があるだけであった。コンクリート製ガス室・死体焼却の火葬場棟は四二年中頃から建設開始で、四三年になって初めて完成した。

閣議記録によれば、一人の知事は、目下の主要な危険の一つが、住民、とりわけ「絶望的なまでの食料事情悪化」でユダヤ人が外部にさまよい出て市内を徘徊していることだとした。これに対しては「最高度の厳しさ」で対処しなければならず、ユダヤ人に対する死刑の布告は、以後さらに「最も迅速に執行」されなければならなかった。ゲットー外で会ったユダヤ人はすべて死刑に処するとしている指令は「無条件に」遂行されなければならない。必要なら司法手続き抜きの処理単純化も行わなければならないなどと発言。ただ、情勢は「深刻だが、絶望的ではない」と(VEJ 9/26)。

次いで別の知事が、ラドム県の発疹チフス流行状態と採用した撲滅措置について概観した。罹患最低状態は五月であった。一〇月には罹患が五月の倍に跳ね上がり、全体で患者三〇八二人を確認した。これは「決して脅威とまでは言えなかった」。しかし、トマショフでは発疹チフス感染者が非常に多く、しかも、軍事経済に重要なトット機関の収容所で多発していた。ただここでも、対策により、なんとか目下減少傾向にあった。発疹チフスとのエネルギッシュな闘いのためにも、指定の住所区域を許可なく離れる「ユダヤ人に対する仮借ない措置」が必要だった。農村の場合は、国道などの街道にユダヤ人が許可証無しに出ていくことを許さなかった。「このようにしてユダヤ人による発疹チフスの流行が阻止されなければならない」。大衆的な虱駆除の実行が不可能なら、少なくとも、ドイツの役所で働いているポーランド人の虱駆除だけでも行う必要があった(VEJ 9/26)。

ドイツに送り出すべき労働力の不足なども議論になった。その後、総督府治安警察司令官シェーンガルト博士が報告した。対ソ戦争勃発時は抵抗運動が減少したかのように思われた。それは、ドイツ国防軍の大々的な戦闘勝利によるものとみなされた。しかし、「この想定は誤りだった。数週間後には、抵抗運動が再び活発になった」。九月に抵抗運動の指導者の会合に潜り込むことに成功した。そこで得た情報では、イギリス政府はドイツ軍がロシアに侵攻するまで待機せよ、それから戦闘を開始せよと命じていた。この日付でいまだ不明の高級ポーランド将校の掌中に全般的指導が与えられた。さらにポーランド人連隊の編成も決定された、と（VEJ 9/26）。

抵抗運動側の宣伝活動が、「この二年間経験することができなかったほどの規模に達した」。ワルシャワだけで、一一三の非合法新聞と一二種類の定期的パンフレットが発行されていた。九月に九か所、一〇月に五か所、一一月に一三か所のきわめて巧みに偽装された印刷所を摘発した。クラカウではドイツ語で書かれた逐次刊行物とパンフレットを押収した。それらは主として兵士に向けたもので、脱走を呼びかけていた。家々の壁の張り紙も同様にその範囲やボリュームが増えてきた。適時パトロールでそうしたプラカードは夜明け前に撤去された（VEJ 9/26）。

さらに、抵抗運動はさまざまな外国放送局のラジオ報道による支援を得て、新たな作戦、いわゆる「亀作戦」をスタートさせていた。その目的は、ドイツの工場・作業所等におけるポーランド人労働者の「可能な限りゆっくりとした劣悪な仕事」を実現しようとするものだった。最近数か月、クラカウではポーランド人の遺族や囚人のための募金活動が非常に増えているようであった。ポーランド人知識層では銀が集められ、ドイツに対する抵抗に参加しようとするポーランド人に配分されているようだった。この間に、主として婦人が密使となって活動していることが発見された。彼女たちは「異常に巧みに偽装」して旅行できた。外国から総督府へ密使の非常に太い流れがあった。逮捕された密使は「非常に多額のＵＳＡドル」を携帯していた。ドイツ警察も不断にポーランド人抵抗グループを摘発してきた。たとえば、ルブリンで一七六人、その南のビウゴライで四六人、ザモシチ郡で一三人、ワルシャワで一八人、ノイ・サンデツ（ノヴィ・ソンチ）でも一八人の確信的活動家を逮捕した。抵抗運動は「残念ながら官庁職員のなかにもいた」。サボタージュ事件は最近数か月、少なくともロシアへの進駐時以前と同じくらいの程度のままだった。いろいろな放火で民族ドイツ人の工場や農夫家屋敷が犠牲になった。それらは抵抗運動の活動に「帰さなければならなかった。同様に種々の国防軍経営も焼き討ちされた。放火が確認され、発火装置を発見した。クラカウではポーランド人警察官を抵抗運動参加の罪で逮捕した（VEJ 9/26）。

鉄道サボタージュと見なされる事件も事実においてそうだったかに関してはしばしば疑わしかった。その関与者がほとんど死亡したからであった。しかし、鉄道事故の頻発性から、ここでも熱狂的なポーランド人自身が生命を犠牲にしてドイツ防衛力に損害を与えようとしたことが推測された。原因が乗員のサボタージュなのか過労なのかを確定するのはきわめて困難であった。ドイツ治安警察は今後この部門にとくに注意を払うことになろうと。若者がどの程度家族親類の教唆でサボタージュ事件を引き起こしているのかも証明が難しかった。いずれにせよ、ロシア進軍の開始前、これら若者の教育責任者が、子供によって事故が引き起こされるのを回避しようとしていたことは確認できた（VEJ 9/26）。

映画館では催涙ガスや悪臭を放つ液体を詰めた悪臭弾が投げ込まれ、ビラがばらまかれた。住民が映画館に行くのをためらわせる試みが増えた。ドイツ人が襲われる企てもあった。八月二八日には、ドイツ女子同盟（ＢＤＭ）の少女が襲われた。彼女の申し立てで七〇人から成る抵抗グループが摘発できた。農村住民は「今日なお非常にたくさんの武器」を隠し持っていた。ようやく最近、ドイツ警察が機関銃、カービン銃、手榴弾を隠している武器庫を暴露した。ある墓場でもそのような武器庫が摘発された。もう一つの武器庫がクラカウで見つけられた。すべての武器がきわめてうまく包装され、油を塗られ、いつでも使用可能な状態にあった。目下、抵抗運動参加の罪で監獄にいる人数が「異常に多かった」。暴力令違反の犯罪で、目下、七〇〇〇人以上のポーランド人が拘留されていた（VEJ 9/26）。

治安警察官もこれまでにすでに九人が発疹チフスで死亡していた。ベルリンの軍当局からアンプルを手配してもらった。しかし、全警察官にアンプルを供給することは不可能であった。国防軍最高司令部（ＯＫＷ）がこれ以上の発疹チフス用アンプルの引き渡しを禁止したからであった（VEJ 9/26）。国防軍としては、ソ連戦線に投入した三百数十万の国防軍兵士への伝染病感染を防ぐためにはこの措置が必然だった、余裕はなかった。

クラカウ県の状況、とくに食料不足と発疹チフスとの闘いについて知事ヴェヒターから報告があった。ルブリン県知事ツェルナーもとくに発疹チフスの「猛烈な流行」とユダヤ人のための第二ゲットーの創設について報告した。ガリツィア県知事ラッシュもとくに発疹チフス罹患情報について報告した。ワルシャワ県について病気の知事フィッシャー博士代理のフンメル局長が報告した。当県の収穫高は「非常にいい成績」で、全県のなかでトップであった。だが、パン穀物は割当量の六五・四％に過ぎなかった（VEJ 9/26）。

発疹チフスの危険は、住民の抵抗力、「とくにユダヤ人の抵抗力の悪化」の結果、増大していた。ゲットー住民の食べ物はいうまでもなく「不十分」だった。食料不足に加え、「清掃手段の不足と過密住居」の問題があった。ゲットーで報告された発疹チフスは、「今日、二四〇五件」であった。しかし、実際の感染者数は「はるかに多い」と見た。ワルシャワ県ではポーランド人の発疹チフス患者は五〇五人にとどまっていた。したがって、「ユダヤ人をゲットーに集めたことは幸運であった」。現在、重要なことは、ゲットーの「完全な閉鎖」であった（VEJ 9/26）。

フンメル局長はゲットー外出禁止違反者に対する死刑執行状況を報告した。ワルシャワではそのための裁判所増設を行った。「ようやく四五の死刑判決を下すことができた」が、執行は「ようやく八件」であった。すべての個別ケースにつき、クラカウの恩赦委員会が最後の決定を下さなければならなかったからであった。すでにさらに六〇〇件、判決申請がでていた。このような特別裁判所手続きの方法では、ゲットーの効果的封鎖は、「不可能」だった。処刑までの手続きが「過剰な形式であまりにも長引いて」いるから、単純化をしなければならない、というのが結論であった（VEJ 9/26）。

以上のような総督府の各責任者からの報告を受けて、総督フランクが最後に決定的な総括演説をした。

4．総督フランクの閣議総括演説――「ドイツ民族防衛のため」のユダヤ人殺戮

彼はまず、ユダヤ人については、「まったくオープンに言いたいのだが」、いずれにせよおしまいにしなければならないと。その意味は？

フランクによれば、総統は「統合したユダヤ人」が再び世界戦争を引き起こしたら、戦争に巻き込まれた諸民族に血の犠牲がもたらされるだけでなく、ヨーロッパのユダヤ人がその最後を見出すだろうと述べた。ドイツでユダヤ人に対してなされている多くの措置が非難されているのは「知っている」。民情報告からわかるが、残虐行為や過酷さが巷間語られている。しかし、「同情は、世界の他のだれでもなく、根本的にドイツ民族だけに持たなければならない。他のものはわれわれに同情などまったく持たなかった」と。ドイツ民族の防衛こそが中核理念であった。「ドイツ人よ、自らを守れ」と。老国民社会主義者として言わなければならない。ユダヤ人連中がヨーロッパでこの戦争を生き延びたら、われわれがヨーロッパの維持のためにわれわれの血を犠牲にしても、この戦争は部分的勝利しか意味しない。ユダヤ人に対しては、根本的に「彼らが消え失せてしまうとい

う期待」だけから出発したい。彼らを「東方へ追放する目的のため交渉」してきた。一月（すなわち一九四二年一月…引用者注）にベルリンでこの問題で大きな会議が開催される。これに次官ビューラー博士を派遣する。会議は帝国保安本部でハイドリヒ親衛隊大将のもとで行われる。いずれにしろ、「大規模なユダヤ人移動が始まる」ことになろうと（VEJ 9/26）。

ヴァンゼー会議は、当初一九四一年一二月九日の予定であった。しかし、一二月七日（現地時間）日本が真珠湾攻撃を敢行した。軍事同盟国として対米戦争に対応しなければならなかった。宣戦布告とそれに伴う全官庁の準備など緊急事態で次官級クラスの会議は延期となった。ハイドリヒの新たな招待状は、会議を「これ以上引き延ばせない」として、一九四二年一月八日付であった（開催一月二〇日）。フランクは、すでに閣議開催の一二月中旬までに、「大規模なユダヤ人移動」を議論する会議が一月に開催されることになったことを知っていたのだ。

フランクはさらに続ける。ユダヤ人に何が起きるべきなのか、と。東部占領地域の民政統治下オストラントの植民村で彼らの面倒をみることになるなどと信じられるか。ベルリンにユダヤ人問題をなんとかしてくれと訴えると、ベルリンでは、「なぜ厄介ごとを持ち込むのだ」、オストラントやその他の占領地でユダヤ人に関して何か始めることはできない。「自分自身で彼らを抹殺しろ」と。帝国ドイツの全構造をここで維持するためには、ユダヤ人と出会うところではどこでも、可能ならどこでも、われわれが「ユダヤ人を全滅させなければならない」と（VEJ 9/26）。みられるように、いまやユダヤ人全滅は第三帝国の全統治構造・全占領支配の問題となっていた。

まさにその方法が問題であった。それは局長フンメルが述べたようなものではありえなかった。特別裁判所の裁判官も、それに責任はない。それは、「法的手続きの枠内にはないから」だった。そのように「巨大な前代未聞の出来事」は従来の諸見解に任せることはできない。この目標に導く道を見つけなければならない。そこで、それについて「考えを練っている」(VEJ 9/26)。

フランクはさらに続ける。食料事情の劣悪化の責任をユダヤ人に転嫁し、ユダヤ人はまた「われわれにとって異常に有害な大食漢だ」と。総督府には概算で二五〇万人、ユダヤ人との姻戚関係者などを含めると現在三五〇万人のユダヤ人がいる。この三五〇万人をわれわれは「射殺することはできない」。また、彼らを「毒殺することもできない」。しかし、何らかの仕方で「絶滅の成果をもたらす処置」を実施することができるだろう。それは、ライヒ(帝国)と話し合うことになっている「大々的措置と関係」している。総督府はライヒ(ドイツ本国)と同じく「ユダヤ人がいない」ところにしなければならない、と。

後になってみれば「毒殺」(一酸化炭素、次いで青酸ガス)こそが実際に選択された方法であった。しかし、その方法は四一年一二月一六日時点では、フランクにも思いも及ばなかった方法であったことがわかる。だが、すでにヘウムノ(リッツマンシュタット近郊)での自動車排気ガスによる殺害が一二月初めから開始されていた。グロボチュニクの下、ベウジェツでのガス殺(エンジン排気ガス利用)

施設の建設も始まっていた。背後ではガスによる殺害の諸計画が進展していたのだ。

以上の総括で総督府では、ヒトラーが軍事同盟国日本の真珠湾攻撃に呼応した対米宣戦布告で創出した文字通りのグローバルな世界的対決軸を踏まえた「ユダヤ人問題の最終解決」（大量殺害）の方針が決まったといえよう。すなわち、総督府内で問題を解決すること、その方法・手順等については不確定だが、いずれにせよ、総督府でユダヤ人の絶滅を進める、ということであった。その執行をハイドリヒ指揮下の帝国保安本部、治安警察保安部が担う。

【総督フランクの根本課題】

総督府統治の課題は以上にとどまらなかった。隣接のウクライナはこの間に民政統治下になっていた。この占領下民政統治地区と総督府内のウクライナ人居住地域の統治をどのように行うのか。これもベルリン中央の重要課題であった。総督フランクは、領土内ガリツィアのウクライナ人に対して、大ドイツの内部にウクライナ人の自立国家性を承認できるかのような印象を発生させてはならなかった。ウクライナ人問題の解決はポーランド人の場合と同じようにすべきであった。すなわち、彼らを「未来永劫労働力としてドイツに奉仕させる」ことが基本方針であった。しかも、その場合、ウクライナ人はポーランド人に対するバランス材料として、分割統治を行うのに適していた。いずれにせよ、彼によれば、ガリツィアは大ドイツ帝国の一部とすべき土地であった。総督府の全官庁は、国防軍と協力しつつ、ウクライナ人自立化傾向を消滅させ、ウクライナ旗の掲揚を「絶対的なミニマム」に削減しなければならなかった（VEJ 9/26）。

とりわけ次の思想、総督府領域を帝国東部地域の再ドイツ化プロセスの遂行後にヨーロッパの構成部分にすることが、彼の発想の基本に貫徹していた。そのヨーロッパたるや「ドイツの絶対的浸透の支配下に」置かれるべきものであった。総督府を野蛮と誹謗中傷されてきた「ヴァンダル族のガウ（大管区）にするのだ」。ここに、すなわち、ドイツの全ヨーロッパ支配の理念と将来構想のなかに、ヴァンダル族の欧州席巻になぞらえた東欧諸国征服とその地のユダヤ人の運命が位置づけられた。したがってまた、「総統府の課題は、東方への出発の全構造において世界史的性質のものだ」った（VEJ 9/26）。

5. 世界大戦・総力戦の死闘とヴァンゼー会議

【一九四二年一月二〇日ヴァンゼー会議と総督府の要請】

ソ連征服の野望がすぐにも実現するとの「勝利の熱狂」が冷めやらない時点の一九四一年七月三一日付で、ヒムラー直属の帝国保安本部長官ハイドリヒは外務省、四カ年計画庁、親衛隊人種・植民部、内務省、法務省など「ユダヤ人問題」の解決にかかわってくる中央諸官庁と調整する仕事を自ら企画し、引き受けようとした。中央諸官庁の代表（次官クラス）を集める主催者としての資格・権限は、第三帝国ナンバーツー、ゲーリングと交渉し彼の自筆署名の命令書を取得することで確立した（IMG, IX:574）。だが、ヒトラーは八月初めの時点での大々的計画を承認しなかった。現実の独ソ戦は、ソ連の激しい反撃により、楽観的な征服希望が打ち砕かれつつあった。ヒトラーの同意も得られず、中央諸官庁会議の開催など当面不可能となってしまった。

ところが四一年九月に「総統のご希望」により、ドイツ、オーストリア、西部占領地域から戦時中とはいえ、臨時的にでも移送を再開せざるを得なくなった。しかしすぐに受け入れ不可能が判明した。それでも「総統のご希望」に従う政策を準備し敢行するしかなかった。モスクワ攻撃の「タイフーン作戦」の挫折が露呈しはじめる一一月末、すなわち遂に中央諸官庁次官級会議の招集状を出した。だが、会議予定日には、世界的大転換が勃発していた。

いまや、対象のユダヤ人は単にソ連・東欧だけではなくドイツ支配下ヨーロッパの全ユダヤ人となった。議事録（ヴァンゼー会議記念館編著 2015）によれば、全ヨーロッパの一一〇〇万人に上るユダヤ人問題の「最終解決」は、「西から東に向かって掃き清め」るように実施するものとした。総督府には西方からのユダヤ人移送を受け入れる余地はもはや極端に少なくなっていた。さらにフランクが確認したように、総督府から東のソ連占領地への移送は受け入れ余地がまったくなかった。高まるばかりの西方からの東方への移送＝追放圧力と、受け入れ不可能・拒絶圧力。そのはざまでヒトラーの予言の実行、大量殺害へのヴェクトルが強まることになった。

会議では、保護領ベーメン・メーレンを含む帝国領域は、住宅問題およびそのほかの社会的政治的必要性から、「最終解決」において「先に措置がとられる」こととされた。四カ年計画庁など会議参加省庁からは労働力需要の要求も示された。それに応じて、最終解決の実施においては、適切な方法により東方において「労務作業に投ぜられる」ことも確認された。厳しい労働投入の後でも最後まで生き残る部分があるだろうが、それは、「最も抵抗力のある部分であり、適切に処置」するとした。完膚なき絶滅の方針が定まった。

会議の最後に、総督府次官ビューラーは、「最終解決」を総督府から開始することを求めた。総督府のユダヤ人問題は一二月閣議の議論を踏まえ総督府領内において解決することが規定方針となっていた。フランス、オランダ、ベルギーなど遠い西部占領地と違って、総督府領においては、「輸送の問題は優先的な課題」とならなかった。閣議総括でフランクが言ったことを受け、ユダヤ人は「可及的速やかに領内から除去されなければならない」のであった。まさにこの地域で「ユダヤ人は伝染病運搬者として重大な危険を意味している」し、領内の経済構造を闇商売で絶えず無秩序にしているからであった。しかも、対象となるユダヤ人約二五〇万人の過半数は、「労働不能である」とビューラーは強調した。

【一九四二年一月三〇日ヒトラー国会演説】

一九四二年一月一日の連合国二六か国宣言を受けて、ヒトラーには世界戦争遂行のため国民統合に向けた大演説が必要となった。ここでも、その統合の重要な精神的武器が反ユダヤ主義による敵の定義であり、敵殲滅の宣言であった。「この戦争の結果は、ユダヤ人が思っているようにヨーロッパのアーリア諸民族が根絶されるのではなく、ユダヤ人の絶滅だ」と。ここでも注意を喚起しておけば、「アーリア諸民族が根絶されるか」、「ユダヤ人の絶滅か」が対置されていることである。そこから、ユダヤ人絶滅を引き出している。もはや三九年一月三〇日の演説のように「予言だ」と限定することはなかった。一年前、四一年一月三〇日の国会演説でも、「ユダヤ民族によってほかの世界が全般的な戦争に引きずり込まれたら、全ユダヤ民族がヨーロッパにおけるその役割を演じ終えることになろう」と予言していた。しかし、今や、もはや「予言」ではなかった。四一年一二月一二日のナチ党幹部に対する断言、すなわち総督府とヨーロッパ占領下のユダヤ人絶滅の基本方針の宣言であり、その国会演説での確認であった。

ヴァンゼー会議でハイドリヒ帝国保安本部が到達した「最終解決」基本方針とその全機構による実行は、ヒトラーの論理、すなわち、世界戦争によってアーリア諸民族が「根絶される」か、第三帝国ドイツがユダヤ人を「絶滅する」かの二者択一を国民・ナチ党・親衛隊に突き付けた結果であった。その対置がユダヤ人殺戮を正当化する論理となった。帝国保安本部によるその実行、とくに比較的規模の大きな個別の疎開作戦を開始する時期は、「戦況いかんによる」のであった。

総督府は対ソ攻撃への軍隊・武器弾薬等重要物資の輸送路であった。総督府は、レニングラード、モスクワ、スターリングラードへの三つの前線へのドイツからの中継地であり、戦争遂行の太いパイプが通過していた。総督府の地理的位置と重要性を考えるには、第二次世界大戦、とくに四一年一二月以降の対米戦において、日本と東南アジア諸地域を結ぶ日本軍ロジスティック生命線のアメリカ潜水艦による撃沈・撃破のもたらした苦境と悲劇を想起する必要がある。日本兵一四〇万人は「餓死した英霊」(藤原彰)となった。四二年のスターリングラード攻撃準備と攻防戦、死闘と苦境などの戦局と戦時経済・占領下の治安情勢等の全体状況が、「最終解決」の進行を規定していく。

ラインハルト・ハイドリヒは一九四二年五月二七日、出勤途中プラハ市街で手榴弾を投げつけられ重傷を負った。そして、六月四日プラハで死去した。報復の熱情に燃えて、親衛隊全国指導者・ドイツ警察長官ヒムラーが仮借ないユダヤ人絶滅に一層の拍車をかけた。弔い合戦の合言葉が「ラインハルト作戦」であった(VEJ 9:28)。

6. ラインハルト作戦の段階的急進化

（1）大量殺害の第一段階一九四二年三月から六月——春・夏の総攻撃の総体的力学のなかで

【世界戦争のヒトラー流大義】

一九四二年二月二四日、ヒトラーはミュンヘンでの党創立祭に出席できなかった。この記念祭に出席できなかったのは初めてのことだった。最終的対決の準備を行うため、総統大本営を離れることができないからだとした。それだけ、彼は独ソ戦に加えての対米英戦で厳しい状況に置かれていたのだ。しかし、記念祭に送ったメッセージはまず戦果を誇った。四一年六月から一〇月まで、「わが民族と故郷を最終的に絶滅する意図を持った敵の領土」にドイツ軍は一〇〇〇キロ以上進撃した。しかし、一一月末には厳寒が歴史上前代未聞のドイツ国防軍の勝利の進軍をしばらくとどめさせた。敵はナポレオンの敗退の運命を期待している。「金権政治の世界」米英とソ連とが、「アーリアの民族と人種の根絶」を目標にしているのであった。米英とソ連、すなわち「ユダヤの資本主義と共産主義」に勝つこと、その文脈でドイツ占領下の何百万の無防備なユダヤ人の「根絶」を正当化する主張を展開した。

一九四二年三月一日、ヒトラーは満州国皇帝に国民祝日祝賀電報を送った。同日、彼は、「戦争必須の課題」として計画的精神的戦闘に関する命令を発した。それは、「ユダヤ人、フリーメーソン、およびそれらと同盟した世界観的なナチズムの敵どもが現下のドイツ帝国に向けられた戦争の張本人だ」とした。そして、東部占領地域相アルフレート・ローゼンベルクに国防軍最高司令部長官と協調してこの課題を遂行することを託した。

ここでも、世界戦争が問題になっている。その張本人が、ユダヤ人だ（ユダヤ人に還元できる）というわけである。みずから、ドイツ民族の帝国膨張・帝国主義を主導し、対米宣戦布告も自ら行った。だが、その責任は、敵側にあり、「世界観的な敵」で概括できるユダヤの勢力にあるとした。世界戦争による第三帝国の負担・被害の増大を、「ユダヤ的勢力」の殲滅に向ける論理がここにある。

【最初の絶滅収容所ベウジェッツ】

ルブリン県ベウジェッツで一九四二年三月、最初の絶滅収容所の建設がほとんど終了した。殺害対象の「労働投入不可能なユダヤ人」がザモシチ郡の最もウクライナ国境に近い駅ベウジェッツに送り込まれた。毎日、一〇〇〇人の輸送列車四～五本を受け入れる、すなわち四～五〇〇〇人を殺害することができるとされていた（VEJ 9/48）。

ベウジェッツは後に建設されるソビボール、トレブリンカと同じように純粋な殺害施設であった。犠牲者は到着直後に殺害された。「収容所」の機能としては、ベウジェッツ、ソビボール、トレブリンカはかなり長い間、親衛隊要員、「異民族補助志願者」から編成された監視員、そして総数数千人のユダヤ人補助囚人の宿泊に利用されただけであった。ユダヤ人補助囚人もある期間がたてば同じように殺害された。彼らは新しく到着した輸送列車から抜き出されたユダヤ人によって置き換えられた。四二年三月一三〜一四日、総督府にヒムラーがやってきた後、ゲットーからベウジェツへの移送が始まった（VEJ 9:23）。

ドイツ占領権力はこの犯罪を可能な限り摩擦なく、また少ない人員で遂行するために努力した。そのために、地域のユダヤ人評議会の「協力」を強要した。レンベルクでは当地のユダヤ人評議会がウクライナの「新しい移住地に移送するため」と称して三万人を出頭させる指示を受け取った。移住（「疎開」）だという名目は、生活条件改善を期待する向きもあってか、最初、効果を発揮した。当地のユダヤ人住民の間では「約三万人の老人その他の労働過程にいないユダヤ人」の移住作戦の開始で「安心感が目立って広まった」。この都市の食料事情が「非常に劣悪」だったことも一因であろう（VEJ 9/49）。

三月一六日の最初のベウジェツへの移送には、ゲットー住民のなかから十分な数の志願者が出た。ほとんどが家族親類のいない完全に資産のない人々だった。しかし、数日後、レンベルクの人はこの列車が短時間のうちに空で帰ってきたことに気づいた。連行されたものの運命について急速に噂が広まった。この後、誰も自発的には志願しなくなった。そのようなわけで、レンベルク親衛隊・

警察指導者フリードリヒ・カッツマンが介入し、ユダヤ人地区の体系的なローラー作戦を命じた。これに対し、ルブリンでは初めから大きな警察動員が行われ、三月一六日夕方ゲットーは包囲された。警察の手入れは極度の野蛮性のなかで経過した。その結果、犠牲者にはすぐに労働へのリクルートではないことがはっきりした。最初の週だけでドイツ警察はゲットーで一二六人を射殺した(VEJ 9:23)。

【ゲッベルス、「筆舌に尽くせない」方法を現認】

ベウジェッツにおける大量殺害がきわめて残酷であったことは、その現場を知る人間にしかわからなかった。その一人がゲッベルスであった。彼は、一九四二年三月七日の日記に次のように書いていた。「ヨーロッパにはまだ一一〇〇万人のユダヤ人が居る。彼らは後でまず東部に集中されなければならない。場合によっては、戦争が終わった後、ある島、たとえばマダガスカルに割り当てなければならない」と。彼はすでにこの時点では過去のものとなっていた移住ないし移送プランを将来の可能性の一つとして書き込んでいた。しかし、三月二〇日の日記には、ユダヤ人問題で「総統は以前と同様仮借ない。ユダヤ人はヨーロッパから出ていかなければならない。必要なら、最も残忍な手段であっても」と書き込んだ。「移送」、「移住」ではなく、今や「最も残忍な手段」がヒトラーないしその周辺(ヒムラー)から漏れ出ていたと思われる。

少なくとも三月二七日までに状況と問題解決方法、それに関して彼が得た情報から、事態がマダガスカル計画などとはまったく違うやり方に完全に変化したことを彼は確認した。その日の日記に彼は書いた。「総督府から、当面ルブリンから始めて、ユダヤ人は東方へ追放されることになる。ここでは、相当に野蛮な、詳しくは書けないやり方が適用されている。ユダヤ人自体、もはや多くは残っていない。概略で、ユダヤ人の六〇%が抹殺されなければならないことが確認される。まだ労働投入できるのは四〇%のみだ。……総統が彼らに、新しい世界戦争を引き起こしたならば、と忠告しておいた予言が、最も凄惨なやり方で実現されはじめている。この件では何の感受性も支配させてはならない。ユダヤ人は、もしもわれわれが身を守らなければ、われわれを絶滅するだろう。これは、アーリア人種とユダヤ人の伝染性ばい菌との闘いなのだ。いかなるほかの政府も体制も、この問題を全体的に解決する力を示すことはできない。ここでも総統は不屈の前衛であり、ラディカルな解決の代弁者なのだ。総督府の諸都市で空きの出たゲットーは、今やドイツから追放されたユダヤ人で満たされている。ここでもある程度時間がたてばプロセスが更新されることになる。……ユダヤ民族のイギリスとアメリカの代理人がドイツに対する戦争を組織し宣伝している。それについては彼らのヨーロッパの代理人が高い代価を支払わなければならない。それは正当なことだとみなされなければならない」と、ここでも対米英戦争の正当性を反ユダヤ主義の論理で書き付けている。

【殺害犠牲者の選抜、絶滅収容所の大規模化と増設】

連行者選抜のやり方によっても、今や求められているのが強制労働者でないことが明らかであった。ドイツ警察は、生活保護に頼っていて労働能力がないとみなされるユダヤ人をできるだけ多く連行しようと狙っていた。

目指す犠牲者を分離し、同時に識別できるように、労働局は時々種々の色の新しい労働証明書を発行した。相当数の場所では占領権力者はゲットーを空間的に分け、A（労働能力あり）、B（労働能力なし）に、あるいは、A（戦時重要）、B（労働能力あり）、C（労働能力なし）に分離した（VEJ 9:23-24）。

一九四二年五月総督府労働局は全ユダヤ人を調べ、労働力の等級付けを行った。これは、一方では可能な限り労働力不足を緩和し、ポーランド人労働者をドイツに送り出す必要性と関係していた（VEJ 9/73）。他方では、それ以外のユダヤ人の大量殺害の準備・実行をさらに進めるものであった。五月九日の総督府政府のルブリン県知事宛緊急書簡は、同月一六日までに当県のユダヤ人手工業者と熟練労働者について可能な限り明確な編成リストを知らせるように指示した。リスト作成においては、ユダヤ人の居住地区におけるユダヤ人の手工業者と熟練労働者の数をどのゲットーか明示して別々に挙げること、また、職業分野についても金属労働者、繊維労働者、皮革労働者、建築労働者、木材労働者、ガラス労働者、自動車手工業者、理髪師を区別すること命じた。さらに、個々の職業分野の人数についても、その手工業者・熟練労働者が戦時重要労働に従事しているか、非戦時重要労働に配置されあるいは失業中で直ちに提供可能かどうか、厳密なデータを求めた。要求されているリストアップは「相当な困難と結びついている」可能性を認めつつも、期限遵守はとくに戦時重要性の諸理由から「無条件に必要だ」とした（VEJ 9/72）。

こうしたことは、ドイツ戦時経済がどのような苦境に陥っているかを歴然とさせるものであった。だがそのことは同時に、当局者による労働不能な人々の排除の論理をさらに苛酷にした。しかも、ドイツなどから新来者が送り込まれてくれば、労働不能者を取り巻く状況はますます厳しくなった。過密で破滅的状態にあるワルシャワ・ゲットーにも、ドイツから何回も輸送列車が送り込まれた。一九四二年四月二〇日のある報告は、新来者が伝染病野戦病院に押し込まれたことを報じていた（VEJ 9/65）。しかし、この時はワルシャワ・ゲットーからの殺害対象ユダヤ人を送致することになっていた絶滅収容所がまだ完成していなかった。それは労働収容所トレブリンカⅠの近くに、トレブリンカⅡとして五月末に設置された。新来者からの選別も厳しかった。ルブリン県のイズビツァ村のゲットーにドイツから送致されたあるユダヤ人は一九四二年六月、極秘に持ち出された婚約者宛書簡によれば、「この間すでに多くの輸送列車がここを出発した。約一万四〇〇〇人やってきたユダヤ人のうち、今日残っているのは約二～三〇〇〇人に過ぎな」かった。去ったものについてはその後「何も耳にしていな」かった。また、最後の輸送列車では、現地で選別が行われたようで、労働投入に向けられる男性だけが帰ってきた。しかし、「婦人も子供も、持ち物もなかった」（VEJ 9:24）。

一九四二年四月二〇日頃、追放はいったん中断した。ベウジェツの改造のためだった。四月に殺害設備を備えた新しい前よりも大きな建物の建設が、同時にソビボールに第二の絶滅収容所の建設が始まった。五月初めに、ルブリン県からソビボールに最初の死の列車が、その後すぐにドイツからの列車も到着した。五月末、ドイツ占領権力はクラカウ県でもまず県庁所在地で強制移送を開始した。治安警察はユダヤ人評議会に移送開始数日前、ドイツ経営で働く労働者のリストアップと全ゲットー住民の書類管理の準備をすることを命じた。書類で重要労働力スタンプを呈示できるものだけが、さしあたっては移送を免れた。スタンプをもらえなかったものは、六月一日、軽量荷物を携帯して移送のために出頭しなければならなかった。すでに前夜から治安警察とユダヤ人秩序サービスの部隊が家々から該当者を引っ張り出し集合場所に追い立てた。その過程では数多くのものが殴打され、その場で射殺された。ユダヤ人自助組織の長も、スタンプをもらえなかった詩人のために肩入れしたところ、擦過銃創で負傷する羽目に陥った。六月一日、クラカウ・ゲットーのユダヤ人の最初の列車が、この間に新しい殺害設備が完成していたベウジェツに向け出発した。その後次々とクラカウから、そしてまた県のほかの諸都市からも移送列車が出発した（VEJ 9:25）。

一九四二年三月半ばから七月半ばまでに約一一万人が移送され殺害された。そのほとんどは自分の労働場所も労働証明書を所有する親族も持たなかった。すなわち、ゲットー社会の最弱者であった。手入れの最初の日々や最初の何週間か、ゲットーに閉じ込められていたユダヤ人のなかでは移送の目的地について広範囲に無知が支配していた。しかし、次第に「ユダヤ人列車」が何を意味するか、秘密が漏れだした。とくにベウジェツやソビボールの近くのユダヤ人は殺害センターに関する情報を得た。そして、ほかの場所のユダヤ人共同体に殺害センターの情報を伝えようと試みた。ポーランド人の鉄道員もほかの県に断片的ではあるが情報を伝えた（VEJ 9/78）。

そこでルブリン県、ガリツィア県、ついにはクラカウ県のユダヤ人共同体も移送が迫ると、パニックに陥った。しかしながら、ゲットー住民の行動の余地は極端に制限されていた。ある町のユダヤ人評議会の秘密会議（五月三日）では、「絶滅からのユダヤ人住民の救済」が議題となった。ゲットーからの逃亡、ポーランド人住民のところに隠れること、そこで無償で農業労働をすることなどが議論された。正体を暴かれないためには正統派ユダヤ人の髭や長髪を剃り、農民の作業服をまとう必要がある。偽造書類、カトリック名の出生書類や身分証明書なども可能なら手に入れなければならないなどと（VEJ 9/68）。さしあたり、ごくわずかのユダヤ人だけがこうした試みを行った。そして四二年秋にようやく、そうした地下潜行が大量現象となった。しかし、仕事場を持っているものは、自分は移送されないとの希望を持ち続けるのがほとんどだった。家族や友人と一緒に生活しようと努力を続けた。こうした可能性が失われてはじめて、ゲットー住民は逃亡を決断し、あるいは抵抗を決心した（VEJ 9:26）。

総督府の全地域・全都市で強制移送が一様に進められたわけではなかった。一九四二年前半、ワルシャワ県やラドム県ではまだ大量の強制移送は行われていなかった。もちろん、ユダヤ人に対するテロルは、ここでも増えていた。ゲットー外部に居るユダヤ人難民は射殺すべしとの命令によって、それは過激化した。さらに、四二年四月一七日、一八日、総督府全域でユダヤ人が政治的に疑わしいとして射殺された。エマニュエル・リンゲルブルム日記によれば、四月一八日には五二人が公開射殺された（VEJ 9/70）。ルブリン、レンベルクあるいはクラカウなどから遠く離れたラドム・ゲットーでも、「ユダヤ人移住」の噂は広まった。だが、あくまでも「移住」の噂だった。ラドムの証人によれば、ルブリン・ユダヤ人の運命についてはさまざまのヴァージョンがあるが、すべてが細部で一致しているのは、「彼らがルブリン近くの村マイダネクへ移住させられるだろうということだった」という。マイダネクは当時まだ強制収容所としては知られていなかったのである。したがって、「移住者が殺害されるだろうという噂は、誰も信じることができなかった」と。また、ワルシャワ・ゲットーのある住人は日記（五月八日）に、「ほとんどの人は大量殺害についての知らせを知っている。しかし、ルブリンの出来事が自分たちのところでは繰り返される可能性はなかろうと仮定している。なぜなら、ワルシャワ・ゲットーにはあまりにもたくさんのユダヤ人が生活しているから」と書き留めていた（VEJ 9:27）。

戦後から今日までの資料発掘と歴史研究、主要戦犯から収容所所長・看守等にいたるナチ体制治安機関員に対する法廷での資料発掘・発見などの到達点からすれば、不思議としか思えないようなことだが、当時の現実においては、こうした認識（誤認）と心理（現実離れの心理）が広く被害者サイドにさえ浸透していたのだ。

【労働力の決定的不足、労働配置ユダヤ人をどうするか】

一九四二年のドイツ戦時経済は、大量動員の裏面としてドイツでもポーランドでも「労働力危機」に直面していた。ますます多数のポーランド人、とくに若い労働者がドイツの強制労働に連行されたが、総督府はそれだけ労働力不足が厳しかった。他方、国防軍は四二年夏まで、強制労働者として活用可能なはずのほぼ二〇〇万人の戦時捕虜を餓死するに任せていた。総督府は、ドイツ国内と違って相対的に連合国の空襲から安全であったため、ドイツ戦時経済のための生産移転も必要であり、数多くのドイツ企業がすでに占領下ポーランドに支社を開設しはじめていた。総督府民政当局も、ユダヤ人の手工業者や熟練労働者を重要な労働力予備と見なさざるを得なかった。国防軍の軍需査閲当局は四二年五月、総督府の戦時経済にユダヤ人をもっと投入するよう求めていた。できるだけたくさんのポーランド人をドイツに送り込むためであった（VEJ 9:27）。軍需経済が必要とするユダヤ人労働力を確保しておこうする将校と「ユダヤ人移住」を迅速に進めようとする秩序警察・治安警察の間で、国防軍や東方鉄道の労働力要請に対する妥協的な「外交的解決」もあったが、場合によっては調整が難しく緊張が高まることもあった（VEJ 9/101）。

（2）大量殺害の第二段階一九四二年七月から一二月
――スターリングラード攻防戦の総体的力学のなかで

ハイドリヒ死去後ユダヤ人問題の「最終解決」の陣頭指揮をヒムラーが執ることになった。早くもハイドリヒ死去前日の六月三日、「ラインハルト作戦」責任者となったグロボチュニクはヒムラーにユダヤ人殺害作戦について一連の提案を行った。同九日、ヒムラーはユダヤ人の「移動」が一年以内に、したがって四三年夏までに終了することを命じた。グロボチュニクとヒムラーは七月九日に高級親衛隊・警察指導者クリューガーと会った。その会談自体の記録は残っていないが、無差別の大量殺害の諸計画と諸準備がなされたと推測されている（VEJ 9:27-28）。

【ヒムラー、総督府全ユダヤ人移送を年末までに完了せよ】

それらを踏まえて一〇日後の七月一九日、ヒムラーはユダヤ人住民殺害を総督府については年末までに終結させるよう命じた。「総督府の全ユダヤ人の移住は一九四二年一二月三一日までに遂行し、完了せよ」と。同日をもってユダヤ系出自の人間は、「一人たりとも」総督府に滞在してはならなかった。ユダヤ人労働力が就業しているすべての仕事もその時点までに終了しなければならず、もしその終了が不可能であれば、集合収容所の一つに移されなければならないとした。この諸措置は、ヨーロッパ新秩序の意味で必要な人種と諸民族の分離のために、そしてドイツ帝国とその勢力圏の「安全と清潔さ」のために不可欠だとした。この統制のいかなる侵害も、「ドイツ全勢力圏の平穏と秩序にとっての危険を意味し、抵抗運動と道徳的肉体的伝染病流行の発端を意味するのだ。すべてのこうした諸理由から全体的な清掃が必要であり、遂行されなければならない」と結んだ。民政当局もユダヤ人追放を次第に強く求めた。その主たる論拠はすでに四一年一二月一六日閣議でも確認したように総督府の食料不足であった。ほとんどのユダヤ人は仕事をしておらず、追放（＝殺害）されるべきだということになった（VEJ 9/96）。

これは第三帝国にとっての総力戦の苦境の反映に他ならなかった。ヒトラー、ヒムラー、ハイドリヒ、グロボチュニクなどに一貫するユダヤ人殺害正当化の論理をここでも確認できよう。ベウジェツ、ソビボール、トレブリンカでの計画的な連日の大量殺害は、四二年後半に大々的に拡大された。

【一九四二年夏スターリングラード攻撃開始と規則的大々的移送開始】

一九四二年のヒトラー・ドイツ国防軍の夏季大攻勢作戦の進行と呼応しつつドイツ占領下全ヨーロッパでの治安平定も大攻勢作戦となった。ユダヤ人問題「最終解決」・大量虐殺の画期的進展は七月半ば、総督府に限らず、ドイツ支配下ヨーロッパの西部・東部諸地域で始まった。民政統治下にあった白ロシアやウクライナでは最後のゲットーの解体が始まった。七月半ば以降、西ヨーロッパからのアウシュヴィッツ・ビルケナウ（アウシュヴィッツ第二）への規則的なユダヤ人「移送」も始まった。七月二二日、ラインハルト作戦の親衛隊・警察幹部がルブリンからワルシャワのユダヤ人評議会にやってきた。議長チェルニアコフに、今後毎日五〇〇〇人を移送に出すようにと命じた。「年齢性別を問わずすべてのワルシャワに住むユダヤ人は東部に移住させられる」と。除外されるのは、a. ドイツの政府の機関や経営で就業し、その証明書を提出できる全ユダヤ人、b. ユダヤ人評議会の評議員・職員の全員、c. ドイツの企業で働いており、その証明書を提出できる全ユダヤ人、d. これまで労働過程に組み入れられていないが労働能力ある全ユダヤ人、e. ユダヤ人の病院の人員とユダヤ人消毒隊に属する全ユダヤ人、f. ユダヤ人の秩序維持業務に属する全ユダヤ人、および、g. として、a～f の最も近い家族（夫人と子供）、などであった。携帯可能なのは、旅客手荷物として一人当たり所有品一五キログラムであった。全貴重品、すなわち、貨幣、宝飾品、金など、そして食料三日分も携帯可。トレブリンカは完成したばかりだった。移住は、七月二二日午前一一時に開始。議長チェルニアコフは、七月一八日から二三日まで、トレブリンカへの最初の移送開始まで、毎日日記に経過を記した後、自殺した（VEJ 9/98）。

【ゲットー強制移送「大作戦」、輸送問題のない総督府内部で】

最初こそ食料配給の特別配給の約束でゲットー住民は「移住」に引き込まれたが、数日のうちに輸送が直接死への道であるというニュースが広まった。ドイツ警察と外国人助手たち、とくにトラヴニキの親衛隊養成収容所のメンバー——釈放されたソ連戦時捕虜——は、すぐさま手荒な摘発を敢行した。一九四二年七月から九月までにゲットー手入れ（「移住者」調達）の際に少なくとも六六〇〇人が射殺された。強制移送に定められたユダヤ人は暴力でいわゆる積み替え場に追いやられた。該当者が労働証明書を持っているかどうかなども、手入れや選別においてはもはやほとんど何の役にも立たなくなった。警察は、毎日、五〇〇〇人あるいは一万人の追放割り当てを達成し列車を満杯にすることに全力を傾けた。例外的にドイツ人雇用者がユダヤ人強制労働者とその家族を外してくれるように頼んで、かろうじて助けられた。残りはすべてトレブリンカに送られた（VEJ 9:29）。

四二年八月末・九月初めに短い中断はあったが、ワルシャワからほぼ五〇日、死の輸送列車が出た。正確な人数はわからない。ユダヤ人評議会の統計は二六万五〇〇〇人としている。しかし、発行された食料配給カードの数から算定すると、それよりはるかに多くの人が殺害された。残存する統計は犠牲者の年齢と性別も記録している。その三分の一以上が子供であった。ほとんど例外なくすべての子供とほとんどすべての六〇歳以上の人がガス室に送られた。ゲットー住民の三分の二近い婦人のうち、一一月に生存していたのはわずかに七%であった（VEJ 9/195）。

「大作戦」が四二年九月に終わった後、占領当局はワルシャワ・ゲットー面積を縮小した。もともと四〇万人以上収容でドイツ人設立の最大ゲットーだったが、いまや公式に約三万人のユダヤ人労働者が生存しているだけであった。そのほかほぼ同数の「非合法者」が隠れ住んでいたとみられた（VEJ 9:31）。八月から九月、生存者の間にゲットーから逃げ出すか隠れようとする動きが広がった。四二年一二月のエマニュエル・リンゲルブルムのワルシャワ日記には、潜伏者が「非常に増えた」とある（VEJ 9:32）。この非合法潜伏者こそは、第三帝国のスターリングラードでの敗北に呼応ないし奮起して四三年春のゲットー蜂起に立ち上がり、徹底的に鎮圧された人々であった。彼らは、四二年晩夏から秋にかけて、輸送列車の残酷な噂を多くのゲットー住民が信じるようになり、戦前からの知人・友人で「アーリア側」の人に子供をかくまってもらったり、逃亡したりしたが、その後になお残留した居留民であった（VEJ 9:35）。

一九四二年七月から九月末、ワルシャワ以外の諸県でも大量殺害は頂点に達した。総督府のすべてのゲットーからほとんどの住民が集合場所に駆り立てられた。若干の労働者を選別除外した後は犠牲者がベウジェツとトレブリンカに送り込まれた。ソビボールへの列車だけは、しばらく中断された。そこへの線路が一〇月初めまで故障していたからである。ワルシャワからの強制移送が全速力で進行中、ルブリン親衛隊・警察部隊は県東部で当地のゲットー住民の移送を推進した。ラドム県でもゲットー住民追放は壊滅的結果をもたらした。そこには四二年半ば約三五万人が住んでいた。

しかし七週間弱、すなわち四二年八月から九月に、そのうち約三〇万人がトレブリンカで殺害された（VEJ 9:31）。ルブリン県ではすでに一一月にはユダヤ人殺害が公式には終了したとみなされ、ルブリンの残りのゲットーが解体された。移送が強行された後のゲットーの多くは、強制労働者とその家族のみが残っている「労働ゲットー」と宣告された（VEJ 9:32）。

【総督府「最終解決」の完遂】

総督府には占領のさまざまな時期に強制労働収容所が約三〇〇から四〇〇あった。もちろんその多くは住宅ブロックが短期間だけ存在するものだった。絶滅施設への移送は一時的に免れるだけであり、ぞっとするような生活諸条件のもとにおいてだった。一九四三年初め、総督府では公式のドイツ記述で、約三〇万人のユダヤ人――ほとんどは男女強制労働者――が残っていた。しかし、ラドム県とワルシャワからトレブリンカへの移送は継続され、クラカウからは西に位置するアウシュヴィッツ・ビルケナウ（アウシュヴィッツ第二）に連行された。東ガリツィアでは四三年初め以降再び警察が大量射殺を行った。この時点でごくわずかのかなり大きな諸都市にはゲットーがまだ存在したが、四三年夏までに例外なく解体された。四三年七月、ドイツ官庁の見地では、総督府の「最終解決」がほぼ完遂された（VEJ 9:32）。

いまやほんの少しの強制労働収容所のみが残っていた。しかし、囚人の絶望的状態と赤軍接近から、四人蜂起が危惧される情勢となった。四三年一〇月、親衛隊指導部は総督府の南部と東部の最後の収容所も解体することを決定し、被収容者を殺害することにした。親衛隊・警察部隊は四三年一一月三日と四日、シニカルな偽名「収穫祭作戦」でルブリン県の二つの強制労働者収容所とルブリン－マイダネクの四人ほぼ全員約四万三〇〇〇人を射殺した。これが総督府で最後の大規模殺害作戦だった（VEJ 9/277）。

ラインハルト作戦責任者グロボチュニクはヒムラー宛（四三年一一月四日付）に、「私は一九四三年一〇月一六日に、私が実行した総督府におけるラインハルト作戦を終了し、全収容所を解体しました」と報告した。最後の大作戦の前に、彼は新しい勤務地アドリア海沿岸地方作戦地域に転出していた（VEJ 9/275）。ヒムラーは四三年一一月三〇日、彼に感謝状を贈った。「ラインハルト作戦遂行で全ドイツ民族のために成し遂げた大きなまたとない功績」を称えて。四四年一月五日、彼は作戦の経済的決算報告（四三年一二月三一日締め）をヒムラーに提出した。

作戦で手に入れた①ライヒスマルクとポーランドのズウォティ、②外貨（紙幣と金貨）、③貴金属、④繊維素材、⑤切手、硬貨など、⑥石鹸、洗剤、食器など、⑦輸送時携帯品、⑧高価な家具類といった没収品分類をして、総額一億八〇〇〇万ライヒスマルク。ただし、この金額は最低見積額で、実際にはこの倍の価値があるとしていた（VEJ 9/281）。

ラインハルト作戦による殺害者数は、ベウジェツ（一九四二年三月～一九四三年初め）六〇万人、ソビ

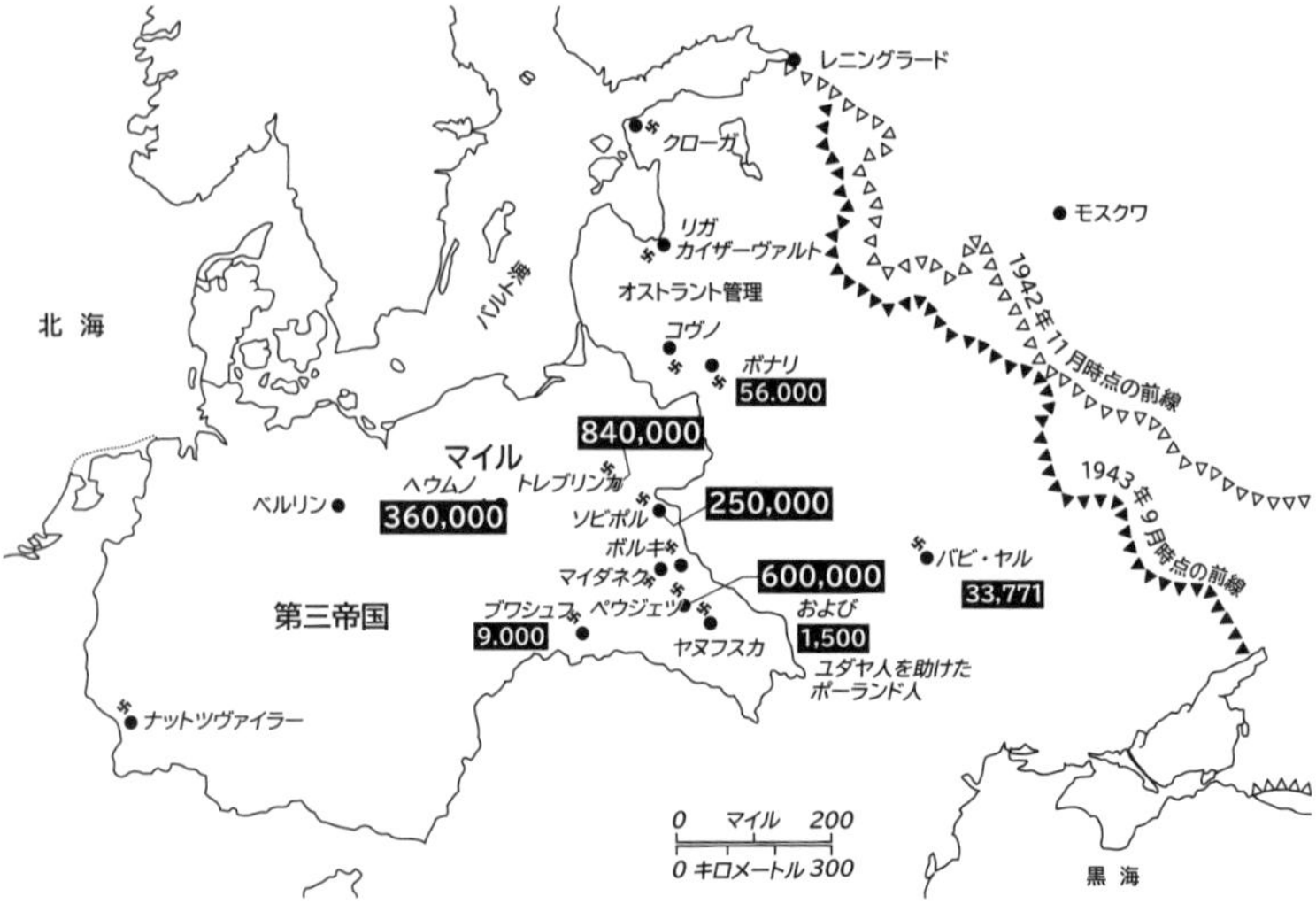

出所：ギルバート［1995］217.

地図　ラインハルト作戦絶滅収容所解体痕跡抹消　1943 年春～ 11 月

ボール（一九四二年五～六月、一〇～一二月、一九四三年三～八月）二五万人、トレブリンカ（一九四二年七月～一九四三年八月）九〇万人であった（永岑 1994:109）。

　これらのいわゆる絶滅収容所（厳密にはユダヤ人収容施設ではなく単なる殺害施設）は、既述のように一九四三年から一一月までに完璧に解体され証拠隠滅がなされた。敷地は自然に返された。ラインハルト作戦の三つの大量殺害施設は、一九四二年三月から一九四三年春までの局面で「中心的殺害工場」であった。その後初めてアウシュヴィッツ・ビルケナウ（アウシュヴィッツ第二）が重要性を持った（VEJ 9:36）。ドイツ占領下にあるスモレンスク近郊「カチンの森」でソ連によるポーランドの将校などを大量殺害した埋葬地の発掘は、四三年二月であった。そのソ連・スターリン主義の犯罪をゲッベルス以下の第三帝国宣伝組織が大々的に国内外に喧伝した背後で、実は第三帝国のユダヤ人大量殺害の証拠は徹底的に湮滅していたのだ。ソ連が自らの犯罪を公式に認めたのはゴルヴァチョフ時代になってからであった。

さらに、自動車排気ガス室により、ヘウムノ(クルムホーフ、一九四一年末～一九四二年五月、一九四二年九月～一九四三年三月)で一五万二〇〇〇人が殺害された。そしてアウシュヴィッツ・ビルケナウ(一九四一年九月、一九四二年一月～一九四四年一一月)一〇〇万人、マイダネク六万～八万人(永岑1994:109)。

ヒムラーは一九四二年末までにラインハルト作戦の完遂を命じていた。それはどこまで達成されたのか。

アウシュヴィッツ・ビルケナウ(アウシュヴィッツ第二)の四つのクレマトリウムがやっと稼働しはじめる四三年三月、親衛隊統計局長コーヘーアは四二年末までのヨーロッパ・ユダヤ人の「減少」に関する総括的統計を作成した。それはラインハルト作戦の遂行状況だけではなく、三三年政権掌握からのユダヤ人難民化、親衛隊保安部による計画的「対ユダヤ人闘争」開始の三七年から四二年末までの全体的総括となっていた。それによれば、①移住、②中欧東欧ユダヤ人の「死亡過多」(死者数マイナス出生数)、③「疎開」(とくにユダヤ人の数が多い東方諸地域からの「疎開」)によって、約四〇〇万人「減少」した。ただし、この数値には占領東部地域のソ連ユダヤ人の死者数は「一部しか含まれていない」と（VEJ 6/239）。その約二か月後の四月一九日付で、ヒトラーへの誕生日（四月二〇日）プレゼントとでもいうのか、コーヘーアはヒムラーの要望により大型活字の添削圧縮版（史料集ページ数でみると一二ページ少しから五ページ少しへ半分以下）を作成し、それがヒトラーに提出された（VEJ 11/12）。この時点までのヨーロッパ・ユダヤ人の迫害・殺害の全体的結果を概観する「初めての統計」は、四二年末までに四五〇万が「減少」したと見積もっていた（VEJ 11:14）。

「世界戦争をユダヤ人が引き起こせば、ボルシェヴィズムの勝利、したがってユダヤ人の勝利ではなく、ユダヤ民族の絶滅だ」と豪語し予言してみせたヒトラーであったが、今や直面するのは独ソ戦敗退の決定的段階を画するスターリングラードでの敗北であった。それは彼の論理からすれば「ボルシェヴィズム＝ユダヤ人・ユダヤ民族の勝利」であるはずだった。米英の「ユダヤの国際金融資本」のドイツ本国とイタリアへの攻撃も激しさを増してきた。それだけに、ここに至って、ボルシェヴィズムや「ユダヤ国際金融資本」に対する勝利を主張できない以上、「ヨーロッパのためのユダヤ人絶滅」の達成度だけを抽出して統計的に確認しておくことが心理的に必要だったのであろう。そしてこの後も、第三帝国の全面的敗退過程においてアウシュヴィッツ・ビルケナウ（アウシュヴィッツ第二）でのユダヤ人殺戮だけには「勝利」することになる。それが、彼によれば、ドイツ民族に「感謝される」はずの自分の貢献であった。

結び
——ポストコロニアルの忘却の大河に抗して

以上でわれわれは、ホロコースト（ショア）を理解するためには、アウシュヴィッツ以前の歴史の理解が決定的に重要であること、第一次世界大戦から第二次世界大戦までの世界史のなかで、とくに二つの世界大戦と革命の関連性においてユダヤ人大量殺害の原因・経過・帰結等を見ていくことが必要なことを明らかにした。いまなお啓蒙書や歴史辞典などには、ニュルンベルク裁判当時の証言（ヴィスリツェニー、アイヒマン、IMG, IV:411）を根拠にする言説、すなわちアウシュヴィッツの「犠牲者は四〇〇万人に及んだといわれる」などというものが見られる。しかし、これは誤りである。一九九〇年代までの欧米歴史研究の到達点は、アウシュヴィッツの犠牲者が約一〇〇万人だとしている（永岑 1994）。残りの三〇〇万人ほどは、主としてほかの絶滅収容所（ベウジェツ、トレブリンカ、ソビボール）、それにクルムホーフ、マイダネクの犠牲者である。

しかし、それでも、総数約六〇〇万人とされるユダヤ人犠牲者よりも、まだ二〇〇万人少ない。われわれが見てきたように、この約二〇〇万人は、ポーランド侵攻から独ソ戦期におけるたくさんのゲットー等での犠牲者（餓死・病死・衰弱死）、さらに独ソ戦下、ドイツが占領支配した地域におけるアインザッツグルッペによる殺戮の犠牲者である。これらアウシュヴィッツ以前、アウシュヴィッツ以外の犠牲者を二つの世界大戦の歴史的文脈のなかに的確に位置づけること、これが本書の目指したところである。

その際、基本線となるのは、第一次世界大戦で鍛え上げられその「敗北」の克服を核とするヒトラー・ナチズムの民族帝国主義の思想・運動・体制のダイナミズムである。その発現の諸段階・急進化過程として、ホロコーストをとらえる見地である。ナチズムは、国民のための社会主義、国民社会主義を看板とした。しかし、「地獄への道は善意で敷き詰められている」のであって、その実はドイツ第一、ドイツ民族至上主義であった。それは、ドイツ民族（主観的には「民族共同体」）のヨーロッパ支配の帝国主義論理であり、実践であった。またそれは、必然的に周辺諸民族を抑圧し、労働奴隷化し、原料資源の供給先とする広大な生存圏を構築しようとするものであった。たくさんの他民族支配を正当化するものとして、人種理論（人種の優等劣等の序列、優等人種が劣等人種を支配奴隷化するのは当然であり必然、イギリスやフランス、その他の列強の広大な植民地支配をみよ、と）を使った。その人種階層性の最底辺にユダヤ人（民族）を置くイデオロギーであった。それは第一次世界大戦とその革命による終結、ヴェルサイユ体制による領土・植民地喪失、この「敗北の克服」を目指す論理と行動であった。この基本的思想と行動は、一九四三年四月にワルシャワ・ゲットーの蜂起を苛烈至極に鎮圧しゲットーを閉鎖したワルシャワの親衛隊・警察指導者シュトロープにおいても貫徹していた。彼自身の夢はソ連征服に成功した暁に、そこで農場を所有することであった。ドイツ帝国の膨張・植民地拡大は彼自身の上昇志向と密接に結びついていた（モチャルスキ 1983）。

ドイツ（民族・国）のヴェルサイユ体制からの「解放」の大義は、大多数のドイツ人を引き付けるものであった。それは一面ではドイツが抱えた国際的民主主義的課題の解決であり、国際的平等の再獲得であった。しかし、ナチズムの本質はそこにはなかった。「自民族防衛のために」、他民族抑圧を正当化する理論・運動・支配体制であった。こうした意味合いで、民族帝国主義と規定できる。ヒトラーを単純に反ユダヤ主義者と理解するのは矮小化であり、彼の思想構造・運動・体制の本当の意味合い、ユダヤ人殺戮に至る彼の思想の全体的論理と構造を見誤っているといわなければならない。

そして、その内的論理はワイマール憲法体制の破壊を経ての他民族抑圧を実現するための武力行使、戦争を必然的に内包した。しかし、その帰結は、逆のヴェクトル群からの闘い――攻撃され抑圧された他の諸民族の自己防衛のための――であった。すなわち、ドイツの支配抑圧をはねのけようとする諸民族の抵抗闘争であり、防衛戦争であった。ソ連の定義では、大祖国防衛戦争、と。

こうした文脈のなかで、最底辺に位置づけられた最弱者ユダヤ人が、東側からのソ連と南側西側からの米英の反撃の圧力群を受けてもだえ苦しむ第三帝国の足元で、踏みにじられ抹殺されていくというのが、「最終解決」の実態であった。

しかし、以上述べてきたユダヤ人大量殺戮の場において、まだアウシュヴィッツ・ビルケナウ（アウシュヴィッツ第二）はほんの付随的に、最初の試みとか実験の文脈で出てきたにすぎない。アウシュヴィッツ・ビルケナウのユダ人大量殺害焼却施設としてのコンクリート製火葬場（クレマトリウム）の稼働（まさに文字通りの「完全に焼き尽くす」意味でのホロコースト＝ホロス［すべて］＋カウストゥス［焼き尽くす」）は、むしろ、四三年から四四年であった。

クレマトリウムは戦争最末期にヒムラーが命じて爆破したが、コンクリート製であるがゆえに破壊された火葬棟の残骸が残った。その周辺には大量の焼却残存物（灰）が残り、大量殺害の隠しようもない証拠となった。殺戮に加担させられたユダヤ人・ゾンダーコマンドの必死の証拠文書も、その灰のなかや地中に埋められていた（チェア／ウィリアムズ 2019）。こうして、コンクリートの火葬場ガス施設の廃墟が残ったアウシュヴィッツがユダヤ人大量殺害の象徴となった（永岑［2021d］）。

しかしその帰結として、ソ連の東欧制覇に伴いドイツ人がポーランド、ズデーテンランド、ルーマニアなど東欧諸国地域から一千数百万人も追放されるという結果が伴った。領土も、プロイセン、シュレージエンなどがポーランド領となるなかで、大幅に縮小した。ヒトラーとナチスの基本目標は、かくして、実現されないどころか、雲散霧消してしまった。ここに、あたかも、ユダヤ人大量殺害だけが、ヒトラー・ナチスの根本目標であったかのようなあやまった観念が生まれることとなった。

ポストコロニアルと冷戦体制崩壊後の忘却の大河に抗し、二〇世紀前半の世界のリアルな把握のなかに、ホロコーストを位置づける必要性はますます大きくなっているといえよう。

あとがき

横浜市立大学新叢書が始まったとき応募してから、はや八年ほどが過ぎ去った。当初はもっと早くまとめるつもりであった。しかし、兵器産業・武器移転史フォーラム（代表小野塚知二東京大学教授）・国際武器移転史研究所（所長横井勝彦明治大学教授）に参加する機会を得て、ヴェルサイユ体制下ワイマール期のドイツ航空産業（航空機生産・航空業）についての研究が新たな研究の中心になった。黎明期ドイツ航空機産業史に関しては何度か個人科研費も採択され、ドイツ博物館（ミュンヘン）・ドイツ連邦文書館（ベルリン、フライブルク）などで史料調査を行うことができた。共同研究と個人研究の成果をまとめることがこの間の研究の一つの柱となった。ホロコースト研究は副次的になった。

航空機産業家フーゴー・ユンカースと彼の会社の研究にもある程度のまとまりができ、あとはいくつかの問題点を調査して、最後の仕上げに入る段階になった。しかし、まさにこの時、二〇二〇年二月のベルリンの技術博物館と連邦文書館での史料調査を最後に、帰国後のCOVID-19の世界的蔓延で、現地文書館での史料調査がまったくできなくなった。

そこでかえってホロコースト研究をまとめる時間に余裕ができた。ナチスのヨーロッパ・ユダヤ人迫害・大量殺戮に関して欧米研究の最新到達点を確認しながら準備を進め、「アウシュヴィッツへの道」の究明について、いくつかの論文を書いた。さらに、それらを土台にして添削を行い、この新叢書の諸章をまとめ、さらに序章、第1章を書き下ろす時間を得た。

以上が可能であったのは、なんといってもこの間、横浜市立大学で研究職（客員教授）の資格を得て研究を継続でき、科研費も得られたからである。受け入れ教授の日本近現代史・本宮一男氏、受け入れ研究機関の大学院都市社会文化研究科教授会各位に謝意を表したい。

最後に、現役時代三八年間はもちろん、定年退職後も毎日研究室に通う私を全面的に支えてくれた妻美穂子に感謝し、本書をささげたい。三人の孫恵士、はな、智花が戦争と核兵器のないより良い世界に生きることに資することを願いつつ。

二〇二一年三月一六日金沢八景キャンパス研究室にて（学術研究会審査を経て九月一日入稿）

永岑三千輝

文献リスト

1. 主要資料：『ナチス・ドイツによるヨーロッパ・ユダヤ人の迫害と殺戮 1933-1945』全16巻

[VEJ] *Die Verfolgung und Ermordung der europäischen Juden durch das nationalsozialistische Deutschland 1933-1945*. Hersausgegeben im Auftrag des Bundesarchivs, des Instituts für Zeitgeschichte, des Lehrstuhls für Neuere und Neueste Geschichte an der Albert-Ludwigs-Universität Freiburg und des Lehrstuhls für Geschichte Osteuropas an der Freien Universität Berlin von Susanne Heim, Ulrich Herbert, Michael Hollmann, Hosrt Möller, Gerhard Pickhan, Dieter Pohl, Simone Walther und Andreas Wirsching, München/Berlin 2008-2021, 16Bde.

[VEJ 1] Deutsches Reich 1933-1937, München 2008.

[VEJ 2] Deutsches Reich 1938-Aug. 1939, München 2009.

[VEJ 3] Deutsches Reich und Protektorat Sept. 1939-Sept. 1941, München 2012.

[VEJ 4] Polen Sept. 1939-Juli. 1941, München 2011.

[VEJ 5] West- und Nordeuropa 1940-Juni 1942, München 2012.

[VEJ 6] Deutsches Reich und Protektorat Böhmen und Mähreen, Okt. 1941-Juni 1943, Berlin/Boston 2019.

[VEJ 7] Sowjetunion mit annektierten Gebieten I, München 2011.

[VEJ 8] Sowjetunion mit annektierten Gebieten II, Berlin/Boston 2016.

[VEJ 9] Polen: Generalgouvernement Aug. 1941–1945, München 2014.

[VEJ 10] Polen: Eingegliederte Gebiete Aug. 1941–1945, Berlin/Boston 2020.

[VEJ 11] Deutsches Reich und Protektorat Juli 1943–1945, Berlin/Boston 2020.

[VEJ 12] West- und Nordeuropa Juli 1942–1945, Berlin/München/Boston 2015.

[VEJ 13] Slowakei. Rumänien und Bulgarien 1939–1945, Berlin/Boston 2018.

[VEJ 14] Besetztes Südosteuropa und Italien 1941–1945, Berlin/Boston 2017.

[VEJ 15] Ungarn 1944–1945, Berlin/Boston 2021.

[VEJ 16] Das KZ Auschwitz 1942–1945 und die Zeit der Todesmärsche 1944/45, Berlin/Boston 2018.

2. 関係裁判資料、同時代文献、史料集等

[IMG] *Der Prozeß gegen die Hauptkriegsverbrecher von dem Militärgerichtshof*, Nürnberg 1949, 42 Bde. ニュルンベルク国際軍事法廷記録（主要戦犯）。

[NMT] *Trials of War Criminals before the Nuernberg Military Tribunals under Control Council Law No.10*, Nuernberg October 1946-April 1949, 15 Vols., 1997. アメリカ軍事法廷で12の継続裁判：①Medical Case, I, II; ②Milch Case, II; ③Justice Case, III; ④Pohl Case, V; ⑤Flick Case, VI; ⑥I.Farben Case, VII, VIII; ⑦Hostage Case, XI; ⑧RuSHA Case IV, V; ⑨Einsatgruppen Case, IV; ⑩Krupp Case IX; ⑪Ministries Case XII, XIII, XIV;

⑫High Command Case, X, XI, XV.
Domarus, Max [1973] *Hitler. Reden 1932 bis 1945*, 2Bde. Kommentiert von einem deutschen Zeitgenossen, Wiesbaden.ヒトラー演説集。

Hitler's Uranium Club. The Secret Recordings at Farm Hall. Annoted by Jeremy Bernstein, 2001.

Speer, Albert [1981] *Der Sklavenstaat: meine Auseinandersetzung*, Stuttgart.

Wildt, Michael (Hrsg.) [1995] *Die Judenpolitik des SD 1935 bis 1938: Eine Dokumentation*, München.

ヴァンゼー会議記念館[2015]『資料を見て考えるホロコーストの歴史――ヴァンゼー会議とナチス・ドイツのユダヤ人絶滅政策（横浜市立大学新叢書8）』山根徹也・清水雅大訳、春風社。

尾崎秀実[2003]『ゾルゲ事件 上申書』岩波現代文庫。

カプラン、ハイム・A[1993, 1994]『ワルシャワ・ゲットー日記』（上）（下）、編・英訳者アブラハム・I・キャッチ、松田直成訳、風行社。

ケインズ、J・M[1977]『平和の経済的帰結（ケインズ全集2）』早坂忠訳、東洋経済新報社。

クレンペラー、ヴィクトール[1974]『第三帝国の言語「LTI」――ある言語学者のノート』法政大学出版局。

シャハト、H[1955]『我が生涯』上、下、永川秀男訳、経済批判社。

ゼークト、フォン[2018]『一軍人の思想』篠田英雄訳、岩波新書。

ゾルゲ、リヒアルト（2003）『ゾルゲ事件 獄中手記』岩波現代文庫。

ディミトロフ、ゲオルギ［1972］『ディミトロフ選集』第2巻、ディミトロフ選集編集委員会編訳、大月書店。

ヒトラー、アドルフ［1973］『わが闘争』平野一郎・将積茂訳、角川書店。

――――［2004］『続・わが闘争――生存圏と領土問題』平野一郎訳、角川書店／『ヒトラー第二の書』立木勝訳、成甲書房。

――――［2000］『ヒトラーの作戦指令書』ヒュー・トレヴァー＝ローパー編、滝川義人訳、東洋書林。

――――［1994］『ヒトラーのテーブル・トーク』上、下、ヒュー・トレヴァー＝ローパー解説、吉田八岑訳、三交社。

――――［1991］『ヒトラーの遺言――記録者マルティン・ボアマン』篠原正瑛訳、原書房。

ヘス、ルドルフ［1999］『アウシュヴィッツ収容所』片岡啓治訳、講談社。

ホブスン［1952］『帝国主義論』上、下、矢内原忠雄訳、岩波文庫。

ミード、ブラドカ［1992］『ワルシャワ・ゲットー 1942〜1945』エリ・ヴィーゼル序文、滝川義人訳、クプクプ書房、グリーンピース出版会。

モチャルスキ、カジミエシュ［1983］『死刑執行人との対話』小原雅俊訳、恒文社。

ラング（編）、ヨッヘン・フォン［2017］『アイヒマン調書――ホロコーストを可能にした男』小俣和一郎訳、岩波書店。

ランズマン、クロード［1995］『ショアー』高橋武智訳、作品社。

リンゲルブルム、エマヌエル『ワルシャワ・ゲットー』大島かおり、入谷敏男訳、みすず書房。

ルーデンドルフ、エーリヒ［2015］『総力戦』伊藤智央訳・解説、原書房。

レーニン［1961］『帝国主義』宇高基輔訳、岩波文庫。

レビン、アブラハム［1993］『涙の杯――ワルシャワ・ゲットーの日記』A・ポロンスキー編、滝川義人訳、影書房。

3. 永岑著作・論文

［1982］「第三帝国における「国家と経済」――ヒトラーの思想構造にそくして」遠藤輝明編『国家と経済――フランス・ディリジスムの研究』東京大学出版会。
［1983］「第三帝国における国家と経済――化学工業独占体イ・ゲ・ファルベン社とオーストリア併合」立正大学西洋史研究室『政治と思想――村瀬興雄先生古稀記念西洋史学研究論叢』。
［1988］「第三帝国のチェコスロヴァキア共和国解体とイ・ゲ・ファルベン社」廣田功・奥田央・大沢真理編『転換期の国家・資本・労働――両大戦間の比較史的研究』東京大学出版会。
［1989］「ズデーテン問題の発生と展開――民族問題と地域・国家、権力政治との関連で」立正大学『経済学季報』39-3.
［1990］「民族問題と地域・国家――国際的権力政治とズデーテン問題」同上、39-4.
［1992］「地域・民族・国家――両大戦間のズデーテン問題」遠藤輝明編『地域と国家――フランス・レジョ

ナリスムの研究』日本経済評論社。
[1994]『ドイツ第三帝国のソ連占領政策と民衆　1941-1942』同文舘。
[2001]『独ソ戦とホロコースト』日本経済評論社。
[2003]『ホロコーストの力学——独ソ戦・世界大戦・総力戦の弁証法』青木書店。
[2004]「ホロコーストの論理と力学——総力戦敗退過程の弁証法」『横浜市立大学論叢』社会科学系列55-3.
——・廣田功編著[2004]『ヨーロッパ統合の社会史——背景・論理・展望』日本経済評論社。
[2005]「総力戦とプロテクトラートの「ユダヤ人問題」」同上、人文科学系列56-3.
[2006]「東ガリツィアにおけるホロコーストの展開」関東学院大学経済学会『経済系』227.
[2007a]「特殊自動車《シュペツィアール・ヴァーゲン》とは何か——移動型ガス室の史料紹介」『横浜市立大学論叢』社会科学系列56-3.
[2008]「独ソ戦・世界大戦の展開とホロコースト」『ロシア史研究』第82号。
[2009a]「ナチス・ドイツと原爆開発」『横浜市立大学論叢』人文科学系列、60-1.
[2009b]「ハイゼンベルクと原爆開発」同上、社会科学系列、60-2-3.
[2010]「ハイゼンベルク・ハルナックハウス演説の歴史的意味——ホロコーストの力学との関連で」同上、人文科学系列、61-3.
[2011]「ホロコーストとヨーロッパ統合——二つの対極的論理と史的力学」同上、人文科学系列、62-3.
[2019a]「第三帝国の膨張政策とユダヤ人迫害・強制移送　1938——最近の史料集による検証」同上、社会科学系列、70-2.

[2019b]「航空機開発戦略と国際主義――ユンカースとデートマンの闘い」同上、71-1.
[2020]「第三帝国の膨張政策とユダヤ人迫害・強制移送　1938-1939」同上、71-2.
[2021a]「第三帝国の戦争政策とユダヤ人迫害――ポーランド１９３９年９月～１９４１年６月」同上、72-1.
[2021b]「第三帝国のソ連征服政策とユダヤ人迫害・大量射殺拡大過程――占領初期　１９４１年６月～９月を中心に」同上、人文科学系列、72-3.
[2021c]「〝ユダヤ人問題の最終解決〟――世界大戦・総力戦とラインハルト作戦」同上、社会科学系列、72-2・3.
[2021d]「第三帝国の全面的敗退過程とアウシュヴィッツ　1942-1945」同上、73-1.

4. 文献抜粋（本文中引用・言及文献を中心に。2001年までの文献については永岑2001参照されたい）

Benz, Wolfgang/Graml, Hermann /Weiß, Hermann（Hrsg.）[2000] *Enzyklopädie des Nationalsozialismus,* Berlin.
Harrison, Mark [1996] *Accounting for War. Soviet production, employment, and the defence burden 1940-1945,* Cambridge University Press.
Hett, Benjamin Carter [2014] *Der Reichstagsbrand. Wiederaufnahme eines Verfahrens.* Aus dem Englischen von Karin Hielscher, Reinbek bei Hamburg.
Hilber, Raul [1981] *Sonderzüge nach Auschwitz,*
Hilger, Andreas [2000] *Deutsche Kriegsgefangene in der Sowjetunion 1941-1956: Kriegsgefangenenpolitik, Lageralltag und Erinnerung,*

Essen.

Jäckel, Eberhard/Longerich, Peter/Schoeps, Julius H. [1993] *Enzyklopädie des Holocaust.*

Kampe, Norbert/Klein, Peter (Hrsg.) [2013] *Die Wannsee-Konferenz zm 20. Januar 1942. Dokumente, Forschungstand, Kontorversen,* Köln/Weimar/Wien.

Kárný, Miroslav u.a. (Hrsg.) [1997] Deutsche Politik im „Protektorat Böhmen und Mähren" unter Reinhard Heydrich 1941-1942, Berlin.

Klein, Peter (Hrsg.) [1997] Die Einsatzgruppen in der besetzten Sowjetunio0n 1941/42. Die Tätigkeits-und Lageberichte des Chefs der Sicherheitspolizei und des SD, Berlin.

Krumeich, Gerd (Hrsg.) [2010] *Nationalsozialismus und Erster Weltkrieg,* Essen.

Logerich, Peter [1998] *Politik der Vernichtung. Eine Gesamtdarstellung der nationalsozialistischen Judenverfolgung,* München.

Mommsen, Hans [2010] *Zur Geschichte Deutschlands im 20. Jahrhundert. Demokiratie, Diktatur, Widerstand,* München.

Saari, Peggy et al. [2001] *The Holocaust and World War II. Almanac,* 3 vols., Detroit/New York et al.

Vierteljahrsheft fürZeitgeschichte (IfZ) [1953-] Open Access 1953-2015.

Witte, Peter u.a. [1999] *Der Diestkalender Heinrich Himmlers 1941-1942*, Hamburg.

Zilbert, Edward R. [1981] *Albert Speer and the Nazi Ministry of Arms,* London.

Zitelmann, Rainer [2017] *Hitler. Selbstverständnis eines Revolutionärs,* Reinbek bei Hamburg.

浅田進史［2011］『ドイツ統治下の青島――経済的自由主義と植民地社会秩序』東京大学出版会。

アーダム、ウーヴェ・D［1998］『第三帝国のユダヤ人政策』増谷英樹（監）山本達夫（訳）、東京外国語大学海外事情研究所。

足立芳宏［2011］『東ドイツ農村の社会史――「社会主義」経験の歴史化のために』京都大学学術出版会。

アリー、ゲッツ［1998］『最終解決――民族移動とヨーロッパのユダヤ人殺害』山本尤・三島憲一訳、法政大学出版局。

――――［2012］『ヒトラーの国民国家――強奪・人種戦争・国民的社会主義』芝健介訳、岩波書店。

アーレント、ハンナ［2017］『新版 全体主義の起源1：反ユダヤ主義』大久保和郎訳、『同2：帝国主義』大島通義・大島かおり訳、『同3：全体主義』大久保和郎・大島かおり訳、みすず書房。

――――［2017］『新版エルサレムのアイヒマン――悪の陳腐さについての報告』大久保和郎訳、みすず書房。

イエッケル、エバーハルト［1991］『ヒトラーの世界観――支配の構想』滝田毅訳、南窓社。

池田浩士［2015］『ヴァイマル憲法とヒトラー――戦後民主主義からファシズムへ』岩波現代全書。

石井寛治［2012］『帝国主義日本の対外戦略』名古屋大学出版会。

石田憲［1994］『地中海新ローマ帝国への道――ファシスト・イタリアの対外政策 1935-39』東京大学出版会。

――――［2013］『日独伊三国同盟の起源――イタリア・日本から見た枢軸外交』講談社。

石田勇治［2015］『ヒトラーとナチ・ドイツ』講談社現代新書。

板橋拓己・妹尾哲志（編）［2019］『歴史のなかのドイツ外交』吉田書店。

伊藤定良［2017］『近代ドイツの歴史とナショナリズム・マイノリティ』有志舎。

上杉忍［2013］『アメリカ黒人の歴史――奴隷貿易からオバマ大統領まで』中公新書。

――［2019］『ハリエット・タブマン――「モーゼ」と呼ばれた黒人女性』新曜社。

ヴァーグナー、パトリック［2020］「入植と大量虐殺による「ドイツ民族」の創造――「東部総合計画」と学術的民族研究」石田勇治・川喜田敦子編［2020］『ナチズム・ホロコーストと戦後ドイツ――現代ドイツへの視座：歴史学的アプローチ2』第五章、勉誠出版。

ヴァインケ、アンネッテ［2015］『ニュルンベルク裁判――ナチ・ドイツはどのように裁かれたのか』板橋拓己訳、中公新書。

ヴィレンベルク、サムエル［2015］『トレブリンカ叛乱――死の収容所で起こったこと 1942-43』近藤康子訳、みすず書房。

榎本珠良編著［2017］『国際政治史における軍縮と軍備管理――19世紀から現代まで』日本経済評論社。

大木毅［2019］『独ソ戦――絶滅戦争の惨禍』岩波新書。

大野英二［2001］『ナチ親衛隊知識人の肖像』未來社。

大森弘喜［2014］『フランス公衆衛生史――19世紀パリの疫病と住環境』学術出版会。

奥田央［1990］『コルホーズの成立過程――ロシアにおける共同体の終焉』岩波書店。

――［1996］『ヴォルガの革命――スターリン統治下の農村』東京大学出版会。

小野塚知二［2004］「ナショナル・アイデンティティという奇跡――二つの歌に注目して」永岑［2004］

『ヨーロッパ統合の社会史――背景・論理・展望』永岑三千輝・廣田功共編、日本経済評論社。

――――編［2014］『第一次世界大戦開戦原因の再検討――国際分業と民衆心理』岩波書店。

小野寺拓也［2012］『野戦郵便から読み解く「ふつうのドイツ兵」――第二次世界大戦末期におけるイデオロギーと「主体性」』山川出版社。

小原雅俊・松家仁共編訳［1997, 1998］『論争・ポーランド現代史の中の反ユダヤ主義：資料集』東京外国語大学海外事情研究所。

オルトナー、ヘルムート［2017］『ヒトラーの裁判官フライスラー』須藤正美訳、白水社。

カーショー、イアン［2015/2016］『ヒトラー　上・傲慢／下・天罰』石田勇治監修・川喜田敦子・福永美和子訳、白水社。

カルツォヴィッチュ、エルニ［1990］『橋――ユダヤ混血少年の東部戦線』増谷英樹／小沢弘明訳、平凡社。

川喜田敦子［2019］『東欧からのドイツ人の「追放」――二〇世紀の住民移動の歴史のなかで』白水社。

菅野賢治［2021］『「命のヴィザ」言説の虚構――リトアニアのユダヤ難民に何があったのか?』共和国。

北村厚［2014］『ヴァイマル共和国のヨーロッパ統合構想――中欧から拡大する道』ミネルヴァ書房。

北村陽子［2021］『戦争障害者の社会史――20世紀ドイツの経験と福祉国家』名古屋大学出版会。

木畑和子［2015］『ユダヤ人児童の亡命と東ドイツへの帰還――キンダートランスポートの群像』ミネルヴァ書房。

木畑洋一編著［2007］『現代世界とイギリス帝国（イギリス帝国と20世紀　第5巻）』ミネルヴァ書房。

――― [2014]『二〇世紀の歴史』岩波新書。

――― [2016]『チャーチル――イギリス帝国と歩んだ男』山川出版社。

木村靖二 [1988]『兵士の革命――1918年ドイツ』東京大学出版会。

キューネ、トーマス/ツィーマン、ベンヤミン [2017]『軍事史とは何か』中島浩貴ほか訳、原書房。

ギルバート、マーチン [1995]『ホロコースト歴史地図 1918-1948』滝川義人訳、東洋書林。

工藤章 [2011]『日独経済関係史序説』桜井書店。

――― [2021, 2022]『20世紀日独経済関係史 I国際定位』『同 II企業体制』日本経済評論社。

熊野直樹 [2020]『麻薬の世紀――ドイツと東アジア 一八九八-一九五〇』東京大学出版会。

―――・田嶋信雄・工藤章 [2021]『ドイツ=東アジア関係史 一八九〇-一九四五――財・人間・情報』九州大学出版会。

クリフォード、レベッカ [2021]『ホロコースト最年少生存者たち――100人の物語からたどるその後の生活』山田美明訳、芝健介監修、柏書房。

クレンペラー、ヴィクトール [1999]『私は証言する――ナチ時代の日記 1933-1945年』小川-フンケ里美/宮崎登訳、大月書店。

黒澤隆文(編訳) [2010]『中立国スイスとナチズム――第二次大戦と歴史認識』川崎亜紀子・尾崎麻弥子・穐山洋子訳著、京都大学学術出版会。

解良澄雄 [2011]「ホロコーストと「普通」のポーランド人――1941年7月イェドヴァブネ・ユダヤ人

虐殺事件をめぐる現代ポーランドの論争」『現代史研究』57巻。

ゲルヴァルト、ロベルト［2016］『ヒトラーの絞首人ハイドリヒ』宮下嶺夫訳、白水社。

――［2020］『史上最大の革命――1918年11月、ヴァイマル民主政の幕開け』みすず書房。

ケルブレ、ハルトムート［2014］『冷戦と福祉国家――ヨーロッパ1945～89年』永岑三千輝監訳、瀧川貴利・赤松廉史・清水雅大訳、日本経済評論社。

ゴールドハーゲン、ダニエル［2007］『普通のドイツ人とホロコースト――ヒトラーの自発的死刑執行人たち』望田幸男監訳、北村浩・土井浩・高橋博子・本田稔訳、ミネルヴァ書房。

コンクエスト、ロバート［2007］『悲しみの収穫――ウクライナ大飢饉　スターリンの農業集団化と飢饉テロ』白石治朗訳、恵雅堂出版。

権上康男［1985］『フランス帝国主義とアジア――インドシナ銀行史研究』東京大学出版会。

佐藤健生・ノルベルト・フライ編［2011］『過ぎ去らぬ過去との取り組み――日本とドイツ』岩波書店。

シヴェルブシュ、W［2015］『三つの新体制――ファシズム、ナチズム、ニューディール』小野清美・原田一美訳、名古屋大学出版会。

ジェラテリー、ロバート［2008］『ヒトラーを支持したドイツ国民』根岸隆夫訳、みすず書房。

芝健介［2008a］『武装親衛隊とジェノサイド――暴力装置のメタモルフォーゼ』有志舎。

――［2008b］『ホロコースト――ナチスによるユダヤ人大量殺戮の全貌』中公新書。

――［2015］『ニュルンベルク裁判』岩波書店。

――――［2021］『ヒトラー――虚像の独裁者』岩波新書。

シュタングネト、ベッティーナ［2021］『エルサレム〈以前〉のアイヒマン――大量殺戮者の平穏な生活』香月恵里訳、みすず書房。

清水雅大［2018］『文化の枢軸――戦前日本の文化外交とナチ・ドイツ』九州大学出版会。

清水正義［2011］『「人道に対する罪」の誕生――ニュルンベルク裁判の成立をめぐって（白鷗大学法政策研究所叢書3）』丸善プラネット。

鈴木健夫［2021］『ロシアドイツ人――移動を強いられた苦難の歴史』亜紀書房。

相馬保夫［2004-2016］「離散と抵抗」（1）～（17）『東京外国語大学論集』69-93.

ターナー・ジュニア、H・A［2015］『独裁者は30日で生まれた――ヒトラー政権誕生の真相』関口宏道訳、白水社。

武井彩佳［2021］『歴史修正主義――ヒトラー賛美・ホロコースト否定論から法規制まで』中公新書。

高田馨里編著［2020］『航空の二〇世紀――航空熱・世界大戦・冷戦（明治大学国際武器移転史研究所研究叢書5）』日本経済評論社。

竹内真人編著［2019］『ブリティッシュ・ワールド――帝国紐帯の諸相（明治大学国際武器移転史研究所研究叢書3）』日本経済評論社。

田嶋信雄［2013］『ナチス・ドイツと中国国民政府――一九三三－一九三七』東京大学出版会。

――――・工藤章［2017］『ドイツと東アジア一八九〇――一九四五』東京大学出版会。

――――・田野大輔編著［2021］『極東ナチス人物列伝――日本・中国・「満州国」に蠢いた異端のドイツ人たち』作品社。

垂水節子［2002］『ドイツ・ラディカリズムの諸潮流――革命期の民衆 1916～1921年』ミネルヴァ書房。

チェア、ニコラス／ウィリアムズ、ドミニク［2019］『アウシュヴィッツの巻物　証言資料』二階宗人訳、みすず書房。

富田武［2020］『日ソ戦争１９４５年８月――棄てられた兵士と居留民』みすず書房。

中嶋毅［2017］『スターリン――超大国の独裁者』山川出版社。

長田浩彰［2011］『われらユダヤ系ドイツ人――マイノリティから見たドイツ現代史　1893-1951』広島大学出版会。

中野智世・木畑和子・梅原秀元・紀愛子［2021］『価値を否定された人々――ナチス・ドイツの強制断種と「安楽死」』新評論。

中村綾乃［2010］『東京のハーケンクロイツ――東アジアに生きたドイツ人の軌跡』白水社。

永原陽子（編）［2009］『「植民地責任」論――脱植民地化の比較史』青木書店。

永山のどか［2012］『ドイツ住宅問題の社会経済史的研究――福祉国家と非営利住宅建設』日本経済評論社。

奈倉文二・横井勝彦・小野塚知二［2003］『日英兵器産業とジーメンス事件――武器移転の国際経済史』日本経済評論社。

――――・横井勝彦編著［2005］『日英兵器産業史――武器移転の経済史的研究』日本経済評論社。

ニーヴン、ビル［2020］『ヒトラーと映画——総統の秘められた情熱』若林美佐知訳、白水社。

熱川容子［2002］「「ヒトラー神話」の形成と新聞統制——1934年の「フェルキッシャー・ベオバハター」を中心に——」『ヨーロッパ文化史研究』3。

——［2006］「1933年の新聞における「ヒトラー崇拝」宣伝——「フェルキッシャー・ベオバハター」における世論操作を中心として」『ヨーロッパ文化史研究』8。

ニコラス、リン・H.［2018］『ナチズムに囚われた子どもたち——人種主義が踏みにじった欧州と家族』上、下、若林美佐知訳、白水社。

西牟田祐二［2020］『語られざるGM社——多国籍企業と戦争の試練』日本経済評論社。

野村真理［1999］『ウィーンのユダヤ人——一九世紀末からホロコースト前夜まで』御茶の水書房。

——［2008］『ガリツィアのユダヤ人——ポーランド人とウクライナ人のはざまで』人文書院。

バーリー、M／ヴィッパーマン、W.［2001］『人種主義国家ドイツ——1933-45』柴田敬二訳、刀水書房。

馬場哲［2016］『ドイツ都市計画の社会経済史』東京大学出版会。

原朗［2013］『日本戦時経済研究』東京大学出版会。

——［2013］『満州経済統制研究』東京大学出版会。

バルハフティク、ゾラフ［2014］『日本に来たユダヤ難民——ヒトラーの魔手を逃れて／約束の地への長い旅——』滝川義人訳、原書房。

鴋澤歩［2018］『鉄道人とナチス——ドイツ国鉄総裁ユリウス・ドルプミュラーの二十世紀』国書刊行会。

――――［2021］『ナチスと鉄道――共和国の崩壊から独ソ戦、敗亡まで』ＮＨＫ出版新書。

阪東宏［2002］『日本のユダヤ人政策1931-1945――外交史料館文書「ユダヤ人問題」から』未來社。

樋口隆一編著［2020］『陸軍中将樋口季一郎の遺訓――ユダヤ難民と北海道を救った将軍』勉誠出版。

ヒルバーグ、ラウル［2012］『ヨーロッパ・ユダヤ人の絶滅（上・下）』望田幸男・原田一美・井上茂子訳、柏書房。

廣田功［1994］『現代フランスの史的形成――両大戦間期の経済と社会』東京大学出版会。

――――編［2009］『欧州統合の半世紀と東アジア共同体』日本経済評論社。

福澤直樹［2012］『ドイツ社会保険史――社会国家の形成と展開』名古屋大学出版会。

藤原辰史［2012］『ナチスのキッチン――「食べること」の環境史』水声社。

藤本建夫［2008］『ドイツ自由主義経済学の生誕――レプケと第三の道』ミネルヴァ書房。

ブラウニング、クリストファー［1997］『普通の人びと――ホロコーストと第101警察予備大隊』谷喬夫訳、筑摩書房。

フランク、ロベール［2003］『欧州統合史のダイナミズム――フランスとパートナー国』廣田功訳、日本経済評論社。

フリードリヒ、イエルク［2011］『ドイツを焼いた戦略爆撃 1940-1945』香月恵里、みすず書房。

フレヴニューク、オレーク・Ｖ［2021］『スターリン――独裁者の新たなる伝記』石井規衛訳、白水社。

不破哲三［2014-2016］『スターリン秘史』1～6、新日本出版社。

ベルクハーン、フォルカー［2014］『第一次世界大戦――1914-1918（東海大学文学部叢書）』鍋谷郁太郎訳、東海大学出版部。

ヘルベルト、ウルリッヒ［2002］「ホロコースト研究の歴史と現在」永岑三千輝訳『横浜市立大学論叢』社会科学系列、53-1.

ホフマン、エヴァ［2019］『シュテットル――ポーランド・ユダヤ人の世界』小原雅俊訳、みすず書房。

ポリアコフ、レオン［2005-2007］『反ユダヤ主義の歴史』全5巻、菅野賢治ほか訳、筑摩書房。

マウル、ハインツ・エーバーハルト［2004］『日本はなぜユダヤ人を迫害しなかったのか――ナチス時代のハルビン・神戸・上海』黒川剛訳、芙蓉書房出版。

―――［2021］『第三帝国――ある独裁の歴史』小野寺拓也訳、角川新書。

牧野雅彦［2009］『ヴェルサイユ条約――マックス・ウェーバーとドイツの講和』中公新書。

―――［2012］『ロカルノ条約――シュトレーゼマンとヨーロッパの再建』中央公論新社。

―――［2020］『不戦条約――戦後日本の原点』東京大学出版会。

松井康浩／中島毅（編）［2017］『スターリニズムという文明（ロシア革命とソ連の世紀2）』岩波書店。

三宅立［2001］『ドイツ海軍の熱い夏――水兵たちと海軍将校団1917年（歴史のフロンティア）』山川出版社。

三宅正樹［2007］『スターリン、ヒトラーと日ソ独伊連合構想』朝日新聞社。

ミュールホイザー、レギーナ［2015］『戦場の性――独ソ戦下のドイツ兵と女性たち』姫岡とし子監訳、岩波書店。

ミュンツェンベルク、ヴィリー［1995］『武器としての宣伝』星乃治彦訳、柏書房。

モッセ、ジョージ・L［1998］『フェルキッシュ革命――ドイツ民族主義から反ユダヤ主義へ』植村和秀／大川清丈／城達也／野村耕一訳、柏書房。

モムゼン、ハンス［2001］『ヴァイマール共和国史――民主主義の崩壊とナチスの台頭』関口宏道訳、水声社。

百瀬宏［2011］『小国外交のリアリズム――戦後フィンランド1944-48年』岩波書店。

柳澤治［2013］『ナチス・ドイツと資本主義――日本のモデルへ』日本経済評論社。

――――［2017］『ナチス・ドイツと中間層――全体主義の社会的基盤』日本経済評論社。

――――［2021］『転換期ドイツの経済思想――経済史の観点から』日本経済評論社。

矢野久［2004］『ナチス・ドイツの外国人――強制労働の社会史』現代書館。

山井敏章［2017］『「計画」の20世紀――ナチズム・〈モデルネ〉・国土計画』岩波書店。

山口定［2006］『ファシズム』岩波現代文庫。

山本秀行［1995］『ナチズムの記憶――日常生活からみた第三帝国』山川出版社。

横井勝彦・小野塚知二編［2012］『軍拡と武器移転の世界史――兵器はなぜ容易に広まったのか』日本経済評論社。

――――編著［2014］『軍縮と武器移転の世界史――「軍縮下の軍拡」はなぜ起きたのか』日本経済評論社。

――――編著［2016］『航空機産業と航空戦力の世界的転回（明治大学国際武器移転史研究所研究叢書1）』日本経済評論社。

ラカー、ウォルター（編）［2003］『ホロコースト大事典』井上茂子・木畑和子・芝健介・長田浩彰・永岑三千輝・原田一美・望田幸男訳、柏書房。

リー、ダニエル［2021］『ＳＳ将校のアームチェア』庭田よう子訳、みすず書房。

リーヴィー、エリック［2000］『第三帝国の音楽』望田幸男監訳、田野大輔／中岡俊介訳、名古屋大学出版会。

ワインバーグ、ゲアハード・Ｌ［2020］『第二次世界大戦（シリーズ戦争学入門）』矢吹啓訳、創元社。

和田春樹［2009, 2010］『日露戦争――起源と開戦』上・下、岩波書店。

渡辺尚［2019］『エウレギオ――原経済圏と河のヨーロッパ』京都大学学術出版会。

索引

【あ】

【か】

【さ】

【た】

【な】

【は】

【ま】

【や】

【ら】

著者

永岑三千輝（ながみね・みちてる）

1946年大寒、天津港引揚者用貨物倉庫にて出生、3月帰国。64年3月香川県立観音寺第一高等学校卒、68年3月横浜国立大学経済学部卒。進学直後「東大闘争」勃発、全員留年を経て74年3月東京大学大学院経済学研究科博士課程単位取得満期退学。73年4月～96年3月、立正大学経済学部助手、専任講師、助教授、教授、この間、75年8月～77年9月ドイツ留学（立正大学在外研究、ボーフム大学・ドイツ学術交流会DAAD）、85年4月～86年3月ミュンヘン大学社会経済史研究所（立正大学在外研究）。95年10月東京大学博士（経済学）：学位論文『ドイツ第三帝国のソ連占領政策と民衆 1941-1942』（同文舘、1994）。96年4月横浜市立大学商学部・大学院経済学研究科教授、2011年3月定年退職、横浜市立大学名誉教授。11年10月より大学院都市社会研究科客員教授。

主な著書：上記学位論文のほか、『独ソ戦とホロコースト』（日本経済評論社、2001）、『ホロコーストの力学――独ソ戦・世界大戦・総力戦の弁証法』（青木書店、2003）。

表紙カバー写真（2019.6.10 著者撮影）：国境の町ブラウナウ・アム・イン（オーストリア）のヒトラー生家前記念碑。

「平和、自由と民主主義のために、幾百万の死者が警告する、決して再びファシズムを許すな」

ヒトラーは、ハプスブルク帝国税関吏の父が2階に間借りしていた家（左の写真）で誕生（1889.4.20）。
生家から税関まで直線距離で200mほど。

詳しくは、
http://eba-www.yokohama-cu.ac.jp/~kogiseminagamine/2019-06-10Hitler-Geburtshaus-Braunau-am-Inn.html

横浜市立大学新叢書 13

アウシュヴィッツへの道
ホロコーストはなぜ、いつから、どこで、どのように

2022年3月30日 初版発行

著者：
永岑三千輝

発行者：
横浜市立大学学術研究会

制作・販売：
春風社 *Shumpusha Publishing Co.,Ltd.*
横浜市西区紅葉ヶ丘53　横浜市教育会館3階
〈電話〉045-261-3168　〈FAX〉045-261-3169
〈振替〉00200-1-37524
http://www.shumpu.com　✉ info@shumpu.com

装丁・レイアウト：
矢萩多聞

印刷・製本：
シナノ書籍印刷株式会社

乱丁・落丁本は送料小社負担でお取り替えいたします。

ISBN 978-4-86110-805-1 C0022 ¥2500E

発刊の辞

知が権威と結び付いて特権的な地位を占めていた時代は過去のものとなり、大学という場を基盤とした研究・教育の意義が改めて問い直されるようになりました。

同様に学問の新たなありようが模索されていた時代に、新制大学として再編され発足した横浜市立大学において、自らの自由意志によって加入し自ら会費を負担することで自律的な学術研究の基盤を確立しようという志のもと、教員も学生も共に知のコミュニティーを共有する同志として集うという、現在でも極めて稀な学術団体として横浜市立大学学術研究会は発足し活動してきました。

上記のような時代背景を受け、ここに新たに、横浜市に本拠を持つ出版社である春風社の協力のもとに、実証可能性を持つ根拠に基づいたという意味での学術的な言論活動の基盤として、三つのシリーズから構成される横浜市立大学新叢書の刊行に乗り出すに至りました。

シリーズ構成の背後にある、本会が考える知の基盤とは以下のようなものです。

巷にあふれる単純化された感情的な議論によって社会が振り回されないためには、職業的な専門領域に留まらず、社会を担う当事者としての市民として身に付けておくべき知の体系があり、それは現在も日々問い直され更新されています。横浜市立大学ではそのような、自由な市民の必須の資質としての「リベラル・アーツ」を次の世代に伝達する「共通教養」と呼んでいます。それに対応する系統のシリーズが、本叢書の一つ目の柱です。

そのような新時代の社会に対応するための知は、より具体的な個別の問題に関する専門的な研究という基盤なくしてはあり得ません。本学では「リベラル・アーツ」と専門的な教育・研究を対立項ではなく、相互補完的なものとして捉え直し、それを「専門教養」と呼んでいます。それに対応するために二つ目の系統のシリーズを設けています。

三つ目の柱は、研究と教育という二つの課題に日々向き合っている本会会員にとって、最先端の学問を次の世代に伝えるためには動きの遅い市販の教科書では使いづらかったり物足りなかったりする問題に対応するための、本学独自の教育を踏まえたテキスト群です。もちろんこのことは、他学においてこのテキストのシリーズを採用することを拒むものではありません。

まだまだ第一歩を踏み出したに過ぎない新叢書ではありますが、今後も地道な研究活動を通じて、学問という営みの力を市民社会に対して広く問い、市民社会の一員として当事者意識を持ちながらその健全な発展に参加して行く所存です。

学術研究会運営委員会